安倍晋三回憶錄

安倍晋三回顧録

安倍晉三——著
矢板明夫——譯
橋本五郎——訪問　尾山宏——訪問／企劃　北村滋——監修

為何會有《安倍晉三回憶錄》？

一部提交給歷史法庭的陳述書

二〇二二年九月二十七日，安倍晉三前首相的國葬，在東京千代田區的日本武道館舉行。葬儀委員會委員長岸田文雄首相，在致詞時引用了安倍首相生前的話：首相是什麼？不是將熔化的鐵倒入模具中製作出來的「鑄造品」，而是經由一而再再而三不斷敲打，才終於成型的「鍛造品」。並緬懷逝者：「您將自己打造成了非常堅固的鍛造品。」

擔任安倍內閣官房長官長達約七年九個月，始終在一旁支持安倍首相的菅義偉前首相，講述了一段展現兩人深厚情誼的小故事。同時也分享安倍國會辦公室的辦公桌上，擺著一本安倍生前讀到一半的《山縣有朋》[1]（岡義武著，岩波書店出版）。書中以螢光筆畫出的重點，是山縣有朋在盟友伊藤博文去世時，悲傷之中所寫下的一首詩：

1編注：山縣有朋（一八三八至一九二二年），出身武士家庭，為橫跨幕府、明治、大正時代，近代日本最具影響力的軍政界人物之一。

與君敞胸襟／談遍天下事／摯友身先去／世事將何如

菅義偉在致詞尾聲時說道：「總理（安倍首相），沒有一首詩能像這首詩一樣，表達我此刻的心情。」最後他又朗誦了這首詩兩遍，才結束談話。話音一落，現場響起了熱烈的掌聲。在一場氣氛本應極為莊嚴肅穆的葬禮上，響起如此熱烈的掌聲，應該是史無前例。想必在場所有參與葬禮的人，都被這番話深深地感動了。

同一時間，在日本武道館附近設置的公眾獻花臺前，手持鮮花的民眾排起長長的隊伍。人潮絡繹不絕地獻花致意，一直持續到夜晚。另一方面，「反對國葬」的示威活動也在各地出現。有人批評，安倍國葬加劇了社會的撕裂。然而實際上，加起來達八年九個月的安倍執政期間，每一天都在挑戰以安保法為首，引起國民輿論對立的法案。在這個意義上，是否適合國葬一事在社會上掀起正反爭議，也是理所當然。參加國葬的過程中，我們深深感受到，不論贊成或反對、喜歡或討厭安倍政治，徹底分析日本憲政史上連續執政時間最長的安倍內閣，是我們身為新聞人責無旁貸的工作。

二〇二〇年七月十日，我們向安倍先生提出想邀他訪談、出版他的回憶錄的計畫。時間點正好就在他宣布辭去首相職務的一個半月前。之所以提出這個出版計畫，是想了解他何以能超越二戰前的桂太郎首相[2]，在長達一百三十三年的憲政史上，成為執政時間最長的首相。也想聽他談談在決策舞臺的幕後，是如何度過那些煩悶而孤獨的日子。歐美的領導人大多在卸下總統或辭去首相職務後，很快就出版回憶錄。那是一種傳統。他們也認為，那是擔任領導者的政治家應盡的責任。

但是，日本的情況不一樣。正如英國前首相邱吉爾（Winston Churchill）所言：「被書寫下的就成了歷史。」但即便是卸任首相後著述頗豐的中曾根康弘，也是卸任近十年後才出版完整的回憶錄《天地有情》（伊藤隆等記錄，文藝春秋出版）。這或許是考量到不想給相關當事人添麻煩，也體現出日本傳統上避免自我誇耀的美德。

儘管如此，我們還是希望安倍先生在卸任後盡早回顧自身的從政經歷。最主要的原因在於，我們認為在記憶猶新下口述的內容，會更接近真相。

此外，不限於政治人物，回憶錄中不可避免地會充滿程度不一的自我辯護。一般來說，本人不見得會意識到這一點，但隨著時間推移，合理化和美化的程度無疑會愈來愈強。要想更接近真相，直截了當地說，就是將回憶錄攤在相關當事者的面前。這是我們希望安倍先生盡早出版回憶錄的第二個理由。觀看事實，從來不會只有一種方式。正如英國歷史學家卡耳（E. H. Carr）指出「歷史就是詮釋」（《何謂歷史？》，岩波書店出版）。每個事件都存在著各種可能的詮釋。這就是為什麼，為所涉及的相關當事者留下反駁的空間這麼重要。知道自己

2 編注：安倍於二〇一九年十一月十九日，追平了戰前桂太郎首相在位滿二千八百八十六天的紀錄。至卸任為止累計在任達三千一百八十八天。

說的話會暴露在眾人的面前、受到檢視，口述者自然會有所克制。盡早出版回憶錄，就能從更多、更廣的角度，還原日本政壇上曾經發生的事件。

我們也將這樣的想法告訴了安倍先生，希望他願意和我們一起完成這部回憶錄。當時，雙方都想等他完成自民黨總裁的第三個任期，也就是二〇二一年九月後再行安排訪談。沒想到，就在前一年，二〇二〇年八月二十八日，安倍先生突然宣布辭職。還是出於健康狀況惡化因素。我們考量他的處境，無奈之下只得暫時擱置訪談計畫。

不久，菅義偉內閣上臺。我們原本顧及安倍先生的健康狀況，認為不可能馬上重啟訪談。這時，安倍先生卻主動聯繫我們。或許安倍先生也想盡快將他所經歷的政治上疾風怒濤的時代，好好地記錄下來吧！二〇二〇年十月起，我們開啟了每次兩小時的訪談，直到二〇二一年十月，一共進行十八次訪談，總計三十六小時。

從政治記者的經驗來看，安倍內閣無疑是個極為特殊的內閣。第一次執政期間，修改《教育基本法》、將防衛廳升格為防衛省、制定確立修憲程序的《國民投票法》等，處理了五、六十年來懸而未決的法案。第二次執政期間，通過《特定祕密保護法》、允許有限行使集體自衛權及完備與安保相關的法律、通過對「恐怖攻擊等預謀罪」的處罰等，逐一解決了在國民間意見對立的課題。

對此，在野黨和部分媒體批評聲浪不斷，高喊安倍內閣為踐踏憲政的內閣。但是，自民黨卻在安倍首相／總裁的領導下，連續六次全國大選皆大獲全勝。一般來說，即便在決定執政權的眾議院選舉中勝出，下一屆參議院選舉的席位往往會減少；畢竟在選舉中做出的種種承諾，若難以在短期內收到成效，免不了要受到選民「教訓」。

儘管如此，安倍仍在六次全國選舉中帶領自民黨獲勝，奠下長期執政的基礎。這是怎麼做到的？原因是多方面的。起用谷垣禎一和二階俊博擔任黨的幹事長，壓制了黨內的反對勢力；讓麻生太郎擔任內閣主要成員，展露威懾四方的作用；內閣官房長官菅義偉則緊緊掐住了官僚的脖子。如此巧妙的人事安排，想必起到了很大的作用。此外，納入在野黨提出的工作方式改革等政策，展現政治靈活度；也不能忽略他深諳人事布局是政治的本質，從而最大限度利用內閣人事局[3]這徹底現實主義的一面。另一方面，他總是對事物進行戰略性的考量，也是原因之一。這當中所有的緣由，相信您讀過本書就會明白了。

安倍先生往往予人「鷹派」或「右傾」的印象，但其實在國內問題上，他表現得相當靈活，包括要求企業加薪等，不少政策甚至被認為具社會主義色彩。這一點很像他的外祖父岸信介。當年因為要求修訂《日美安保條約》，被視為右傾的岸信介政府，卻建立了「全民保險」等戰後社會保障的基礎。安倍和他的外祖父路線是一致的。而在金融政策方面，他更可說是個徹頭徹尾的「鴿派」。隨著愈加深入了解安倍政治，我們也得到了一個啟示，那就

3 編注：安倍為了建立「可以打仗的公務員」團隊，增設內閣人事局，將政府部門中六百名以上高階官員的任命權收回中央管控。

是，千萬不要對眼前的人物與事件懷著先入為主的偏見。我們深感必須更加虛心看待一切。

這部回憶錄中，除了安倍先生長期執政的祕訣，還有他透過「俯瞰地球儀外交」[4]，與世界各國領導人加深友誼的過程中，對他們的品評和各種趣聞軼事。其中有個比喻很妙。他說，對中國的外交就像下將棋。「假使對方要吃掉你一個金將，你就必須下另一手棋去吃對方的飛車或角行。要讓中國改變咄咄逼人的強勢作風，我們就必須不斷贏得選舉。讓中國意識到，很難對付的安倍會長期執政下去。我們一直在進行令他們神經緊張的心理戰。」安倍先生這番話，讓我們看見了他的強大。

在人物品評方面，安倍先生對川普和歐巴馬兩位美國總統的評論令人拍案叫絕。評論東京都知事小池百合子，也讓人眼睛一亮。他說：「小池百合子是Joker（撲克牌裡的鬼牌）。」沒有鬼牌，很多撲克牌遊戲也能玩，但有鬼牌，就能發揮特殊效果，比黑桃A還要強。她本人相應的行動也顯示，她充分認識到自己身為Joker的角色。要在政治的世界生存，精準識人的本事必不可少。也期待讀者能好好品味他對中國國家主席習近平，以及俄羅斯總統普丁的評論。

《安倍晉三回憶錄》在二〇二二年一月差不多完稿、著手準備出版之際，安倍先生卻在此時突然「喊停」，要我們先等一等，暫時不要出版。對當時身為安倍派會長、準備在政壇再次大展身手的他來說，或許書中有些內容太過敏感。就在他猶豫的過程中，不幸的事發生了。我們認為，這部可說是戰後最重要的回憶錄之一，要是就這麼埋沒未免太可惜了。於是，安倍先生去世四十九天的法事結束後，我們拜訪了安倍夫人昭惠女士，請她允許我們出版這本書。安倍夫人說，她也在她先生的書桌上發現了這部有如「遺物」的書稿。當即同意我們的出版計畫。我們由衷地感謝她。

中曾根康弘前首相生前經常強調：「政治家的一生，其政績與成就，只能交給歷史的法庭來審判、評價。」（《自省錄：作為歷史法庭的被告》，新潮社出版）。這也是給予從政者的強烈警告：要是對這一點沒有深刻的自覺，就不要投身政治。從這個意義上看，《安倍晉三回憶錄》就是安倍晉三向歷史法庭提交的一部「陳述書」。

我們衷心盼望更多人讀到這本書。

橋本五郎
尾山宏
二〇二三年一月

4 編注：安倍成立第二次內閣時便提出「俯瞰地球儀外交」策略，他認為外交不是單純守著兩個國家的關係，而是要像地球儀一樣俯瞰世界。是一種以日美同盟為基礎，營造出有利於安倍政府既定路線的外部環境，提升日本國際影響力的現實主義外交政策。

目次

第二章

首相之路！初次執政，從就任到辭職，然後重返執政

2003-2012

第三章

第二次內閣成立——跨太平洋夥伴協定、安倍經濟學、參拜靖國神社

2013

第四章

官邸一強——允許行使集體自衛權、成立國家安全保障局、內閣人事局

2014

第五章

歷史認識——戰後七十年談話與《安全保障關聯法案》

2015

第六章

談談世界主要國家的領導人——歐巴馬、川普、梅克爾、習近平、普丁

第七章

戰後外交總決算——北方領土談判、天皇退位

2016

第八章

「安倍一強」動搖——川普當選總統、森友加計風波、小池新黨的威脅

2017

第九章

動盪的外交——美朝首腦會談、中國「一帶一路」構想、北方領土談判

2018

第十章

新元號「令和」——川普來訪、與哈米尼會談、日韓關係持續惡化

2019

終章

成為日本憲政史上在任時間最長的首相

謝詞

圖表資料

演說與悼詞

第一章

新冠疫情蔓延

——從鑽石公主號郵輪到辭職

2020

二〇一九年十二月三十一日，中國首次發布關於新型冠狀病毒感染的肺炎疫情（COVID-19）公告。湖北省武漢市的衛生健康委員會發布了「當前我市肺炎疫情的情況通報」，稱出現多起不明原因的肺炎病例。

然後轉眼間，新冠病毒在全球蔓延開來，徹底改變了經濟、社會和人們的生活。各國開始反覆採取封鎖城市、限制行動、限制接觸機會等措施。

歷史上曾爆發鼠疫、天花等傳染病造成重大災難的例子。但隨著科學技術、醫療技術高度發達，很多人以為那樣的災難只會發生在過去。此刻，安倍政府也遭受到肉眼看不見的病毒的威脅和擺布。

序幕

——二〇一九年十一月八日，「針對新型流感對策等綜合訓練」在首相官邸舉行。這是為了因應二〇〇九年新型流感大流行再次來襲而進行的訓練。訓練中，假定一名公司職員從國外出差回來後確診為陽性，對此制定基本的應對方針，包括積極開展流行病學調查、確診者住院治療、限制密切接觸者外出等事項；同時推廣公眾勤洗手、遵守咳嗽禮節等，並要求學校暫時關閉。這次訓練幾乎涵蓋了為對抗新型冠狀病毒所採取的大部分措施。

是的，我們在訓練中將一切都設想到了。當時就有傳染病專家指出，總有一天會遇到這樣的緊急狀態。

——然而，專家的聲音卻沒有在社會上擴散，讓更多人聽到。

日本不像中國、韓國和臺灣經歷過ＳＡＲＳ（嚴重急性呼吸道症候群），也不像沙烏地阿拉伯等中東地區經歷過大規模的ＭＥＲＳ（中東呼吸症候群）疫情，日本人對疫情的傳播，普遍沒有強烈的危機感。二〇〇九年爆發的新型流感，主要也只在關西地區流行，感染人數並不多。所以我原本認為，新冠病毒可以被遏制。更何況日本人有很強的衛生觀念。

坦白說，當我二〇二〇年一月第一次聽說新型冠狀病毒這種疾病時，我認為它應該就像之前的新型傳染病一樣，在中國境內就能得到控制。萬一中國沒能控制住，日本再來想辦法管控邊境，情況應該不會太糟。在這一點上，我的理解和一般民眾的理解是差不多的。

當時國際社會也普遍認為，只要各自國家內保持良好的衛生，疫情應該不至於蔓延過來。英國倫敦市長的選舉中，就有候選人表示，如果因為疫情造成東京奧運或帕運無法舉辦，倫敦可以作為替代舉辦的地點。但沒過多久，英國就面臨疫情大爆發的重擊。而當時歐洲也低估了這種傳染病的威脅。

新型冠狀病毒，得失兼具的撤僑

——二〇一九年十二月，中國湖北省武漢市接連發生不明原因肺炎病例，隔年一月五日，世界衛生組織（WHO）表達出警戒的態度，表示將「關注事態的發展」。您是何時看到相關報告？

中國中央電視臺在二〇二〇年一月九日的報導中指出，在多名患者身上檢測到一種據悉為病原體的新型冠狀病毒。一月十日，我收到內閣情報官瀧澤裕昭的報告，表示中國已經爆發疫情，但尚未證實出現人傳人的情況。實際上，當時中國和世衛組織都公開指稱不存在人傳人的現象。

——厚生勞動省在國內機場張貼海報，敦促來自武漢的乘客以及出現咳嗽和發燒等症狀的人要自行提交健康申報。但是到了一月十五日，還是出現國內首例確診病例，是剛從武漢回國、居住在神奈川縣的一名三十多歲中國籍男性。

坦白說，出現第一名確診者時，我們還沒有太大的危機感。直到第二名確診者出現，一月二十四日，我們在首相官邸召開第一次相關內閣閣員會議，討論邊境管制措施和檢測系統是否到位。開會當天，還不覺得情況危急。

最令我們震驚的，倒不是日本國內的疫情，而是一月二十三日，中國突然宣布武漢封城。這時我們眼前的問題是，要如何保護居住在武漢的日本僑民？這座擁有一千一百萬人口的城市，日資企業就多達一百六十家以上。中國當局真的會妥善採取應對措施嗎？我們感到非常不安。

起初，中國當局不希望看到人們成群結隊逃離中國。但是，當城市遭到封鎖以後，就出現了城裡的人可能被當局拋下不管的風險。因此，我方決定說服中國，展開救援日本僑民的行動。

首先，我指示外務省進行高層談判。因為武漢沒有領事館。我們一方面要求中方允許日本駐北京大使館人員進入武漢；另一方面，也指示使館人員趕赴武漢。雖然不確定他們能否獲准進入武漢，但我們不能讓僑民長期處於焦慮之中。所以匆促之間，還是決定派遣使館人員動身前往。我讓外相茂木敏充致電中國外長王毅，直接進行交涉。

中國起初不願意，後來逐步接受我方的要求。當時日中關係正有所改善；此外應該也和國家主席習近平預計在春天來日本訪問（三月五日決定推遲）有關。

——從一月二十九日至二月十七日，一共派遣五個航班接回僑民。美國、澳洲和韓國等國，也分別接回了自己的僑民。日本還多次派遣專機往返。

事實上，在與中國的談判中，他們要求我方從日本飛往武漢機場時提供醫療設備和防護裝備，並以允許我們多趟往返作為回報。或許是因為看重日本的醫療設備，中國才讓我們的航班多次往返。最終，接回了八百二十八人。我認為這次撤僑行動相當成功。

然而要如何安置這批歸國人員，讓我們大傷腦筋。厚生勞動省認為，依法不能強迫沒有症狀的人隔離，便建議讓這些人各自返家。但是，這些人很可能已經被感染了，就這樣讓他們自行搭電車回家嗎？當時相關人士在首相官邸，針對這個問題議論紛紛。

最後，我們詢問歸國者的意願。大多數人都要求先前往臨時設施住一段時間，確認沒發病再返家。事前，我們也在東京都府中市的警察大學、埼玉縣和光市的國立保健醫療科學院、千葉縣柏市的海關培訓所等地，安排了臨時的防疫暫居所。但數量還是不夠。於是我們向勝浦的三日月飯店（現為千葉縣勝浦市三日月海洋公園飯店勝浦）尋求支援。

首相輔佐官長谷川榮一和三日月飯店的社長熟識，便由他負責居間聯繫，我則直接致電社長，懇請他幫忙。社長很年輕，也熱心為國分憂，感受到我的誠意後，當即表示「樂意幫忙」。後來三日月飯店還在當地遭到誹謗中傷，被質疑為何將飯店變成防疫旅館。給社長和飯店員工添了麻煩，但真的非常感謝他們。

——政府內部有意見指出，無論有無症狀，都應該先隔離一段時間，但由於缺乏因應緊急事態的法律依據，所以無法強制執行？

是的。厚生勞動省表示，一旦強制執行，就會引發人權問題。因此頂多只能懇請相關人員配合；這也包括了暫時留置臨時住宿設施，以及對無症狀者進行核酸檢測（PCR）。任何措施都無法強制執行。至於這麼做是否妥適的爭論，在這之後仍持續延燒。

將鑽石公主號郵輪定位為「醫院船」

——郵輪「鑽石公主號」上爆發集體感染。一月二十日離開橫濱港後，在香港下船的一名男子確診，二月三日返回橫濱港前，疫情在船上蔓延開來。該船的船籍屬於英國，卻是由美國公司營運。根據國際法，日本無權對公海上的船舶實施傳染病控制措施，也沒有義務接受其

進入港口。

不過，我們並沒有因此就不打算讓這艘郵輪進港。船上總計三千七百多名工作人員和乘客中，日本人就占了大多數，足足超過一千人。我認為理所當然要讓郵輪進港。問題是，接下來該如何安置這三千七百名疑似感染者。

——二月五日，厚生勞動省要求乘客原則上在船上的個人房裡等待兩週。不料疫情蔓延，造成七百多人確診。這是否因為當時檢測和醫療機構的收容安置作業還不夠完善？

外媒嚴厲批評厚生勞動省對乘客所提出的在船上等待的要求，質問日本為何不讓乘客下船。並稱疫情正在乘客間蔓延，這些人承受無妄之災云云。但當時，疫情尚未在歐美爆發，那些人完全處在「站著說話不腰疼」的立場。

日本反覆向各國政府溝通，我方允許貴國人民下船，但請直接安排接送他們回國。但是，不論哪一國都只答覆「請再等等」，想必是擔心疑似感染者的風險性，所以不願意立刻接他們回去。我簡直不敢相信，這些外國政府居然那麼不負責任。所以，我們別無他法，只能要求外國工作人員和乘客留在船上等待。

根據船旗國主義，在公海上的船舶受其船旗國管轄。因此該船雖然進入日本領海，卻應由英國負起管轄責任。然而，英國的反應極為遲鈍。

英國媒體報導稱疫情擴大，是因為人員遭留置在船上。但這並非事實。該船在進入橫濱港前，疫情就已經在船上蔓延開來。在世衛組織一月三十日宣布進入緊急狀態之後，船上還舉辦大型宴會。

限制日本人下船的決定也是不得已的做法。如果允許他們下船，下船後，能任由他們自行搭電車返家嗎？當然不可能。

在檢測不順利、醫療機構又欠缺收容量能的情況下，這三千多人要安置在哪裡？實在太難了。所以後來我決定將鑽石公主號視為一艘「醫院船」來處理。

——從武漢撤離日本僑民，還有郵輪上的因應措施，都是由誰擔綱指揮？

首相官邸就是指揮中心。三月二十六日，我們根據《新型流感等對策特別措施法》修正案成立了政府特別工作小組。但在那之前，我們已密集召開新型冠狀病毒對策會議，決定該立即採取的因應措施。此外，首相官邸的高階主管每天都聚在一起開協調會議，並與厚生勞動省、外務省等部門商討對策。

發現確診者初期，我們對病毒的實際情況並不了解，對於該如何因應，各方意見也相當分歧。不過我們這些非專業人士意見分歧就算了，連專家們也各執一詞，因此很難在當下做出判斷。

厚生勞動省的醫系技官[1]發表意見時，通常不會下任何結論。在說明全球確診者人數等資訊之後，最後會列出「有這樣的見解，也有人持這樣的意見。」當我問：「那麼，我們應該怎麼做呢？」對方會回答：「請首相官邸做決定。」我深切感受到厚生勞動省的官員們，絕對不想承擔起任何責任的強烈意志。應當承擔責任的是首相，自己沒必要多操心。這種心態讓我無言以對。

厚生勞動省就這樣停止思考了。後來，鑽石公主號上的一名乘客確診重症，隨後雖康復了，又因別的疾病導致病情惡化、腦梗塞住院。但只因為該乘客最初為確診者，他們就從來沒有將這名乘客排除在重症人數之外。將腦梗塞患者永遠視為重症者的做法，難道沒有問題嗎？後來，我要求將這名患者從重症者名單中剔除。

——二月十六日，召開首場新型冠狀病毒感染對策專家會議。專家會議由國立傳染病研究所所長脇田隆字擔任主席，地區醫療職能推進機構理事長尾身茂擔任副主席。您是否參與了專家機構的遴選？

沒有，人選都是事務層級做的決定。專家會議本來就是為因應新型流感傳播預先做準備。在醫療領域，即使是首相也是外行人。非專業人士沒有發表意見的餘地。

身為要負起一切責任的最高指揮官，我不能找藉口，但我還是要說，事實就是事實。坦白說，那陣子我一心想著武漢的撤僑行動和鑽石公主號的應對措施；與此同時，我們還要進

1　譯注：持有醫師執照的官員。

行外交談判，安排讓郵輪上的外籍乘客返國。再加上入境防疫措施。二月一日，來自武漢市所在的湖北省，以及十三日疫情已經蔓延的浙江省的旅客，都被列為拒絕入境的對象。

在那之後，專家會議開始針對各種防疫措施發布消息。曾在世衛等組織任職的尾身茂是個稱職的人選。他不僅是專家學者，還相當善於溝通。

——根據專家會議討論的結果，二月十七日政府要求「出現感冒症狀或發燒超過攝氏三十七點五度且持續四天以上者」，須前往全國各地保健所等五百三十六個地點所設置的「歸國人員／密切接觸者諮詢中心」進行諮詢。

專家的看法是調查確診者足跡，以防止疫情進一步擴大。這種針對群聚的對策在確診者人數較少的階段相當有效。但當確診人數逐漸增加，難以再追蹤所有人的足跡之後，就失去了調查的意義。然而，最初我們並沒有完善的核酸檢測系統。當時一天確診就達二百例。在無法進行大規模檢測的前提下，我們也只能嘗試透過群聚對策來遏制疫情。

——從德國的例子來看，負責傳染病防控的政府機構羅伯特・科赫研究所（Robert Koch Institute）在一月初成立工作小組，二月即得出結論，表示傳染風險是傳統流感的十倍，並立刻制定出對策，包括由醫務人員建立的完備檢測系統。這個工作小組的一大特點是由專家主導。

傳染病這種事畢竟還是要交給專家。在日本也是如此。不過，當時雖以國立傳染病研究所為中心，但僅限於現狀分析，國立傳染病研究所在實務的應對上仍是心有餘而力不足。

核酸檢測遲遲難以推進的真正原因是什麼

——長年以來，日本忽視了傳染病控制系統的建置。厚生勞動省專家小組曾於二〇一〇年呼籲擴充核酸檢測等檢查系統，但政府依舊毫無準備。儘管各方呼籲建立大規模新冠病毒檢測系統並確保更多的病床，情況卻不見改善。

核酸檢測檢驗量能根本遠遠不夠。厚生勞動省對於提升檢驗量能的態度很消極。我問厚生勞動省的官員：「民間的檢驗機構做得到，為什麼政府沒辦法提升檢驗量能？不能想辦法改善嗎？」厚生勞動省的回應往往是「提升檢驗量能只會推高陽性病例數」，或者「我們再去了解民間機構的狀況」云云。表面上說去了解狀況，也就是進行調查，但我從來沒看到後續的調查報告。我從來沒有吼過官員，但就這一次，我非常嚴厲地質問他們。因為他們做事既沒有抓到關鍵，也不打算解決問題。

厚生勞動省的官員們嘴上雖然不說，但那副態度就像在說：「你這個外行人懂什麼？」

——提升檢驗量能雖然會導致陽性病例數增加，但政治的角色本來不就應該建立一個完善的系統嗎？

厚生勞動省認為，可以透過群聚對策有效抑制疫情，所以提供了都道府縣的群聚地圖，說明「這裡有群聚感染，我們會在附近進行核酸檢測。」但當我們想為鑽石公主號的工作人員和乘客進行檢測時，他們卻堅稱：「沒辦法提供那麼多核酸檢測。」

——您是否曾經想在日本全國全面實施核酸檢測？

我沒有考慮的那麼長遠。但即使在全國一次性全面實施檢測，還是會出現很多偽陽性。我真正在意的是，是否可能創建一個系統，讓那些出現新冠病毒感染症狀並需要接受檢測的人，都接受檢測。

當然，我也理解厚生勞動省面臨的困境。他們手上沒有檢驗結果。因為進行檢測的保健所由地方政府管轄，中央政府管不到。而保健所也沒有向中央報告的義務。所以，厚生勞動省實際上連核酸檢測在哪裡進行，以及進行到什麼程度，都掌握不到。

——曾經被稱為「官邸最強」治理系統，在應對新型冠狀病毒問題上卻陷入困境。您認為篩檢和確保醫院床位等措施「遲遲難以推進」的真正原因是什麼？

因應傳染病是中央政府的責任。但我認為主要原因在於，無論在權限抑或預算上，中央能介入的方式都太少。如果沒有權限或機制來發出指示，地方政府、保健所、醫療機構並不會聽從中央指揮。那堵牆很厚。

二〇一二年，民主黨執政期間制定的《新型流感等特別措施法》，授予地方政府許多權限。即便首相宣布進入緊急狀態，但要求民眾避免外出、商家縮短營業時間、確保醫療設施是否充足等具體工作事項，都交給知事[2]來執行。另一方面，中央只是扮演整體運作上的協調角色。這就是欺騙，對吧？我認為法律應該明確寫上，中央政府有承擔遏止疫情擴散的責任。民主黨制定了一條惡法。

比如說，針對一九九九年茨城縣東海村JCO臨界事故而制定的《核應急準備特別措施法》中，規定首相作為核災害應對小組負責人，可以在緊急情況下向知事等人發出指示。該機制的目的，是在災難發生時，將權限集中在首相手中。所以中央的權責也很明確。相較之下，將實際採取因應措施的權限下放地方政府的特別措施法，責任上的歸屬反而變得模糊了。

三月十三日，我們展開特別措施法的修訂。但在法案提交國會之前，我們針對是否稍微加強對人民基本權利的限制、是否對不配合縮短營業時間的商家加以處罰等具體內容，在官邸進行討論。因為歐美各國法律都規定在緊急狀態下，政府可以限制國民基本權利。

但是，內閣法制局表示反對，認為「任何進一步的行為限制，都可能違反憲法對基本人

2 譯注：都道府縣的首長。

權的尊重。」在野黨也強力批判，稱安倍政府正在擴大解釋範圍，企圖藉機修改憲法，甚至設立緊急狀態條款。種種毫無根據的批評愈來愈多。到頭來，倘若堅持要放進增加強制力的條款，通過修訂法就需要花費更長的時間。我們最後只好放棄。

——作為危機處理的關鍵環節，倘若立法未能及時落實，難道不能透過政治決策來執行嗎？

確實如此。但是限制人民基本權利，會對國民生活造成很大的影響，所以我們不能跳過修法的環節。要是提交了加強限制人民基本權利的法案，國會對於這項重要法案的審議也會格外慎重。

倘若走修法，那麼我和內閣官房長官、厚生勞動大臣，就會連續好幾天，每天從上午九點到下午五點都被綁在國會的委員會裡。眼下沒有那樣的時間，所以我們決定，只優先將特別措施法適用於新型冠狀病毒。

二〇二一年二月，我辭職之後，接任的菅義偉內閣決定進一步修改特別措施法，對不遵守縮短時間要求的企業實施行政處罰。這意味著隨著疫情的時間拉長，採取嚴厲措施的做法終於逐漸取得國民的理解。

我認為更理想的情況是，釐清中央政府在疫情防控上的責任。但這麼一來，遭剝奪權限的地方首長很可能會群起反對。不過，他們若想繼續保有權限，就不該一味批評中央，而是自己要負起責任才對！因為在現行制度下，必須承擔起防疫責任的正是這些地方首長。

從武漢撤僑，以至於鑽石公主號疫情擴散的因應措施，一路走來，我們更傾向著眼於現實，而不是只看法律怎麼解釋。儘管如此，如今中央政府還是未能收回之前特別措施法所交付地方政府的權限。

「遲遲難以推進」指的是什麼呢？我想包括各面向原因。而首相官邸的權力在地方首長、厚生勞動省的技術官僚以及醫師會[3]上難以施展的局限，也是主要原因之一。

對厚生勞動省和醫師會無計可施的原因

——您在五月四日的記者會上宣布，目標五月中旬，讓抗病毒藥劑法匹拉韋（Avigan）獲批准用於治療新型冠狀病毒感染，但最後未能獲得批准。

法匹拉韋是富士軟片子公司富山化學開發的藥物，之前已被批准用於治療流感。所以，即使用於新冠病毒患者，也不意味著使用未經批准的藥物。第一線的醫師表示，很多輕症者強烈要求使用此藥，所以，我們先讓他們以臨床研究的形式廣泛給藥。在防衛省的自衛隊中央醫院，也取得了顯著的效果。

3 編注：日本最大的非官方醫師協會。

然而，計畫卻止步於下一階段的臨床試驗。為了證明在研藥物的有效性，需要調查含有效成分的在研藥物與無效安慰劑之間效果上的差異。但厚生勞動省做出結論，統計上差異並不顯著。他們完全不管臨床研究上顯示已有相當的成效。

最後，從動物實驗的結果發現，孕婦使用此藥可能會生出具有先天性障礙的嬰兒，嚇得他們不敢再廣泛使用此藥。倘若真是如此，那就不要開藥給孕婦這類確診者不就好了？

我在五月四日記者會上宣布之前，厚生勞動省的局長表示「將批准使用法匹拉韋」。隨後藥務課長反對，推翻了原先的決定。過幾天他跟我說：「事情變得不太順利。」厚生勞動省似乎覺得我的想法太天真。但試想，如果這種藥物真的那麼危險，為什麼之前會批准它用於治療流感呢？如果真的那麼危險，也不會批准它用於新型冠狀病毒的臨床研究了，對吧？

擁有審批藥事實質權力的是藥務課長。內閣人事局雖掌管七百名高級官僚的人事權，但管不到課長級別。所以不管官邸好說歹說，沒有人事權，他就不聽你的。

由於德國出現不少證明法匹拉韋有效的病例，德國總理梅克爾（Angela Merkel）便請我們寄一些給她。我對她說：「出口這種藥沒問題。但我要告訴你，它在日本並未獲得批准。」梅克爾當時嚇了一大跳。事實上，北韓的高級官員也來找我們要法匹拉韋。這是關乎人道主義、立場微妙的事件。至於我們後續如何應對，就留給讀者自己想像了。

——藥務課長為何如此堅持？

一九八〇年代的藥害愛滋事件中，進口未加熱血液製劑的製藥公司老闆、使用這批製劑的醫師，以及明知具有受ＨＩＶ病毒汙染的危險性卻並未指示召回製劑的厚生省官員，都被指控犯罪。

當時的厚生勞動省藥務局長是主管事務方面的官員，所以沒有被起訴。另一方面，生物製劑課長卻被判有罪。明明局長也蓋章批准了，卻只判課長有罪，這讓主管藥務的官僚感到忿忿不平。

因為有過這樣一段歷史，主管藥務的技術官僚大多懷有強烈的意識：「承擔責任的是我們，所以必須讓我們來做決定。」

厚生勞動省內部並不團結。分為主管醫療的技術官僚、主管藥務的技術官僚和事務官。主管醫療的官員有機會升到次長（副部長級），或是很多局長缺；而主管藥務的技術官僚最高只能升到課長或審議官。但這群人手中握有批准藥物和疫苗的權限。因此，整個組織運作上並不順暢。

——病床之所以短缺，是否因中央和地方政府不斷削減國立、公立醫院數量所致？削減醫院數量的背後原因據說是醫師會希望減少競爭對手。這也可以視為這個支持自民黨的組織，正在削弱日本的醫療體系。

公立和其他公辦醫院的效率不彰，並推高醫療費用都是事實。實際上，地方政府辦的公立醫院中，九成處於虧損狀態。不過，自民黨政權長年以來進行的行政改革中，包括削減保健所等做法，或許確有做過頭的部分。

（在病床短缺問題上）我們很遺憾沒能得到醫師會的配合。他們自我標榜是「不屈服於壓力的醫師會」，但在不願增加病床這點上，可以說向民眾施壓的正是醫師會。當然，仍有許多醫師盡心盡力守在醫療第一線接收新冠病毒患者，其中不少人也和醫師會保持距離。因此，倒也不能說醫師會在實際運作上有效發揮其功能。

承擔全面停課的風險

——二月二十五日，中央政府宣布不會向全國發布避免大規模群聚的規定，然而到了第二天，您就要求「接下來的兩個星期內取消、推遲群聚或縮小聚會規模。」針對學校停課一事，文部科學省最初宣稱由地方政府自行判斷，但二月二十七日，您又要求所有學校停課。眼看疫情蔓延，您可能是想採取更主動、未雨綢繆的措施，卻也有人批評是朝令夕改。

二月二十七日，我們決定要求所有學校停課，當天全國回報的確診人數為二十三人，這個數字不算多。但在那之前，千葉縣市川市的一家健身房爆發群聚感染，需要進行健康監測的人員中，好幾名是學校教師。教師確診，在任何地方都可能發生。

當時還沒有孩子得重症的病例。但不少兒童、學生患有哮喘等基礎疾病，萬一孩子因此得了重症或不幸死亡，對國民而言必定是相當大的衝擊，並且導致人們陷入恐慌。

此外，如果大家不通勤上學，人流量就會減少。全面停課也有這個好處。雖然有些縣尚未出現確診病例，但若要求學校停課，最好能在全國一次性實施，也有助於民眾對疫情提高警覺。

有人聲稱，這種做法剝奪了兒童受教育的權利。但是，受教育的權利和生命，何者更重要呢？我是基於這樣的考量做出決斷。

——確實存在協調不力的情況嗎？

那時，我們只能邊做邊思考對策。總不能跟病毒說「請等一下」，然後一週後才宣布停課。要是這段期間，哪怕任何一個孩子確診死亡，民眾都會受到極大的衝擊。事態就是那麼嚴重。有人認為我做得太過火了，我很樂於接受這些批評。

有人說，沒有足夠依據來判斷須全面停課。但這是人類歷史上頭一次全球大流行的傳染病，根本沒有先例可循。這時，我身為執政者，只能義無反顧承擔起風險。媒體批評我們搞得一團糟，但我們喚醒了民眾的危機感，從這一點來看也很值得。直到現在，我依舊認為當初做了正確的判斷。之後的民意調查也顯示，雖有幾項防疫措施評價不佳，但全面停課受到民眾高度評價。

——當時很多家長表示，因為孩子在家，他們不能去上班。

家長的意見是正確的。這就是為什麼針對學校停課，中央開始努力採取各種對策提供家長支援。

——政府內部消息指稱，由於全面停課的措施受到質疑，導致後續較難採取嚴厲的防疫措施，以至於未能及時施行限制從歐洲等疫情蔓延國家入境的措施。直到三月十八日，您才宣布對義大利、西班牙等三十八個國家限制入境。

我當時並不這樣認為。其實我更擔心的是，當我們決定限制從歐洲入境的旅客之前，是否也得對住在歐洲的日本人進行撤僑行動。武漢只有八百人還算幸運，但要從歐洲各地把人都帶回來，那可是個大工程。光是確保一間三日月飯店當防疫旅館就大費周章，又該把這些人隔離在哪裡呢？最終，我們決定不撤僑。

——二月二十九日，您第一次就新冠肺炎疫情舉行記者會。有人批評，您身為國家最高行政首長，疫情初期與民眾直接對話的時間太少、而且記者會的時間也太短。二月二十九日的記者會只召開三十六分鐘。

有人說記者會只開到一半就結束了，其實是我覺得沒必要沒完沒了一直講下去。宣布解除緊急狀態的時候，我可是足足花了一個小時慎重說明。

基本上，我每次召開記者會，祕書官和行政人員都會努力尋找新「亮點」（具體措施和政策）。因為要是沒有新資訊、新措施，對國民來說沒有任何新消息的話，就沒必要召開。

的確，對首相來說，每一次的記者會都是一次重大考驗，都有可能失敗的風險。因此祕書官格外重視準確性。嚴格來說，我的回答也不見得都很精準。所以，他們的想法是，能少開一點記者會比較好。

我跟他們說：「沒有亮點也不要緊吧？」就算回答得不精準，只要小心答覆，應該也不至於出問題。

但是，一說要開記者會，行政人員就得精心準備，這會帶給他們很大的負擔。這是整個團隊的工作，所以也要考慮他們的工作量，不能每天開記者會。

有人批評我看提詞機唸稿，但所有外國領導人都這麼做。況且，很多外國領導人並不接受提問、只單方面發布消息。在日本，連開記者會的方式都會遭到媒體批評，我還想過，乾脆只透過網路發布消息就好，但幕僚們又說那樣做太過火了。

限制從中國入境，法律上遇「障礙」

——想請問您關於入境限制措施的事。二月一日，政府決定將在中國湖北省有旅遊史的人、十三日決定將在浙江省有旅遊史的人，列為限制入境對象。三月九日起，針對在中國和韓國全境有旅遊史的人，實施入境限制。但是，美國早在一月三十一日就原則上決定限制在中國全境有旅遊史的人入境。您為何這麼晚才決定對中國做出入境限制，是否考慮到中國國家主席習近平預定於四月來日本進行國是訪問一事，以及可能對入境旅遊造成影響嗎？

沒那回事。二月中旬武漢撤僑行動結束後，我就認為習近平訪日一事很難實現。

在中國，護照是按省簽發的，所以我們認為即便不針對中國全境，只要限制確診數較多的地區，就可以充分防控。事實上，除了浙江省和湖北省，當時疫情尚未擴大到別的省分。我方更著重於採取有效的對策。

——但是，限制有中韓兩國旅遊史的人員入境的措施發布於三月五日，和習近平主席推遲訪日的消息湊巧是同一天，任誰都覺得兩者似乎有關聯。

完全是巧合。二月二十八日，中共中央政治局委員楊潔篪訪日，與我和茂木外相會面。

我們在習近平的國是訪問延期一事上達成共識。但是，中方拖了一段時間才拍板，所以發布時間比原訂晚了一星期。這純屬我個人的猜測，他們要正式知會習近平，可能程序上需要花點時間吧？

至於入境限制，在法律上存在著「障礙」。《出入境管理及難民認定法》（入管法）中的入境限制，針對的是個人。所以，是否可以擴大到整個國家或地區的人，就出現了法律上尚待解釋的問題。日本可以禁止某位不受歡迎的外國人入境，但必須明確指出對方的身分。過去，我們從未針對整個國家或地區實施禁止入境的措施。

內閣法制局的看法是，對於不具備對日本造成危害依據的人士，難以限制其入境。就連始終支持我的官房副長官杉田和博，此時也對限制入境持謹慎態度。他說：「如果要針對整個國家或地區實施限制入境，那就要修改入管法了。」

但眼下沒有閒工夫修法。所以，這也是一次政治判斷，我們決定發布不針對個人的入境限制。

——這是否意味著一種法外措施？

這並不是法外措施。關於這次的入境限制，法制局也相當堅持。法制局局長甚至在與邊境措施相關的閣員會議上遲到了。據說是認為安倍內閣藐視法制局，以此表達其不滿。我充分理解法制局的立場，但是在緊急情況下，有時政治必須推翻過去的法律解釋和先例。

東京奧運延期

——三月二十四日，您與國際奧委會（IOC）主席巴赫（Thomas Bach）舉行電話會談，同意將二〇二〇年東京奧運和帕運推遲一年舉辦。三月十三日，您也和美國總統川普（Donald Trump）通了電話，爭取他的支持。三月十六日與七大工業國集團（G7）首腦舉行視訊會議，取得了他們的理解。您那時是否還不能確定，國際奧委會是否同意推遲？

確實，我們不清楚巴赫主席的想法。所以反覆琢磨著要怎麼跟他談。美國對國際奧委會的影響力是壓倒性的，所以我首先試圖爭取川普總統對推遲一年舉辦的支持。當我坦白告訴他日本打算推遲時，他表示「百分之一千支持」。接下來是七大工業國集團。我在G7是老面孔了，所以大家都說，既然安倍這麼說了，那就這麼辦吧！

我請前首相、奧運組委會主席森喜朗擔任與巴赫主席的聯絡窗口。國際奧委會最初希望如期舉行賽事，後來由於全球疫情前景的不確定性，這才判斷延期不可避免。

政府內部也有人提出推遲奧運兩年、二〇二二年再舉辦的計畫，但那樣一來，離二〇二四年巴黎奧運時間就太近了。到時候原訂在二〇二〇年奧運出場的運動員，可能就沒辦法出賽。推遲兩年畢竟太久，甚至有人說乾脆取消舉辦算了。最後，我認為推遲一年是較為務實的做法。

我在與巴赫主席的電話會談上，預想他可能會接受推遲一年的建議，但不能肯定他一定會接受。所以，當我從首相官邸打電話給他，他表示同意時，在場的森喜朗和東京都知事小池百合子都鬆了一口氣。

——奧運的主辦方是東京。中央政府照理來說只是給予協助的立場。為什麼延期一事是由您來主導會談呢？

小池百合子知事並未就推遲奧運一事明確表達看法，或許是因為她無法判斷輿論將做何反應。不過，我認為由首相居間協調倒也順理成章？畢竟在二〇一六年里約奧運閉幕式，我還曾扮成超級瑪利歐登場呢！

安倍經濟學穩定供需

——四月一日，政府特別工作小組宣布向全國每戶家庭（約五千萬戶）分配兩個布口罩的計畫。很多人批評：「政府的應變對策就這點程度嗎？」所謂「安倍經濟學」的政策背景是什麼呢？

的確有各種批評。但我有自信，我的政策並沒有錯。當時完全買不到口罩，供不應求，價格飛漲，即便上網買，價格也高到令人難以置信。我們請經銷商分銷，市場上還是買不到。

因此三月初，我們決定向醫療機構、長照護理機構、身障者機構等單位發放二千萬枚口罩。經濟產業省和緬甸等東南亞國家進行談判時得知，如果是布製口罩，對方就可以供應。我們很快就下單了。我覺得布口罩很好，清洗後即可重複使用。

之後，我們決定分配口罩給每戶家庭。這麼做是為了讓口罩需求量降下來。決定分配口罩給每戶家庭後，我與口罩主要生產商嬌聯（Unicharm）的社長進行視訊通話，他也贊同這個做法，認為有助於平衡供需。

有人批評口罩太小、未即時到貨、有些顏色還泛黃，但布口罩一發出去，商家就把手中的口罩庫存都釋放出來，實體店和網上價格也跟著降了下來，這可是事實。至於把口罩投進每戶家庭信箱的做法，我承認是有點急就章。但我聽說有孩子將布口罩當作禮物，還在上面刺繡，很受歡迎喔！我當時還想，可別拿去送人啊！要自己用。

——除了公布星野源呼籲人們不要外出的影片外，您也在推特（即現在的X）等平臺上發布自己在家中（與寵物玩耍、喝茶、讀書等）享受悠閒時光的影片。這個點子是誰發想的？

是首相官邸的公關團隊。他們在討論如何向年輕人傳達減少外出的訊息時，表示希望我出場，我就同意了。有人批評：「國民正處於艱困的處境，你身為國家領導人怎麼還有時間在一旁悠閒放鬆呢？」但這並不是針對我政策上的失敗，所以我不會放在心上。我認為會這麼說的，只是年長群體中極少數的人。其實有批評反而是好事，表示訊息確實傳達給了年輕人。負評也是一種評論，影片的瀏覽數很快就突破一百萬人次。我幾乎想對那些批評的人說，你拍得出一部這麼多人觀看的影片嗎？

宣布進入緊急狀態

——四月七日，您首次針對東京、神奈川、埼玉、千葉、大阪、兵庫、福岡等七個都府縣，宣布進入緊急狀態。四月一日專家會議向政府示警，醫療系統面臨巨大壓力，建議採取更徹底的防控措施。另一方面，當時的確診人數還遠低於歐美。您沒有因此感到遲疑、難以做決斷嗎？

我沒有遲疑，但費了很大的工夫進行協調。

小池百合子在三月二十三日和二十五日舉行記者會時，提到了封城的可能性，並反覆重申「目前正處於疫情爆發的關鍵階段」，以及「NO！三密（密閉空間、人群密集、密切接觸）」以防止感染蔓延。這應該是她為了防止疫情進一步擴大，有意煽動群眾的危機感，但卻導致藥局的衛生紙銷售一空。人們出於恐慌，囤積許多和防疫完全無關的物品。

三月二十六日，中央政府根據修訂後的特別措施法，成立政府特別工作小組，這是向社會宣布即將進入緊急狀態的預告。然而，小池剛表態不久，此時中央政府就宣布進入緊急狀態的話，可能會引起恐慌。所以，政府決定優先向民眾傳達，日本不會實行像歐美那樣的封城，生活必需品的供應上也不會出問題，要求民眾不要進行恐慌性採購。

當時內閣官房長官菅義偉擔心經濟受到影響，表達出「沒有必要宣布進入緊急狀態吧？」的態度，我最後也說服了他。

我認為四月七日宣布進入緊急狀態，是非常恰當的時機。小池百合子的呼籲，營造出民眾爭先恐後要求政府盡快採取行動的氛圍。民眾需要這種感覺，才會更自我克制。儘管這些呼籲不具強制力，但我認為市中心和通勤電車之所以冷清，正是因為民眾希望我們宣布進入緊急狀態。

——對於這些不具強制力的措施，您是否認為有良好判斷力的日本人都會遵守？

我認為是的。因為先前要求學校停課的措施也不具強制力，但相當多地方政府仍紛紛表達認同，並且確實執行。

——四月十一日，負責因應新冠疫情期間經濟振興的經濟產業大臣西村康稔表示：「世界上沒有一個國家為企業暫時停業提供一定比例的損失補貼」，引發民眾對經濟活動將遭受負面

影響的擔憂。

補貼的定義很困難。比如銀座的俱樂部，有的一晚營業額就能達到一千萬日圓，那就補貼一千萬日圓嗎？那是不可能的。這就是西村想說的，儘管他的解釋聽起來確實有些生硬，但其實他已經準備好各種補貼方案了。

提供持續性發展補貼給營業額下降的企業；在人員成本方面，提高雇用調整補貼；此外，我們還提供無息貸款、延期償還債務和房租支援補貼。

有人批評我們這麼做根本沒有原則。但是在疫情下前景如此黯淡的時期，我認為消除民眾的焦慮比什麼都重要。尤其是針對營業額下滑達一半的行業，一律提供二百萬日圓的持續性補貼，這是極具開創性的做法。後來，我們也陸續收到許多行業，包括餐廳、美容院和健身房等的回饋，感謝政府發放持續性補貼和各種貸款。我們採取包括提高雇用調整補貼上限等措施，才得以避免失業率惡化。

猶豫了很久，決定一律發放十萬日圓

——向國民每人一律發放十萬日圓的措施，似乎猶豫了很久才做決定。四月七日，內閣一度批准二〇二〇年度財政補充預算法案，其中包括向低收入家庭發放三十萬日圓。但配合四月

十六日宣布緊急狀態擴大到全國，決定改為所有人一律發放十萬日圓。內閣批准的預算案遭到替換的情況非常罕見。您似乎從一開始就主張一律發放十萬日圓，為什麼會有這段曲折的經過呢？

一律發放十萬日圓的想法，是我最初諮詢稅制調查會的甘利明會長時，和他達成的共識。我們認為這麼做能和消費掛鉤，也有利於經濟。我的經濟顧問也全數贊成此案。只有財務省表示反對。

——二〇〇九年副首相麻生太郎擔任首相時，推出一項雷曼風暴後刺激景氣的措施：向每位國民發放一萬二千日圓的固定補貼。但據說發放後，國民卻將大多數儲蓄了起來，導致被批評亂發錢。由此可知，您對一律發放十萬日圓的做法應該也是持謹慎態度。

沒錯。正是考慮到這點，財務省才提出針對低收入家庭發放每戶十萬日圓的方案。真的非常小氣。

——自民黨政務調查會長岸田文雄提出向低收入家庭給付三十萬日圓的方案，您也同意了。當時首相官邸這麼做，只是為了給岸田先生面子嗎？但最終這項三十萬日圓的補貼方案遭到推翻，試圖幫岸田先生加分的計畫以失敗告終。

我對岸田感到很不好意思，但疫情已經出現變化。各地傳來零星的群聚感染案例，國民愈來愈擔心黃金週返鄉或旅行時可能被傳染。這就是為什麼我們將緊急狀態擴大到全國。那時很多人說，既然那麼多民眾有困難，還是提出讓大家都感到安心的措施比較好。媒體的基調也是如此。

因此，十萬日圓，不再是合不合理的問題，而是感覺的問題。我認為，與其擔心一律發放十萬日圓後，國民會花多少錢在消費上，也就是經濟的合理性，還不如落實「和國民站在一起」的政策。當民眾被反覆要求自我克制、同時不斷積累怨氣的狀況下，消除眾人焦慮也是政治的責任。

預算案一旦審批通過後再修改，就可能導致問責，是極其危險的行為。公明黨和二階俊博幹事長也在聽取建議後，支持我們全力執行。公明黨黨首山口那津男還特地來首相官邸表達看法。他說：「倘若未能向國民一律發放十萬日圓，在政治上會出現大麻煩。」

比如說，退休金並沒有因為新冠疫情而減少發放，所以有人說沒必要發給領退休金的人。但我們還是決定發給他們；也有人說發錢給有錢人有意義嗎？但不妨試想，我們是向所有人呼籲自我約束、避免外出，因此我還是認為應當發給所有人。

——這是否意味著政府支付造成民眾不便的補償費用？

要說是政府支付擾民費，可能有點奇怪。但這些錢本來就是向國民徵收來的稅。

——儘管原因林林總總，但向國民一律發放十萬日圓，也可說是一種迎合大眾的做法吧？

或許是如此，但是安倍政府並不總是迎合民眾。我們過去陸續推出了諸如《特定祕密保護法》、「恐怖攻擊等預謀罪」、《組織犯罪處罰法》修正案等遭到許多人反對的政策。而為了避免恐慌、為了讓人們遵守不具強制力的政府呼籲，那是我們必須安撫民眾的政策。要是經濟停滯，就會有人死去，我們一定要避免那樣的事態發生。

財務省發出的訊息如此強烈，以至於許多人誤解了。就算我們為了實施各種新冠疫情措施發行國債，也並不表示我們把債務傳給了子孫後代。日本央行購買了所有的國債。日本央行就像政府的子公司，不會有問題的。當然，前提是信用度要夠高。

有人擔心發行國債可能引發惡性通貨膨脹或日圓暴跌，但實際上這兩種情況都沒有發生。日本非但沒有通貨膨脹，反而在承受通貨緊縮的壓力。財務省的解釋是不合理的。一旦過度通貨膨脹的可能性升高，我們只須盡速實施財政緊縮政策即可。

北韓綁架日本人問題[4]與橫田滋先生離世

——從您擔任您父親祕書的時代起，始終致力於營救遭北韓綁架的受害者。綁架受害者橫田惠（遭綁時年僅十三歲）的父親，同時也是家族會代表橫田滋先生於二〇二〇年六月五日去

世。您表達了衷心的哀悼和深切遺憾。

橫田先生歷經的艱辛是難以估量的。他十三歲的女兒遭到綁架後，人生徹底被北韓毀掉。不僅是營救女兒，他也為了救出所有遭北韓綁架的受害者而四處奔走。之所以成為家族會代表，也是因為他和他的妻子早紀江女士，兩人的為人深受大家信賴。

一九九五年，自民黨、日本社會黨、先驅新黨的聯合政府基於人道主義，向北韓提供了三十五萬噸有償大米和十五萬噸無償大米。當時，橫田先生在自民黨總部門口展開抗議行動。我跑去向橫田先生道歉，說「真的很對不起」。橫田先生滿頭大汗全心投入抗爭的模樣，令我印象深刻。正是因為我看到受害者家屬不懈的努力，才一直主張向北韓提供經援，必須以解決綁架問題為條件。

二〇〇二年九月，小泉純一郎首相訪問北韓時，北韓聲稱惠女士已於住院時自殺。二〇〇四年十一月，北韓甚至將聲稱是惠女士骨灰的物品交給日方。日方經鑑定後認定骨灰並不屬於惠女士。不料北韓隨後提議，讓橫田夫婦與其孫女金恩晶（橫田惠之女）在平壤會面。

4 譯注：北韓綁架日本人問題是指一九七〇年代初到八〇年代末之間，北韓多次從日本和歐洲綁架日本人至北韓的事件。二〇〇二年九月十七日，在平壤舉行的日朝首腦會談中，北韓首次承認過往一直否認的綁架日本人事件。日本政府認定的綁架受害者有十七人，其中五人由日本政府接回，另有八人被北韓宣布已經死亡，但日本政府始終沒有放棄追查真相以及他們的下落。

關於是否接受這項提議，我和橫田先生一家人在赤坂王子飯店（現為東京紀尾井町王子畫廊）見面商量。

我說：「眼下北韓急需經濟援助，叫您們兩位到平壤後，國防委員會委員長金正日可能會出面致歉稱：『惠女士已經去世了，很抱歉』，然後讓這件事就這麼過去。」橫田先生表達還是想去看孫女的意願，但橫田太太反對，認為「不應該配合北韓的想法」。後來，兩人的兒子哲也和拓也說：「我們要營救的是姐姐，不是她女兒。」最後，橫田先生沒有再堅持。

後來在二〇一四年，北韓再次提出安排夫婦倆和孫女見面的機會。這次不是在平壤，而是在蒙古首都烏蘭巴托會面。當時橫田夫婦已經上了年紀，也由於我能力有限，沒辦法帶回受害者。所以，我認為不該錯過這次機會。

當時我向蒙古國總統查希亞金・額勒貝格道爾吉（Tsakhia Elbegdorj）表示，倘若公開會面，恐有被北韓利用的風險，便請對方幫忙安排祕密會面。在北韓綁架日本人的問題上，我對於任內沒能取得成果，真的感到非常遺憾。

批評聲浪大，放棄《檢察廳法》修正案

——想請教關於將檢察官的退休年齡從六十三歲提高到六十五歲的《檢察廳法》修正案。由

於受輿論批評，五月十八日宣布放棄於國會通過該法案。根據內閣和法務大臣判斷，總檢察長和首席檢察官的退休年齡最長將延期三年的特例規定受到質疑。事情始於一月，當時內閣決定改變先前對該法的解釋，延長時任東京高等檢察廳檢察長黑川弘的退休年齡。黑川長期擔任法務省官房長和事務次官，負責與首相官邸的聯繫，被視為「和官邸關係密切的人物」。因此，擬議的修正案與黑川延長退休年齡一致，似乎在為他就任總檢察長鋪路，從而引發爭議。

《檢察廳法》修正案和另一項將國家公務員退休年齡提高到六十五歲的法案，一起提交給了國會。這是因為檢察廳希望能最大限度活用年長的職員。

延長高級檢察官退休年齡的特例規定，是包括法務大臣在內全體內閣閣員做出的人事決定。檢察官也是公務員，由內閣決定延長其退休年齡也是理所當然的吧？

至於要求延長黑川退休年齡的，是當時的法務事務次官辻裕教，和總檢察長稻田伸夫。

稻田解釋，因為希望繼任者黑川參加二〇二〇年四月在京都召開的國際會議，這才要求延長黑川的退休年齡。所以，我們在一月時決定延長其退休年齡。而修正案的實施，本來就定於二〇二二年四月一日生效，因此對於內閣為了黑川修改法律的批評，完全是子虛烏有。但反對黨似乎就是打算給民眾留下這樣的印象。

一般來說，國會議員和法務省很少接觸。其實我在法務省只和林真琴（後來的總檢察長）比較熟。在我們進行《組織犯罪處罰法》修正案、「恐怖攻擊等預謀罪」等立法時，他擔任刑事局長，和我們一起打拚過。

二〇一七年，國會對《組織犯罪處罰法》修正案進行審議之前，我曾要求法務省提供易於理解「恐怖攻擊等預謀罪」的事例，但不知出於什麼原因，他們不僅沒給我相關資訊，反而給了民進黨。[5]

我不知道這是個小失誤，還是法務省有意讓我難堪，但這種事在霞關[6]不時會發生。由於只有在野黨取得資料，所以當國會審議開始時，我在答辯席上被追問得啞口無言，一度請林真琴代為解釋，說：「拜託林先生了」，林卻說：「很抱歉，請首相您自行答辯。」他沒有幫助我。我感嘆地想起當年制定這項法律時，曾經和林並肩作戰的經歷。

我聽說黑川有相當出色的行政能力。而他與林兩人是長年的競爭對手。林於二〇一八年一月當上名古屋高檢的檢察長時，我還吃驚地問：「林怎麼被派到名古屋了？」但那是法務大臣上川陽子的人事決定，與我無關。然後，黑川在二〇一九年出任東京高檢的檢察長。[7]

——五月十五日，十幾位前檢察官向政府提交反對修正案的書面意見。他們認為由於檢察官的調查有時會觸及政界中樞，因此可能無法保證不受政治干擾、保有高度的獨立性。您如何看待這些批評？

我猜，前檢察官們的真心話是，政治不該進入他們的領域。很多前公務員認為其所屬機構的人事，應該由機構內部自行決定，但那是錯誤的。因為總檢察長、最高檢察院的副檢察官，以及全國八所高檢的首席檢察官，從來都是由內閣來任命。

——據悉，最堅持該通過該法案的人士，是重視人事的內閣官房長官菅義偉和官房副長官杉田和博。

延後黑川退休年齡一事遭到批評，所以我建議：「不如先擱置《檢察廳法》修正案，等輿論熱度過了再來審議？」然而，菅和杉田卻很堅持。老實說，我對此法案並沒有太多的感受，但我認為應該在國會例行會期內審議。因此我並未完全否定他們兩人的意見。

——五月十八日，在與二階幹事長協商後，您決定推遲送審《檢察廳法》修正案。緊接著，二十一日出版的週刊就報導黑川曾經參與麻將賭博，然後，他就辭職了。

如果沒有麻將事件，黑川早就成為總檢察長了。說是參與麻將賭博，其實賭注很小，一千點一百日圓，就和一般上班族玩的差不多。[8]檢察審查會判斷應該起訴，但我覺得似乎過於嚴厲了。或許是因為檢察官的任務是打擊犯罪，更不被允許發生這種事吧？

5 譯注：當時日本最大的在野黨。
6 編注：位於日本東京都千代區，多個中央行政機關總部坐落於此，為日本中央公務體系中樞。
7 譯注：安倍暗示林在抱怨自己沒有受到重用。
8 譯注：玩一個晚上輸贏一般不會超過一萬日圓。

河井夫婦被逮捕

——六月十八日，前法務大臣河井克行及其妻參議院議員河井案里，因違反公職選舉法（買票）被逮捕，後來兩人雙雙辭去議員職務。回到二〇一九年參議院選舉，廣島選區改為兩席，那時您為什麼會提名溝手顯正和河井案里這兩個人呢？

廣島的席次一直是由自民黨和在野黨各占一席的二議席選區。雖然提名兩人，可能還是出現朝野各一席的結果。但僅提名一人，競選活動很難熱起來。實際上，二〇一九年的千葉縣是三人選區，我們提名兩人，最終兩人都當選了；北海道也是三人選區，自民黨仍贏得兩席。安倍政府上臺以來，我們始終期許各地打硬仗，來贏得勝利。

——溝手過去曾嚴厲批評您。在您第一次執政期間，當自民黨在參議院選舉中慘敗時，他說過您應該考慮辭職。在民主黨執政期間，他也評論您已經是「過去的人」了。官房長官菅義偉對出身廣島縣的岸田文雄有著強烈的競爭意識，他這種「厭惡溝手、岸田」的情緒，是否和後來提名河井案里有關？

廣島是誕生了兩位自民黨首相，池田勇人和宮澤喜一的地方，為自民黨固若金湯的選區。若說提名兩人就不可能當選，那也太不上進了。溝手雖然落選，但是在選前封關民調，他可是勝過河井的。將自身的失敗歸咎於自民黨競選辦公室，這樣不合情理吧？

——目前還不清楚自民黨競辦提供河井案里的一億五千萬日圓的用途。是誰決定提供她一億五千萬日圓的呢？

參議院選舉前夕，自民黨廣島縣連[9]舉辦募款餐會，將募到的錢全數用於為溝手助選，完全沒花在為河井助選。連街頭宣傳車也沒讓河井使用。所以，黨的競辦自然要支持她。政治資金從政黨總部轉移到支部，是完全沒問題的。

有人質疑這筆金額很大。但在過去，一個選區花費超過一億日圓的例子也不少。二〇〇四年，小泉政府時期的參議院選舉中，我作為幹事長（黨祕書長）負責分配選舉資金。只要我們再加把勁就能贏的選區，我會多給一些；但對於選前調查毫無勝算，以及必定取得壓倒性勝利的候選人，基本上就不給。

這一億五千萬日圓是從總部分多次轉移。由黨的幹事長和會計局長共同決定。我完全不打算撇清責任。但我擔任幹事長時，從來沒有向小泉首相（黨總裁）報告過錢的事，一次都沒有。自民黨幹事長的位子，就是這麼重要的一個位子。

9 譯注：縣連（縣支部連合會）等同縣黨部。

防衛省的錯誤造成部署陸上飛彈攔截系統「陸基神盾」受挫

——由於擔心新冠疫情停課會耽誤學生的學業，四月，多位知事（縣長等地方首長）提議讓學生在九月開學，中央正著手研究此事。您似乎也持積極態度。

我們生活在一個許多學生出國留學、人才不斷從海外流入日本的時代。我認為要是能引入九月入學制度，出國留學會變得更容易，也能配合國外求才的時機點。九月入學的議題已經提上教育振興會議的議程了，我本以為這是一個與國際社會接軌的好機會，卻又發現，推遲入學或開學難以推行。讓學生在同一個學年待十七個月，實在超乎想像。倘若提前半年或許可以，但這又與彌補疫情造成的課業延誤相互矛盾。

日本和其他實行九月入學制的國家，無論在政治或社會結構都有諸多差異。在日本，應屆畢業生是在四月一次性進入企業任職；但在美國，企業整個年度都會酌情錄用合適的人才。隨著國際化的推進，我們的確有必要認真思考這件事。但如果各界並不覺得九月入學是個好主意，它就不容易成為現實。

——為了提高應對北韓彈道飛彈攻擊的能力，中央政府曾於二〇一七年決定在秋田、山口兩

縣部署「陸基神盾」（Aegis Ashore）飛彈攔截系統。但該計畫於二〇二〇年六月取消。推進支援飛彈發射時分離的「助推器」不一定能準確落在演習場內，引起演習場附近居民的反彈。但技術問題真的是放棄該計畫的主要原因嗎？

防衛省向當地居民解釋，推進系統的助推器將會落在自衛隊的駐地內；他們也是這麼跟我說明的。但那個前提有誤。

神盾艦的「標準三型」（SM3）攔截飛彈無法擊落的彈道飛彈，可以用地基的地對空「愛國者三型」（PAC3）誘導飛彈擊落，但那麼一來，飛彈碎片就會落到日本領土上。但是，只因為碎片會落在某處就不攔截，我想大家應該不至於那麼想吧？

回到陸基神盾事件，防衛省雖告知當地居民，助推器會落在自衛隊駐地內。但那或許是因為，他們以為那番說詞比較容易被接受。事實上，開發陸基神盾的美國企業和國防部，從未向防衛省提供如此明確的說法。即便是美國遭核飛彈攻擊、或以攔截飛彈反擊時，他們也不會優先擔心飛彈碎片可能落到美國本土。畢竟美國土地廣大，不在乎這一點。這是美國和日本在認知上的基本差距。

既然向當地居民說明的前提已經不存在了，我認為也很難在我的家鄉山口縣，或內閣官房長官菅義偉的家鄉秋田縣進行部署了。這是防衛省為了方便行事所犯下的錯誤。防衛省接連傳出醜聞，包括並未實地調查、僅使用Google地球軟體而出現測量錯誤、防衛省人員在向當地居民報告的簡報會上打瞌睡等等。

問題出在我們決定放棄之後，防衛大臣河野太郎來官邸協商，表示理解取消部署的決定，但是仍未向美國進行任何協調。所以，儘管決定取消部署計畫，也只能對外宣稱暫停，也就是不得不痛苦地解釋這項計畫處於懸宕狀態。

陸基神盾是日本在美國企業向盟國提供的對外有償軍事援助（FMS）系統框架下，打算購買的最新銳裝備。我在之前和川普總統的日美首腦會談上，強調我們將會透過對外有償軍事援助，購買一百四十七架F-35戰鬥機，以及兩座陸基神盾。我以「我們購買了這麼多貴國的武器」的說法，來要求美國增強軍力。川普回覆我：「謝謝你，晉三。」一旦他知道我們取消了部署，可能會感到疑惑「怎麼不買了？」那我可就不好交代了。所以我拜託美國政府官員別向川普提及這個話題。話說，後續與美國的協調，也讓我們著實傷透了腦筋。

——在六月十八日與國會休會同時舉行的記者會上，您宣布取消陸基神盾的部署計畫，並將在國家安全保障會議（NSC）討論新的安保戰略，指出「新的方向」。這也可連結到您在九月十一日所發表的「內閣總理大臣的談話」。其中包括評估攻擊敵方基地的能力，下一期內閣將討論採取適當措施攔截飛彈。

全世界也就只有美國和日本會在飛彈防禦上花這麼多錢。例如，從神盾艦上發射的攔截飛彈，就是可以精確擊落敵方飛彈的精密武器。日本和美國聯合開發的高性能飛彈「標準三型2A批次」（SM3 block 2A），據說每發要花費數十億日圓，是一筆相當龐大的投資。不過，飛彈防禦本身就具有威懾力，所以我們還是批准了這項預算。

另一方面，保持足以打擊敵人的能力也很重要。用於此目的的巡航飛彈並不像攔截飛彈那麼昂貴。美國開發的戰斧（Tomahawk）巡弋飛彈，一發只需約二億日圓。那樣一來，還是部署戰斧巡弋飛彈效率較高。況且，即使不實際發射，敵人也會心存警惕，「一旦攻擊日本，日本就會發射飛彈反擊，並且清楚掌握敵人的位置。」這就是我為什麼要求將打擊能力納入考量的理由。

——但令人費解的是，關於飛彈防禦的這番談話，不是「內閣總理大臣談話」，而是「內閣總理大臣的談話」。為什麼不是由內閣閣員會議來決定呢？

就像只有政府內部的人才能理解的「霞關文學」，加入「的」，就是首相個人發表的談話。如果沒有「的」，那就是政府的正式文件。加入「的」的文件，和沒有加入「的」的文件，公明黨[10]的解讀會不一樣。公明黨非常重視內閣批准的文件，我們考慮到這點，就用「內閣總理大臣的談話」，他們看到後就不會太緊張。此外，談話內容可能涉及下一屆內閣的決策，我都快辭職了，不想讓後任縛手縛腳，所以避免在內閣閣員會議上決策。

10 譯注：和自民黨聯合執政的政黨。

與公明黨聯合執政的意義

——一九九九年，自民黨、自由黨和公明黨組成三黨聯合政府，二〇〇三年成為自民黨和公明黨兩黨聯合政府。您怎麼看和公明黨聯合執政的意義？

我常說，這是個「禁受住風雪考驗的聯合執政」。我認為，在民主黨執政的三年零三個月裡，公明黨與在野的自民黨聯手，對他們來說，是個不小的挑戰。而他們也的確克服重重困難。

在選舉中，公明黨擁有巨大的力量。無論是全國選舉或地方選舉，只要公明黨推薦自民黨的候選人，支持率就會升高許多。一般來說會比提名前高出約兩成。這是一股巨大的力量。支持公明黨的創價學會幹部曾對我說：「首相，您看如何？多了不少票吧？我們的支持者都會去投票。」聽他們這麼說，我只能謙虛表示感謝。沒辦法，公明黨支持者的組織力就是比自民黨更強。

但也因為與公明黨合作，得以維繫政權的穩定。在政策議題上，我們也聽取公明黨的意見。尤其是在社會保障領域，形成了很好的互補。自民黨雖是保守政黨，核心卻含有「瑞穗之國」[11]的理念。我們共享水源，合作除草、耕地。秋日，以天皇為核心，眾人一同歡慶五穀豐收。自民黨也不排斥互助精神和分配政策。[12] 從這個意義上來說，我認為和公明黨聯手是正確的決定。

但是在安全保障戰略上，我們就發生衝突了。當然，大家都追求和平，但要如何實現和平，卻有著不同的思考和方法。我們反覆拉鋸，企圖摸索出雙方能達成一致的共識。我認為在《安全保障關聯法案》上，彼此配合得很好。

舊疾復發，感到無力的那一刻決定辭職

——想請教您決定辭職的經過。六月十三日您接受檢查時，發現潰瘍性大腸炎有復發的跡象。病情在七月惡化，並於八月確診舊疾復發。您在六月時，是否已感受到一定程度的危機感呢？

我的病是無法完全治癒的。為了穩定病情、讓緩解期延續下去，我必須一直吃藥。過去這四十年，我沒辦法不服藥。由於長年與病魔搏鬥，我感覺得到情況並不樂觀。不僅腹痛變

11 編注：指五穀豐收的美麗富饒國度，也是日本的別稱之一。

12 譯注：偏向社會主義的政策。

得嚴重，也開始察覺到身體無力等症狀。在我執政的七年零九個月裡，我一度遇過這種情況，可這次出現比以往還嚴重的症狀。於是六月的檢查之後，我服用的美沙拉嗪片（Asacol）調到了最高劑量。

當體內出現發炎反應時，名為CRP（C反應蛋白）的一種蛋白質會增加。那時我驗血後發現，果然高出標準值。起初超過的量並不多，後來卻愈來愈多。

——根據「首相動靜」[13]的報導，您第二次檢查是在八月十七日。自六月以來，您就沒再接受過任何治療或檢查嗎？

八月初，我請醫師來抽血並進行觸診。雖然未查出具體的原因，但我認為之所以會復發，還是來自於我精神上，以及諸多面向都累積太多疲勞。

——八月十二日，與您會談近一個小時的前經濟再生大臣甘利明，十六日在富士電視臺的節目中表示，「希望安倍首相能稍微喘口氣。」您曾告知甘利先生身體不適一事嗎？

我確實對他說過身體不適的事。但身為政治人物，直到最後一刻才能談及辭職。

——聽說您在八月六日參加廣島和平紀念儀式時，出現了相當嚴重的狀況？

當時腸道狀況惡化，我去參加儀式、讀完講稿後回來，身心真的很煎熬。同時還有能否順利走完行程的壓力，以及途中不便如廁的憂慮。

——您從什麼時候有了引退的想法？

就是在那場和平紀念儀式前後。入冬之後，我們需要做足防疫的準備。首相必須帶頭指揮。而我認為，防疫措施不能出任何差錯。

二〇〇七年我辭職之際，國會開議後就出現了混亂。我想避免那樣的情況重演，希望盡可能順利交棒。

首相總是要站在最前線，迎風而上。即使面臨逆風，也要以堅強的意志力持續向前。當我感到無力、覺得可能撐不住了的那一刻，我就知道該退下來了。有人建議我，辭職時不適合將生病的事全盤托出，但我認為，說實話才是最負責任的表現。

——您對菅義偉官房長官談過辭職的決定嗎？

內閣官房長官必須了解首相的健康狀況。還有內閣官房副長官，以及首相輔佐官今井尚哉、國家安全保障局局長北村滋、祕書官等首相官邸的核心成員，我需要他們一同籌備辭職記者會等工作。總不能等到記者會當天才通知他們吧？

13 譯注：每天在日本主要媒體上刊登的首相行程。

——八月二十四日那天，您連續在任的天數超過了佐藤榮作首相。您是否認知到，要成為憲政史上執政時間最長的首相？

我哪裡顧得了那麼多。倘若要超過佐藤榮作的連續在任天數是九月初，我還是會在八月底前辭職。我唯一考慮的是，一定要有人能夠好好指揮布局新冠疫情的防疫措施。我想等（病毒）秋天入冬後的路徑大致確認之後，就可以引退了。

——雖說長年執政，但還是有很多工作無法完成。您最大的遺憾，就是未能找出解決北韓綁架日本人問題的方法嗎？

長年以來，我與綁架受害者的家屬持續互動交流。我將他們視為戰友。他們經常對我說：「我們只能靠安倍先生了。」每當聽他們這麼說，我都倍感綁架事件的沉重。儘管大家對我抱有那麼大的期望，我卻解決不了問題，實在感到非常抱歉。儘管我們面對外交談判上的對手用盡各種方法，但還是沒能成功。

——您完全不考慮第四次出馬參選（自民黨）總裁嗎？

即使病情沒有惡化，我也不打算挑戰第四次。二階俊博幹事長強烈勸我再出來選，但我想，海水總該有退潮的時刻。

總裁選舉

——自民黨總裁選舉於九月八日公告、十四日投開票。內閣官房長官菅義偉、黨的政務調查會長岸田文雄、黨的前幹事長石破茂三人出馬競選。您讓岸田擔任外務大臣五年，讚譽他為人可靠，也曾推舉他為「後安倍時代」的接班人。但為何這次總裁選舉支持菅義偉先生？

考慮一個人是否適合擔任首相時，我認為重要的是考慮對方能否勝任自衛隊的最高指揮官。因為自衛隊是保護國家的最後堡壘。我認為從這點來說，岸田是非常適任的。不過，在這次總裁選舉中，我對岸田感到很不好意思。

菅義偉在我的內閣裡輔佐我七年零九個月之久，付出最大的力量來支撐安倍政府。妻子昭惠曾經問我：「你在小泉內閣擔任官房長官的時候，對小泉首相有支持到這種程度嗎？」菅義偉於我，恩情太大了。

——您是在與黨內第二大派領袖麻生副首相協商後，決定支持菅義偉先生嗎？

是的，我和他商量過。

——二〇二〇年九月十六日《讀賣新聞》報導指出，您最後決定支持菅義偉，是因為判斷「岸田贏不了人氣高的石破」。您是否不希望「反安倍」的石破選上總裁？

確實，我思考該怎麼做的時候，會審度總裁選舉的全貌。我同時會考慮幾個重點：「他身邊的人是否信賴他？」「面對艱困局面時，他是否能做出決斷？」「擔任閣員時，公務員對他的評價？」等等。

——安倍內閣於九月十六日總辭。您擔任首相的在任天數，自二〇一二年十二月第二次安倍內閣成立以來，連續二千八百二十二天，包括第一次內閣在內，總計三千一百八十八天，都是史上最長的紀錄。

我在八月二十八日宣布辭職後，媒體隨即針對第二次內閣成立以來七年零九個月的評價，實施民意調查。調查結果顯示，《讀賣新聞》百分之七十四、《朝日新聞》百分之七十一、《共同社》百分之七十一點三的民眾，對於安倍內閣的執政給予了正面的評價。儘管生病辭職一事多少造成影響，仍是相當高的民調數字。

我自己這麼說可能有點奇怪，但我認為民眾給了我一個相當冷靜的評價。新冠疫情期間，我的施政受到非常嚴厲的批評，但最後回頭來看，我想可能很多人認為，當時我已經很努力了。即使總是與我持相反立場、聲稱「不能容忍安倍政治」的《朝日新聞》所做的民調，也有超過七成民眾給予我的執政正面評價。我真的感到很驚訝。總辭之際，我內心充滿「已經做得夠多了」的感慨。

第二章

首相之路！

初次執政，從就任到辭職，然後重返執政

2003-2012

二〇〇六年，外祖父是經歷了昭和動盪年代的前首相岸信介、父親是前外務大臣安倍晉太郎，安倍晉三身為政治世家貴公子，坐上了首相的位子。他是日本第一位出生於二戰後的首相，就任時年僅五十二歲，也是戰後最年輕的首相。

安倍政府以「脫離戰後體制」為目標，透過修改《教育基本法》、將防衛廳升格為防衛省、制定《國民投票法》等，致力於被視為五、六十年一遇的一系列重大法案修訂，並且取得一定的成績。但是，由於內閣閣員屢屢失言和行政管理不力，僅一年後，安倍的初次執政便黯然落幕。辭職時被認為「丟下政府不管」，而遭受嚴厲批評的安倍，一邊傾聽家鄉選區支持者的聲音，一邊靜靜地踏上捲土重來、重返首相之位的道路。

立志當首相

——二〇〇三年九月，小泉純一郎首相在自民黨總裁選舉中勝選連任後，任命前官房副長官安倍先生為黨的幹事長。僅當選過三屆眾議員就出任幹事長，這在自民黨悠久的歷史上非常罕見。就任幹事長一職，是否成為您後來考慮挑戰大位的契機？

我出身政治世家，曾經擔任父親晉太郎的祕書，見過許多議員如何在黨內晉升。我置身於這樣的環境，自然也想過遲早會走上這條路。但我原以為過程中只要中規中矩，就能一步一步往上爬。

二〇〇三年的我，完全沒想過會擔任幹事長。當時，我認為自己比較可能被提拔為內閣閣員。閣員需要和行政系統打交道，而公務員一般來說會依國會議員的見解進行決策。但是，每一位國會議員都是獨當一面的將軍。就算你是幹事長，他們也不會輕易聽從你的指示。在黨務系統，大家最重視的還是你的個人歷練，以及當選過幾屆國會議員。

就任幹事長的前一天，我接到了小泉首相的電話。他說：「我正考慮要把你放在哪個位子，但你絕對不能拒絕我。」他沒有告訴我是什麼職務。那時我腦中閃過一個念頭，暗忖著他打算讓我首次出任閣員。我完全沒想到會讓我接幹事長。

第二天，也就是自民黨黨中央發表人事令當天。中午，我接到了派系領袖、前首相森喜朗的電話，他告訴我：「小泉打算任命你為幹事長。要是你推辭，人事布局將全盤被打亂。」但我還是決心推辭。我說：「我不能接受幹事長的職務。因為沒有人會聽我的。」我們爭論了一段時間。這時，電視新聞裡出現一條快訊：「由安倍晉三擔任幹事長」。沒辦法再推辭了。但我一點也高興不起來。更何況，隨後獲任命的幾位副幹事長，他們當選眾議院議員的次數都多達四次以上。[1]

在永田町[2]，許多政治人物都盼望未來能成為首相。我擔任幹事長時，也逐漸意識到自己未來可能走上首相之路。但沒想到我後來竟一路狂奔。我原本一直認為，唯有在累積足夠的經驗與實力之後，才擁有擔當首相的能力。

——您認為擔任幹事長的經驗，對於擔任首相而言是必要的嗎？

不是有沒有必要的問題，而是非常重要。在這之前，我在黨內歷任國會對策副委員長、社會部會長、青年局長等職務。擔任國會對策副委員長時，我剛選上眾議員不久，因此只負

1 譯注：亦即每一位都比安倍資深。

2 譯注：位於東京都千代田區，國會議事堂、首相官邸等政府機構都坐落此地，為日本政治樞紐地區。此處指國會。

責較基層的工作。

擔任幹事長期間，我致力於改革黨務。例如我將原本年底的「麻糬錢」和夏季的「冰錢」[3]，直接透過轉帳發放給大家。此前，每一任幹事長都是從堆滿了錢的會計局長室，搬錢出來依序發放。聽起來是不是很「老派」？

對我來說最大的難題，還是建議前首相中曾根康弘等元老引退。二〇〇三年眾議院選舉期間，小泉首相為自民黨不分區候選人導入了「七十三歲退休制」。但是，中曾根前首相在一九九六年眾議院選舉時，曾得到當時黨中央承諾，保留北關東選區「不分區名單終身第一名」的席位，並屢次當選。我聽說小泉首相一度和中曾根先生溝通這件事，但是，來到二〇〇三年選前，即將排定不分區名單之際，還是得去正式拜託他引退。[4]我對小泉首相說：「中曾根先生是一位了不起的首相，還是由您直接拜託比較妥當？」小泉首相卻說：「你去就可以。你必須去。」

我沒辦法，只好硬著頭皮前往中曾根先生位於東京平河町砂防會館的辦公室。中曾根先生獨自一人坐在那兒，他告訴我：「橋本龍太郎總裁、加藤紘一幹事長[5]曾經承諾我，讓我終身排在不分區第一名。」[6]並給我看了一份兩人署名的文件。他說：「你憑什麼違反這項承諾？要我交出這個五十多年來只屬於我的議席，你得說服我。」

然而，眼下我也想不出個好理由來說服他，只說道：「選舉快到了，這次自民黨的選情很不樂觀。小泉首相已經承諾引入退休制。就請您當作幫自民黨一個忙，務必支持我們好嗎？」聽我這麼說，中曾根先生沉默半晌，然後看著我的臉，突然笑了出來，說：「要你來辦這件事，也算你倒楣。」那一刻，我感到自己得救了。他接著說：「幹事長的責任就是要勝選。我支持你。加油吧！」那一刻，我高興的幾乎要流下眼淚。

——引入退休制後，您負責勸退的國會議員當中有人反抗嗎？

前首相宮澤喜一和前財務大臣林義郎都沒有異議。不過，眾議院議員杉山憲夫卻大為光火，訓斥了我很久。他說：「像你這樣的毛頭小子，別和我開玩笑！」我只能懇切地反覆道歉：「對不起，並不是我做出了這個決定，是小泉首相。」來平息他的怒氣。

3 編注：分別指自民黨歷年來於十二月與六月發給各派系成員的津貼，為提高派系凝聚力的一種手段。
4 譯注：當時中曾根康弘已經高齡八十五歲。
5 編注：橋本龍一郎於一九九五年當選自民黨總裁，並於一九九六至九八年出任首相；二〇〇一年與小泉純一郎競選自民黨總裁失敗。加藤紘一則在橋本出任首相時期擔任自民黨幹事長。
6 譯注：一九九六年，中曾根接受了黨中央的條件，讓出自己的選區。

——您當時身為幹事長，怎麼看自民黨在二〇〇三年眾議院選舉和二〇〇四年參議院選舉中表現不佳的原因？

當時，小泉政府正在推動結構改革，但民眾似乎沒有感受到改革的成果。就在參議院選舉前夕，小泉首相在國會中被質疑了當年仍在企業任職時的厚生年金問題，而他回答「人生有百百種，公司也有百百種」引發話題；而當時民眾對民主黨的期待隱約在萌芽，這一點也是事實。

——在那之後，您當了一陣子代理幹事長，隨即就出任內閣官房長官。

眾議院選舉成績不理想，我向小泉首相表示要「負起（敗選的）責任」，但還是獲得慰留，在黨中央擔任代理幹事長。後來二〇〇五年我首次入閣，出任內閣官房長官。一來先前任職幹事長期間，負責黨務的人事和選舉事宜，逐漸在黨內建立起自己的班底；二來也多虧了幹事長經驗，以官房長官的身分推動各項政策時，就很清楚需要提前與黨內哪些人溝通。

——您和菅義偉首相，兩位都是在擔任內閣官房長官後成為首相。內閣官房長官的重要性似乎愈發關鍵。

橋本龍太郎內閣推動的行政改革，賦予了內閣官房進行總體協調的權力，官房長官的責任因而變得更重。跨部會機構的政策案件增多，也都要由內閣官房長官居間協調各部會，這對有志於首相的政治人物來說是很好的訓練。

——二〇〇六年九月，您第一次參加總裁選舉。當時和外務大臣麻生太郎、財務大臣谷垣禎一同臺競選。您是什麼時候決定參選的？

對於是否出馬競選總裁，我猶豫了很久。但我曾經是幹事長，又當了官房長官，這時黨內難免會出現期待我角逐總裁大位的聲音。倘若此時我不挺身而出，在政治圈裡，就會被貼上「沒志氣、沒膽量」的標籤，所以我才下此決定。而且，從各家媒體的民調顯示，國內民眾對於我作為下一任首相抱有很高的期待，我自然沒有退縮的理由。從這個意義上說，當時我不過是順勢而為，說不上胸有成竹，也談不上做足了準備。

——選前媒體一度預測您將以超過七成的選票獲得壓倒性勝利。但實際上您只得到了百分之六十六的選票。

這就是自民黨的優勢。拿太多票也不好。不要全往一個方向傾斜，保持平衡才好。

——據說這次總裁選舉，是您與麻生太郎先生結盟的契機。

我在擔任內閣官房長官時期，麻生是外務大臣。二〇〇六年，我們在他的幫助下，（在聯合國）通過了譴責北韓的決議。那時，外務省的公務員全都畏首畏尾，外務省的一名局長甚至說「要是中國行使否決權否決了這項決議，日本的立場就尷尬了。這麼做可行不通」，還說「政治人物對常任理事國的可怕根本一無所知」。

我說：「一旦中國否決了這項決議，那麼，被逼到牆角的就是中國。」因為國際社會將認知到，中國居然選擇與因綁架、核武、飛彈等爭議而遭世界各國譴責的北韓站在一起。於是我建議，「提交這份決議，讓中國行使否決權，那不是正好？」我認為，這對中國來說也是個機會，藉此展示自己是否為一個理性的國家，是否為一個能夠與國際社會團結一致的國家。

當時，美國總統的國家安全事務助理史蒂芬．哈德利（Stephen J. Hadley）打了通電話給我，表達對於「日本能否堅持強硬立場到最後」的擔憂。最終，決議通過了。在這段期間，我和麻生始終保持密切聯繫，他也表示一步都不會退讓。這是我和麻生加深互信的契機。

——谷垣禎一先生在總裁選舉上強調增加消費稅的必要性，想法與您不同。

的確，我和谷垣並沒有太多交集。在政策方面，他是所謂的宏池會[7]，重視財政紀律，採鴿派立場。

執政初登板，以「冷凍庫路線」克服靖國神社和尖閣諸島[8]爭議

——二〇〇六年九月二十六日，第一次安倍內閣宣誓就職。您於十月八日訪中，將中國作為您就任後第一個訪問的國家。當時，中國擺出一副「除非日本首相承諾不參拜靖國神社，否則中國就不舉行首腦會談」的姿態。那自然是出於小泉首相多次參拜靖國神社的緣故。部分觀點認為，比小泉首相「更右派」的您一旦出任首相，日中關係將進一步惡化。您是何時決定訪中的？

大約在就任首相的半年前，我就與外務省事務次官谷內正太郎祕密籌劃此事。負責和谷內談判的中方代表，是後來成為國務委員的戴秉國。

基本上我的想法是，我不會承諾接受任何關於會面的條件。又不是要見什麼男女朋友。我們只是因為工作才見面。我請谷內先生轉達了我的想法。

7　編注：六個自民黨派閥中，擁有最古老歷史的名門派閥。曾誕生五位首相，於現任首相岸田文雄就任第九代會長後更名「岸田派」，二〇二三年宣告解散。

8　譯注：即釣魚臺群島。

——您為什麼選擇中國這個在外交上困難重重的邦交國，作為您第一個出訪的國家？

小泉政府的外交成果頗為可觀。二〇〇一年，日本於美國九一一恐怖攻擊事件後通過《反恐特別措施法》，海上自衛隊可以在印度洋為美軍艦補給油料；伊拉克戰爭期間也制定特別措施法，向伊拉克本土派遣陸上自衛隊。小泉政府時期的日美關係，因奠基於小布希總統和小泉先生之間的友誼，始終相當良好。因此我的職責就是，繼續維繫這段良好的關係。但另一方面，改善日中關係的課題尚待解決。所以我決定從此處著手。

——無論是靖國神社，抑或是沖繩縣尖閣諸島爭議，雙方都難以達成共識。您當時想到什麼樣的解決方案？

就是「冷凍庫路線」。我很清楚，日本和中國只要一談起靖國神社爭議，就不可能產生交集，所以我想，不如將爭議先放進冷凍庫裡冷凍起來吧！但是，我絕對不會說「我不去參拜靖國神社」，只是要給中國「安倍可能不會再去參拜」的印象。往後，中國就算再提起靖國神社等爭議也沒有用。要是雙方能達成這樣的默契，就有機會改善彼此的關係。加上中國內部也存在權力鬥爭，與日本談判確是較危險的一張牌。倘若雙方關係才剛改善，日本首相卻在首腦會談後不久就去參拜靖國神社，對中國領導人來說也是相當棘手的政治問題。

中方雖想讓我承諾「不會參拜靖國神社」，但我不會做出這樣的承諾。要是這表示雙方就難以見面會談，那也無妨。後來，谷內和中方是怎麼溝通的[9]，我並不清楚，但我知道谷內是在承擔種種風險的情況下，與中方進行談判。

——二〇〇六年，您與中國國家主席胡錦濤達成「戰略互惠關係」。這個用詞表達得很恰當，是誰提出的構想？

是當時的外務省中國課長秋葉剛男。儘管他並非出身「中國幫」（China School）[10]，但我特意任命他當中國課長。這是因為「中國幫」那群人全看中國政府的臉色行事。秋葉先生率先以「戰略互惠關係」來定位日中關係。我也覺得這個用詞很恰當。在那之前，日中關係似乎僅建立在以「友好至上主義」的前提，但這是個情緒化用語。事實上，友好應該是手段，而非目的，不能基於友好而損及國家利益。日中兩國若能改善關係、緊密合作，確實符合兩國利益。這就是戰略互惠關係。

——這次日中首腦會談成了「為日後日中關係定調」的一次會談。您是否感受到中國嘗試積極改善日中關係？

在加強經濟關係上，中國的確相當積極。中國一黨專政制度的合法性是什麼？就是讓人

9 譯注：讓中國同意進行首腦會談。

10 譯注：指進入外務省後學習中文，並從事和中國相關事務的職業外交官群體。

們認為自己的生活會因為中國共產黨的統治而變得更好。也就是說，他們需要告訴國民，中國共產黨足以守護中國人民的生活。這就是他們的正統性。

追求全面突破的政權營運手段

——二〇〇六年十一月，**您讓反對郵政民營化的十一位「造反派」恢復黨籍，遭批評為欺騙選民，內閣支持率因而大幅下跌。儘管您聲稱「不會走回自民黨過去的老路」，但為什麼還接受這些人回自民黨？**

郵政民營化是小泉政府的首要政績，是改革的象徵。小泉首相當年主打郵政民營化，在眾議院選舉中獲得了壓倒性勝利，這是事實。

小泉首相不僅取消了那些反對法案議員的提名，甚至派出「刺客」[11]作為取代這些人的新生代候選人。不過，我認為派刺客畢竟不是典型的日本式做法。所以當安倍內閣成立時，我就決心要解決這個問題。原先反對法案的議員紛紛承諾支持郵政民營化，還放低姿態提交了保證書。都做到了這樣的程度，我認為時機已經到了。恢復黨籍的十一人，每一位都實力堅強。包括在國會對策委員長任上相當活躍的森山裕、致力於解決北韓綁架問題的古屋圭司，以及被視為可能的總裁候選人之一的野田聖子，我認為應該讓這些傑出的黨內同志回歸。與此同時，我也做好了在民調中受到嚴厲評價的準備。

——在選民看來過於寬容。這是否意味著您無法成為鐵面無私的首相？

我不會採取徹底碾壓對手、搞殲滅戰的做法。這或許是我的缺點，但我天性如此，或者說，這正是我的生活哲學。第二次執政以後，我試圖拋開個人情感，但還是有些決定受情感所拖累。

——第一次內閣修改了《教育基本法》、將防衛廳升格為防衛省、制定《國民投票法》，著眼於這五、六十年來重大的法律修訂。一般而言，「一個內閣一道課題」往往就已應付不來，您不覺得將內閣逼得太緊了嗎？

安倍政府的目標是「脫離戰後體制」。例如《教育基本法》，就是在日本被美國占領時期所制定。但我也曾被警告，那就像憲法一樣千萬別碰。[12]儘管那的確是一部完備的法律，卻看不出是哪個國家的基本法。也就是說，那是一部毫無日本味的法律。所以我們加入了愛國心和公共精神。

---

11 譯注：在前述議員的選區提名新人參選。

12 譯注：很難修改之意。

二〇〇六年十一月，眾議院在反對黨缺席下，通過了《教育基本法》的修正案。通過法案的同一個週末適逢沖繩縣知事選舉，黨內很多人擔心會對選情產生負面影響，建議推遲表決。可我們怕一旦推遲，就可能失去這個勢頭。要是當時所有人都那麼想，很可能就無法在臨時國會上通過，所以，我決定進行表決。那個週末，我在出訪越南的飛機上，收到了贏得沖繩選舉的消息。

此外，防衛廳是個每年預算高達五兆日圓、統籌實力部隊的政府機構。如僅作為一個「廳級」單位，是極為不正常的國家體制。所以我決定將其升格為防衛省。

以往，人們大多將防衛廳廳長視為一個無關緊要的職位，但放眼海外諸國，哪有一個國家跟日本一樣呢？隨著廳升格為省，終於有更多優秀的人才願意進來防衛省服務。

二〇〇七年成立、由議員提案制定的《國民投票法》，是用於保障國民行使其修改憲法之重要權利不可或缺的法律。過去我們忽視這項法律，就表示我們並不信任國民。眾議院憲法調查會初代會長中山太郎先生為此付出了很大的心力。有人指出，當初我們讓該法案通過時，做法過於強勢，以至於日後在修憲的辯論上遲遲難以推進。但我覺得，我們那麼做確實是必要的。畢竟我身為自民黨總裁，需要在一定的時程內做出判斷，要不然法案堆在那裡毫無進度，就失去了意義。

當時，我並不想只專注在其中一個問題上，而是希望在所有的問題上全面突破。回想起來，還是因為我太年輕了。那麼做，帶給國會相當大的負擔。

後來，我對剛當上首相的菅義偉說：「剛選上總裁、成立內閣之際，內閣的力量最為強大。此時社會上也瀰漫著祝賀的氛圍。在這般內閣氣勢最昂揚的時刻，能做的事，就要盡量去做。」事實上，這種想法並沒有錯。只是，當年我也許有些操之過急了。

內閣閣員失言和醜聞

——第一次內閣期間，包括厚生勞動大臣柳澤伯夫將女性比喻為「生育機器」等言論，內閣閣員出現多次失言爭議。

柳澤的言論並不是蔑視女性，而是試圖以簡單易懂的方式解釋少子化問題。我說話也經常出現擦邊球，但不到所謂失言的地步。發表言論時，比喻和開玩笑的確存在風險。有時想打個比方讓聽眾更容易理解，也可能遭批評為政治不正確。開玩笑要辛辣才有趣，但很危險。我經常告誡年輕的議員，任何談及女性、兒童、年長者、身心障礙人士的言論，在說出口之前，一定要在腦袋裡再好好想一遍才說出來。

防衛大臣久間章生稱「美國向日本投放原子彈是無奈之舉」而遭受抨擊，但他的意思是，身為日本人只能如此自我安慰。僅僅是這樣而已。柳澤和久間都是非常資深的議員，在那之前也從未出現過不恰當的發言。

當時就好像流年不利、惹厄運上了身一樣，壞事接二連三發生；接著又爆發農林水產大臣松岡利勝自殺的悲劇[13]；年金紀錄問題也遭在野黨揭露。

國民年金紀錄疏漏問題是在安倍內閣時期發現，卻遭渲染為在安倍內閣時期發生。此外還有（接任的）農林水產大臣赤城德彥的「ＯＫ繃問題」。明明是事務所費用的爭議，不知為何媒體的注意力全放在赤城臉上貼得不自然的ＯＫ繃上。

——後來為何決定撤換赤城先生的職務？

還是因為事務所費用的爭議。赤城被指出將父母的住所申報為主要事務所地點，卻與實際情況不符，而他本人又解釋不清楚。[14]所以我告訴他，先處理好事務所的爭議較為妥當。接二連三的負面消息，實在難以一下解釋清楚，實在感到很無力。

——您第一次執政時似乎並未太關注經濟？

第一次執政時，我的經濟政策規劃不足。也是因為當時景氣好，稅收又足。但後來我的想法變了，我認為應該將重點放在經濟上。那樣一來，國人更能察覺到，事實上我們在許多方面都取得了重大成果。如今回想起來，我認為當年花費太多力氣在「擺脫戰後體制」上。

——當時也被批評為「好朋友內閣」。

所謂的朋友，指的是誰？好比說內閣官房長官鹽崎恭久和首相輔佐官根本匠，他們的確是我的朋友。但是松岡利勝，我和他未曾以朋友的身分來往過。至於久間章生、柳澤伯夫和文部科學大臣伊吹文明，也稱不上是親近的友人。所以那些批評無非是貼標籤罷了。

順帶一提，回顧歷屆政府，首相大多會任命自己熟悉的人擔任內閣官房長官。比如說，大平正芳首相任命的正是據說為其摯友的伊藤正義，而伊藤先生頭一次入閣就出任了內閣官房長官。所以我認為關鍵在於，所謂的「朋友」，是好的朋友還是壞的朋友。

——您為何會任命根本匠和小池百合子為首相輔佐官？

原本首相官邸內只有首相、官房長官和兩名官房副長官，共計四人而已，人員實在太單薄，在與黨的協調上也出現困難，所以我才決定增加人數，但很遺憾並未發揮太大的作用。

到了第二次執政，「官邸公務員」一詞逐漸被視為負面詞彙，但官邸的確需要公務員的協助。這些人們口中的「安倍政府的公務員」，自然是國家的公務員，隸屬於某政府部會。但是，假使這些人總想著遲早會回到所屬單位，就會將重要的情報匯報給所屬單位、甚至看

---

13 譯注：因政治獻金未申報、虛報辦公室費用等爭議。

14 譯注：在說明此事的記者會上，赤城的臉上貼了幾個ＯＫ繃，引發媒體關注。

所屬單位主事者的臉色行事，如此一來，就無法完成當下應推動的任務。內閣所有人都須全心投入執行眼前的政策，那些困難的政策才可能推行下去。

——您在做各種決策，包括一開始提出政策的時候，是否先和任何人商量過？

我曾經和森喜朗前首相商量，中曾根前首相也教過我執政時須抱持的心態。中曾根先生是這麼說的：「身為首相，一感到膽怯就會敗下陣來。一定要相信自己是正確的，要有自己不會犯錯的信念，勇往向前。」起初他說：「前方吹來的永遠是強勁的逆風。你要有迎風而上的信念，才能站得穩。」當下我還懷疑，真的是這樣嗎。後來慢慢發現，的確如他所說。

參議院選舉失利與辭職

——二〇〇七年七月二十九日舉行的參議院選舉，自民黨迎來歷史性慘敗，六十四個改選席位僅拿下三十七席。這是僅次於宇野宗佑內閣在一九八九年參議院選舉中僅取得三十六個席位的史上第二大慘敗。您如何總結那場選舉？

在媒體緊盯著年金紀錄消失，以及內閣閣員的事務所費用爭議之下，迎來了參議院選舉。最初民調數字顯示，我們還是有機會贏的。只不過情勢每況愈下。

我們在各地進行選舉宣講時，還是來了許多支持者，場面相當熱鬧。所以當時並不認為會輸那麼多。不料，選情出乎意外地嚴峻，最終我們只拿下三十七席。選戰中，我們雖絞盡腦汁，企圖以某種方式挽回劣勢，但還是沒有成功。

——在參議院選舉後的代議士會[15]上，前幹事長石破茂和前防衛大臣中谷元向您施壓，要求您辭職。在黨內同志要求您辭職的情況下，您仍決定留任。您為什麼決定這麼做？

決定執政權的選舉是眾議院選舉。所以我認為，若是只因為參議院選舉的成敗就換首相，會導致政局不穩。不過，遭到同黨同志要求下臺，對方既非在野黨，況且還是在那麼多議員的面前提案，造成我精神上極大的痛苦。可愈是在這種艱困的處境下，我認為我更要堅持下去。

日本的首相，從來不是被反對黨所推翻，而是在黨內鬥爭中倒下的。我在第二次執政期間，曾經和英國的梅伊（Theresa May）首相談論總統制和議會內閣制的區別。我對她說：「總統是被反對黨推翻，首相則是被執政黨推翻。」她聽了即表示同意，正是如此。她後來也被她所屬的保守黨拉下臺。

---

15 譯注：眾議院例會前舉行的黨內議員集會。

——據悉，您是在參議院選舉後出訪印度時感到身體不適。

約在二〇〇七年八月初，我感到身體出現不適的症狀。八月十九日至二十五日，我前往印尼、印度、馬來西亞訪問。回國後兩天，八月二十七日就要進行內閣改組。行程安排得非常緊湊。

其實，國外訪問行程到了第二站印度時，我的健康狀況就出現了明顯的惡化。嚴重的腹瀉和胃腸道障礙，導致舊疾潰瘍性大腸炎變得更嚴重了。

內閣改組後，我於九月七日前往雪梨參加亞洲太平洋經濟合作會議（APEC），十日一早六點返國，僅在官邸休息三個小時，就前往臨時國會的首日會議，進行「施政方針演說」。總之，行程非常緊張。

另一方面，臨時國會的焦點，是延長即將於十一月一日到期的《反恐特別措施法》。為了打擊恐怖主義，日本海上自衛隊正在印度洋為美軍等部隊展開補給行動。為了延長特別措施法，我們需要和在剛結束的參議院選舉中成為參院第一大黨的民主黨合作。我賭上了首相的位子，在雪梨的記者會上宣布我的策略，並提議與民主黨黨首小澤一郎進行黨首會談。但很遺憾未能如願。九月十二日，我宣布辭職，十一日就將此事告知了幹事長麻生太郎。我說，我可能無法再堅持下去了。

——您宣布辭職的時候，為何要隱瞞病情？倘若明確公開病情，應該就不至於遭輿論批評「丟下政府不管」？

當時我認為，身為一國之領袖，不該將身體上的弱點示人。從結果來看，我的確受到各界相當嚴厲的指責。

——關於辭職的決定，您曾經找人商量過嗎？

在政治的世界裡，一旦找人討論辭職的可能性，就非辭不可了。所以我很難找人商量這件事。儘管如此，我還是和當時從旁協助我的行政祕書官井上義行談過此事。當然還有我的妻子昭惠。她說，有鑑於你的病情，應該愈快辭職愈好。

——八月二十七日的內閣改組和黨中央人事調整，您任命麻生太郎為幹事長、與謝野馨為內閣官房長官。

那時我試圖再次扭轉局面。當時麻生想當幹事長，起用與謝野則是希望提升內閣的穩定感。畢竟一直被批評為「好朋友內閣」，我也想改變這樣的形象，由資深的政治人物領軍，穩住整個黨和內閣。

臥薪嘗膽

——您在九月十二日宣布辭職後，二十五日內閣總辭。您宣布辭職後，福田康夫在總裁選舉中擊敗了麻生太郎。您如何看待那次的總裁選舉結果？

麻生當時很受歡迎，所以我沒想到福田會出馬角逐總裁。我雖支持麻生，但福田宣布參選後，黨內的主流一時之間都倒向了福田。我想或許是因為我執政期間政局不穩，因此對於下一屆政府，大家都想尋求安定。

——福田先生的當選，還是基於「鐘擺效應」的心理，當時大家期待一個不同類型、不同主張的首相與總裁。但結果令人失望。於是二〇〇八年，麻生先生選上了總裁。最近十幾年來，民意調查中被認為適合擔任下一屆首相的人選，實際上大多當上了首相。您怎麼觀察現今社會看重人氣的氛圍？

在小選區制度下，總裁的人氣指標對選舉成敗有重大影響。過去中選區制時代，總裁受歡迎與否並不重要。當然，有人氣更好。但參選人只要憑藉自身努力，在選區中獲得百分之十五至二十的選票就足夠了。然而改為小選區後，每個選區得爭取獲得過半數的選票。因此，總裁的人氣就會產生一定的影響力。

——在您擔任首相期間，您是否在意內閣支持率等民調數據？

第一次執政時期，每天中午和傍晚，記者都會團團包圍在官邸門口。[16]每次一有民調發布，記者都追問不休，對我來說自然是種負擔。我只好千篇一律回答「不會因為民調患得患失」。各家媒體什麼都問。也有人問到小泉政府原本擁有高支持率，為何現在你的支持率掉下來了。我該怎麼回答？要是只關心支持率，那就什麼都做不了。所以我盡量不去在乎支持率。

——您卸任之後，當時下一個目標是什麼？

辭職後一段時期，我感覺自己處於茫然若失的狀態。那段時間，我與不少議員、學者和企業家見面，談論了許多事。隨著我體力逐漸恢復，當時年紀不過五十出頭的我，覺得不能就這樣結束，我想起那些我還沒有完成的事。我從政的初心，就是要實現修改憲法、解決北韓綁架日本人等問題。然而，那些問題仍尚待解決。我必須繼續從政。我並不想以「前首相」的身分待在永田町。我內心湧現了再次挑戰大位的念頭。我要再一次以首相的身分去解

16 譯注：非正式採訪。

決那些問題。

以微型集會鞏固基本盤

——期間是否發生了什麼事讓您想東山再起？

二〇〇八年春天，我在曾擔任我第一次內閣廣報官[17]的長谷川榮一的邀約下，一起去爬高尾山。那趟郊遊對我是一次相當重要的轉折。那天，很多人過來關心我「您恢復健康了嗎？」還鼓勵我「要加油喔！」這些話語讓我重拾信心，也逐漸找回了以往遭媒體嚴厲批評所喪失的信心和榮譽感。於是我下定決心，再次挑戰首相之位。

首先，倘若我能夠在下屆眾議院選舉中，在我的選區山口第四選區取得壓倒性勝利，或許就有機會再次挑戰首相的位子。接下來，我全心投入選區的競選活動。但那可不是一場輕鬆的選舉，還被選民質疑「我全力支持你，你卻丟下政府不管」，所以，我的競選活動是從道歉開始的。我沒有舉辦大型造勢集會，反而舉辦了很多場少於二十人的微型集會。直到二〇〇九年的眾議院選舉，我總共舉辦了三百場微型集會。

在微型集會上，我基本上不太發言，將時間都留給出席的民眾，也因此收到了相當多陳情。還有像是「我們這裡第四臺收不到訊號，請您想想辦法」這類困擾。當中很多議題其實應該去找當地的市議員，而非向國會議員陳情。但是，我聽著大家的分享，慢慢明白了民眾真正在意的是什麼、以及受到哪些事所困擾，這對我幫助很大。我感覺到了再次站穩腳跟的踏實感。

當你舉辦一個好比說來了二百人的大型集會，參加的民眾會說「我們聽了安倍說話」；但是，當民眾來到了只有二十人的微型集會，他們會改口「我們跟安倍說話了」。或許有些人覺得二十人看似效率不高，但是這二十人日後將會成為我忠誠的支持者。換作是二百人的集會上，我無從得知多少人聽了演講後會起共鳴，並成為我的忠誠支持者；但在這一場場的微型集會上，我知道。這對我來說意義重大。

我在第一次內閣總辭後，經過二〇〇九、一二年重返總裁之位，以及二〇一四和一七年再次擔任首相後的四場眾議院選舉。說到我在山口第四選區的表現，獲得最多票數的是二〇〇九年（二〇〇九年獲得十二萬一千三百六十五票、二〇一二年獲得十一萬八千六百九十六票、二〇一四年獲得十萬零八百二十九票、二〇一七年獲得十萬四千八百二十五票）。自民黨遭重創淪為在野黨那年，我的得票數還要高於後來我當選總裁或首相時。我想，或許當年很多人認為，要是他（安倍）就這麼落選，未免也太可憐了。

當時我的主要政治活動之一，就是去支持者家裡道歉。要是白天造訪，不少夫妻都外出

17編注：即首相官邸發言人。

工作，家裡沒人，所以我通常在傍晚時過去。每當我抵達住宅區時，鄰近的孩子們會說：「欸，那不是安倍先生嗎？」然後就一路跟著我，還幫我按電鈴，起到了緩和氣氛的作用。很多人告訴我：「希望自民黨也能提供兒童津貼。」我第一次執政時，大部分的政策較理想化。透過勤走地方，我才慢慢發現選民最看重的，還是和他們日常生活息息相關的議題。正是因為我在與地方對話的過程中，認真傾聽支持者的聲音，所以邁入第二次執政後，我開始注重經濟政策。

日本央行和財務省的政策路線是錯誤的

——聽說您在第一次內閣總辭後，某段時期會撰寫反省日誌。

我寫的不僅是反省，還包括了挫折感等忿忿不平的心情。那時候比較空閒，所以我幾乎每天寫。但由於寫到了許多政治人物，所以不能對外披露內容。

——您怎麼評價民主黨政府？

民主黨政府犯下許多錯誤。我認為其中最嚴重的錯誤，就是在三一一大地震後增稅。這場地震造成國土重創，卻還向民眾增稅，顯然是錯誤的政策。昔日昭和時代，財務大臣高橋是清在昭和金融恐慌期間宣布延遲債務償還期，還透過印製大量二百日圓鈔票讓國人安心。相較之下，增稅的做法恰恰帶來相反的效果。

基於此觀點，我和耶魯大學名譽教授濱田宏一、靜岡縣立大學教授本田悅朗、嘉悅大學教授高橋洋一、學習院大學教授岩田規久男等經濟專家多次會面討論。此外，我還成立了研究脫離通貨緊縮的學習會，延請曾擔任我第一次內閣經濟產業副大臣的山本幸三出任會長。

在這個過程中，我更加確信了日本央行的貨幣政策和財務省增稅路線是錯誤的。「安倍經濟學」的框架逐漸成型。如此一來，安倍政府不僅制定產業政策，還網羅了包括貨幣政策在內的宏觀經濟政策，可說是一個難能可貴的內閣。[18]

——將消費稅稅率從二〇一四年四月的百分之八，在那一年半後提高到百分之十，所需要確保的社會保障給付和財政健全化兩者兼顧的相關法律，於二〇一二年八月十日通過。對於民主黨、自民黨、公明黨三黨達成一致共識，充實社會保障和確保財源安定的「一體化改革」，您對此持反對意見嗎？

我對一體化改革持謹慎態度。在通貨緊縮、加上地震天災等影響下，不應該提高消費稅。一體化改革的目的，不是為了提高稅收、用於社會保障，而是為了還債。從政局的角度

18 譯注：指第二次安倍內閣。

來看，我也認為，倘若自民黨想拿回政權，就必須在這個議題上，與主張加稅的民主黨正面對決。

當時，自民黨的谷垣禎一總裁解釋，為了確保社會福利財源，提高消費稅是不得已而為之。我認為優先考慮政策勝於政局的思考方式，彰顯了谷垣的良心，很了不起。但以結果來看，可能正是因為這樣的判斷，導致他與首相之位失之交臂。

社會保障和稅收的一體化改革，是由財務省策劃的。當時的永田町都是財務省的天下。財務省的權力很大。

當一個政權缺乏自己的核心政策，就容易輕信財務省的見解，執政方向也將完全依附於它。菅直人首相[19]便是因此提出了調高消費稅以改善景氣，此一令人難以理解邏輯的政策。民主黨明知這項政策伴隨著危機還大肆主張，一副大膽改革、自我陶醉的姿態，這就是財務省公務員的迷魂湯奏效了。

再任總裁

——在執政的民主黨受到的批評日益嚴峻的背景下，在野黨自民黨總裁選舉於九月十四日公告，並於二十六日投票。您於九月十二日宣布以重返執政為目標，出馬競選總裁。這在日本

戰後政治史上，除了戰後混亂期的前首相吉田茂之外，從未有其他卸任首相重返執政的例子。

吉田茂先生在一九四六年僅擔任了一年首相便辭職，隨後經歷片山哲內閣和蘆田均內閣，但都很快就瓦解了。一九四八年，吉田茂先生二度執政。這一點我和他類似，僅上任約一年就辭職，後來重返執政。但和我不同的是，吉田先生在辭去首相後那段期間，也仍是民主自由黨[20]的總裁。或許可由此判斷，重返執政這種事，只可能出現在某種混亂時期。

民主黨缺乏執政能力，發展還不成熟就取得政權，這才陷入困境。民主黨的三位首相鳩山由紀夫、菅直人和野田佳彥，以及之前自民黨的我、福田康夫和麻生太郎，那幾年混亂期，幾乎每隔一年就換一任首相，政局十分不穩。

不僅經濟陷入通貨緊縮，雷曼風暴又加劇了經濟衰退。在如此不利的處境下，三一一大地震來襲，東京電力公司福島第一核電廠發生事故。外交上則隨著中國崛起，尖閣諸島面臨的壓力更大了。眼看國內外課題堆積如山，接下來的總裁選舉，是攸關自民黨能否奪回政權的考驗。

很多人關心我的動向，但我當時對於是否出馬角逐總裁持謹慎態度。不少人擔心「不過五年前，二〇〇七年才丟掉了政權，至今未能從創傷中恢復元氣。要是此時出馬競選，肯定

---

19 編注：曾兼任財務大臣，而後當選民主黨黨首，並於二〇一〇至一一年擔任首相。

20 譯注：當時淪為在野黨。

會再次受到批評。」我的母親、妻子和兄長都覺得為時過早。森喜朗前首相也說：「這次若輸了，往後恐怕就沒機會再出來選。」

——儘管很多人對此持謹慎態度，據悉菅義偉先生和甘利明先生兩位是主戰派。

主戰派是菅義偉。甘利明稍晚才加入。坦白說，我也非常猶豫。二〇〇九年春天，曾經在我的第一次內閣擔任金融大臣的山本有二問我：「你要出來選嗎？」我還說：「目前沒這個打算。」山本接著說：「那我就支持石破茂囉！」後來得知我決定參選，山本還生氣地問我：「你怎麼改變主意了？」我想說的是，其實一直到那年春天我都無意參選。

我決定參選的契機，來自菅義偉的一席話。二〇一二年終戰紀念日[21]前後，他來到我家，對我說：「你一定要出來參選。」並且強烈主張，「就算這次沒贏，在總裁選舉中走遍全國，讓國人看到安倍晉三廣獲黨員的支持，如此一來下次就有機會。不過，我堅信你一定會贏。」那是菅義偉唯一一次來我家。

——菅義偉先生口中的勝算是什麼？

他的想法是，只要能確保一定數量的國會議員選票，效果就能擴散出去。二〇一〇年，一艘中國漁船在尖閣諸島附近撞上一艘日本海上保安廳巡邏船。在那之後，中國漁船反覆進入接近日本領海的公海水域，甚至侵入日本領海。國人皆感到強烈的憤怒，連自民黨內部要求對中國採取強硬立場的聲音也愈來愈大。菅義偉感受到了這股情緒。他認為我在黨內偏保守派，要是出馬競選總裁，可能會因此獲得更多支持。儘管石破茂在地方較受黨員歡迎，但菅義偉認為，只要我能夠在僅有國會議員投票的第二輪投票中勝出，必定會贏。結果證明他是對的。22

——當時麻生太郎先生對總裁選舉採取怎樣的立場？

麻生和後來第二次內閣成立時我邀請出任副總裁的高村正彥，他們兩人都是支持谷垣禎一總裁。當時我暗忖，即使菅義偉鼓勵我參選，要是沒有麻生支持，我也很難勝選。八月下旬的一個深夜，我前往麻生最喜歡的酒吧與他商議。當時，谷垣總裁的態度並不明朗，於是我請麻生支持我。我說：「我覺得在這次的總裁選舉，倘若未能明確樹立我們作為保守黨的形象，恐怕無法贏得下次眾議院選舉。」但麻生說：「在自民黨淪為在野黨的這三年間，谷垣總裁始一直領導著黨向前進，他並沒有犯錯。」我覺得他的話有道理，決定等待谷垣的決定，並表示：「除非得到麻生先生支持，否則我不會參選。」

21 譯注：八月十五日。一九六三年，日本政府為追悼日本全國戰歿者所制定的紀念日。
22 譯注：自民黨總裁選舉的第一輪投票包括黨員票和國會議員票，假使沒有人過半數，就進入第二輪，由該黨的國會議員投票決定。

——那次的自民黨總裁選舉共有五人參選，包括您，以及石破茂、町村信孝、石原伸晃和林芳正。谷垣總裁因為得不到其出身的宏池會支持，最終放棄參選。情勢最初雖對石原有利，但他因為被視為在背後策劃「拉下谷垣」，而失去了支持。[23]

石原背叛谷垣的傳聞，是被人誣陷的。就像過去福田赳夫總裁和大平正芳幹事長競爭總裁的那次選舉中，大平先生也沒有辭去幹事長的職務。所以，那其實算不上什麼大問題。

況且，石原從不會心懷陰謀詭計，試圖陷害別人。不過，在那次的總裁選舉，他確實犯下了一些錯誤。

——石原先生也多次失言。他在總裁選舉的辯論會上，針對尖閣諸島爭議表示「（中國）不會攻打過來，因為那裡（尖閣諸島）沒人居住」，不禁讓人質疑其在安保上的態度。他也在電視節目中談到福島第一核電站事故的汙染土壤處置問題，表示「唯一的選擇就是將其運至奧姆真理教教團設施第一聖地」，引起軒然大波。

我認為這些發言可能只是石原口誤，但確實對總裁選舉造成了影響。

比較令我傷腦筋的，是我與所屬的清和政策研究會[24]會長町村信孝的競爭關係。我和打算參選的町村單獨進行了長時間談話。町村說：「考量到我的年齡，這是我最後一次機會了。但你以後的路還很長。」他希望我不要出來。他那麼說，讓我感到很困擾。

於是，我請曾任清和研領袖的森喜朗前首相出面仲裁。森先生最初認為派系中的後輩町村和我都不會參選，所以決定支持石原伸晃。因為他和伸晃的父親、東京都知事石原慎太郎是好友；前參議院幹事長青木幹雄和前幹事長古賀誠原本也打算推舉石原。但町村和我都打算參選之後，清和研決定要團結起來支持其中一位候選人。

森先生試圖勸阻町村，「你們無論誰出來，清和研都會團結起來支持。但僅憑清和研還不足以勝選。在派系之外，安倍應該可以得到更多支持。」不過，町村仍決定參選到底。但是他在神戶市街頭演講後回程的航班上，突然感到身體不適。

——町村先生雖在總裁選舉奮戰到最後一刻，但健康因素影響了他的選情。

清和研起初分成一派支持町村，另一派支持我，最後派系整合後站出來支持我的，就是町村本人。他對派系成員說，第一輪請投票給他，但要是我進入第二輪決勝戰，就請大家支持我。對町村來說，這是非常艱難的決定。但我最後得以勝出，的確要歸功於町村。

——二〇一四年眾議院選舉後，聽說是您推舉町村先生擔任眾議院議長。

我不能忘記他對我的恩情。總裁選舉之後，我去探望他，後來眾議院選舉期間，我也前

---

23 譯注：因為石原伸晃當時是谷垣禎一任命的幹事長。

24 譯注：自民黨最大派閥，簡稱清和研，為森喜朗、安倍所屬的派系。

往他的選區演說助選。二〇一五年他去世後，隔年眾議院北海道五區補選，町村的女婿和田義明出馬參選。我特意致電該選區具影響力的人士，請他們務必支持和田。當時町村夫人還對我表達感謝之情。町村後來當上了眾議院議長。我認為，我也算報答了他的恩情。

——總裁選舉的第一輪投票，黨員票加上國會議員票，石破茂以一百九十九票位居第一，您以一百四十一票位居第二。但由於沒人過半數，所以由國會議員進行第二輪投票。結果，您獲得逆轉勝。

政治是由許多偶然和奇遇組成的結果。小泉首相曾經對我說：「安倍，政治就是運氣。你看看我就知道了。」

然而，當我回顧起自己第一次執政，我感覺有時是自己放走了運氣。放走以後，想再抓回來，就像往沙子裡抓一樣，沙粒從掌心不停落下。潮汐時刻變化。為了不再重蹈覆轍，我認為保持全力以赴的心態很重要。

——您雖然再次當上自民黨總裁，但當時仍是由民主黨執政。民主黨的野田佳彥首相於二〇一二年八月，在民主黨、自民黨、公明黨三黨的黨首會談上承諾「將在近期」解散眾議院。於是，何時解散眾議院成為輿論關注的焦點。

我就任時為在野黨的自民黨總裁後，開始集中火力在「野田首相是否為了實現社會保障和稅收的一體化改革，欺騙了谷垣？」此一爭議之上，和野田政府相持不下。野田首相在二〇一二年八月承諾，「近期內將徵求國民的信任與支持」[25]，並與自民黨、公明黨達成了協議。可他卻遲遲不解散國會，於是我在眾議院質詢時曾強調，「民主黨在騙人嗎？」

——野田首相在十一月十四日與您進行的黨首辯論中，表示將於兩天後解散眾議院。您當時知道他準備宣布這項消息嗎？聽到野田首相宣布此事時，您看起來似乎有點措手不及？

當時，民主黨內傾向解散眾議院的聲浪日益高漲，所以我們暗地從總務省及須確保投票站點的地方政府，打聽到眾議院選舉大致舉行的日期。可是，的確沒想到會在黨首辯論的兩天後即解散。由於野田首相預定於十一月十八日前往柬埔寨參加東協（ASEAN）峰會，所以我判斷他至少會等回國後才宣布解散眾議院。因此，當他在黨首辯論上宣布此事時，說真的，我非常驚訝。

不過，對自民黨來說倒是個好時機。根據黨內選前情勢調查，眾議院選舉應該可以獲得二百七十席左右。

25 譯注：解散眾議院，訴諸選民支持。

——在眾議院選舉中，您沒有考慮提出重新審議包括提高消費稅在內的社會保障和稅收的一體化改革嗎？

我的一票經濟顧問都說，我們應該放棄一體化改革。但那是自民黨內早已決定的方向。一旦推翻，可能會失去黨內支持。所以我不能把它放進眾議院選舉的政見中。

——倘若當初在八月，社會保障和稅收的一體化改革相關法律頒布後即解散眾議院，您認為局面會變得如何？或許不少人會贊同野田首相的決策也說不定。

情勢或許會有些不同。民主黨或許不會輸的那麼慘。不過，什麼時候舉行選舉能取得勝選[26]，都端看時任首相者對政局的直覺。

26 譯注：首相有權決定解散國會，以及舉行決定政權的眾議院選舉日期。

第三章

第二次內閣成立

——跨太平洋夥伴協定、安倍經濟學、參拜靖國神社

2013

打著擺脫官僚主義、地域主權、「從水泥到人」[1]等「反自民黨」口號，完成政權交替的民主黨政權，最終走向了自我毀滅。安倍晉三得到了東山再起的機會。

第二次執政以降，安倍毅然推動許多自民黨議員反對的「跨太平洋夥伴協定」（Trans-Pacific Partnership，以下簡稱TPP）的談判，並推出了「安倍經濟學」，旨在透過「擴大財政支出」、「貨幣寬鬆」、「增長戰略」擺脫長期的通貨緊縮困局。致力於選民所關注的經濟振興的同時，他也更換了內閣法制局長官等官員，帶領國家穩步朝著允許行使集體自衛權的方向邁進。

安倍政府再次拉開帷幕。

1 編注：指政府工作重心從公共設施建設轉向為保障國民安心、安全的生活。

第二次內閣成立

——二〇一二年十二月十六日的眾議院選舉，自民黨拿下二百九十四席，重新取得執政權。十二月二十六日，您接受國會提名，成為第九十六任首相。您考慮第二次內閣的人事時，是基於什麼樣的基本方針？

九月的總裁選舉結束之後，我身為在野黨總裁，任命石破茂為幹事長、甘利明為政調會長、細田博之為總務會長。這個陣容算是比較扎實的。因為我希望內閣予人更加兵強馬壯的印象。2

此外，也得將總裁選舉的幾位對手團結起來。於是，我邀請他們入閣。石原伸晃擔任環境大臣、林芳正擔任農林水產大臣；除了病倒了的町村信孝之外，其他人都出任了要職。還有，我邀請推動安倍經濟學和TPP的甘利明出任經濟產業大臣。

TPP是旨在實現太平洋地區周邊國家之間人、物、資金、資訊和服務自由流動的一項國際協定。原則上，目標是百分之百自由化。成員國之間所有品項的關稅分階段逐步廢除，消費者即可從中受益。但這項協定對農業和畜牧業影響甚巨，連自民黨內也有不少議員表達反對的意見。所以在應對這些問題上，我們必須做好萬全的準備。甘利明曾於第一次內閣時期擔任經濟產業大臣，還是黨內的政策專家，不僅完全可以信任，也非常適任這個職務。

至於副首相兼財務大臣，則是麻生太郎主動請纓。我也邀請高村正彥入閣，但他表示「不想在國會被質詢，因此不想入閣」，所以我請他出任副總裁。

高村是相當稱職的副總裁。包括後來的《安全保障關聯法案》審議，他也及時並機智地傳達出各種訊息。儘管他的立場偏保守，卻仍營造出中立的氛圍。內閣官房長官當然是菅義偉。這次的內閣維持了近兩年未改組，既沒有出問題，大臣們在國會的答辯也很穩定。

第二次內閣的另一道亮點，就是法務大臣谷垣禎一。二〇一二年，谷垣在總裁選舉後自民黨兩院議員總會上的卸任致詞時表示：「百里之路，即便已走完九十九里，還是在半途。我們必須跨出最後一步。安倍新總裁，必定能跨出這一步。」現場響起如雷的掌聲。當時我就想，倘若我能夠重返執政，絕對要延請谷垣入閣。所以，眾議院選舉結束後，我立即對谷垣說：「您要選擇哪個職務都可以。」他答覆我說希望擔任法務大臣。大多政治人物較屬意的不是財務大臣，就是外務大臣等較受關注的職務。主動請纓法務大臣的政治人物，谷垣也算是空前絕後。可能畢竟是律師出身，想法與一般人不一樣。

2 譯注：意指起用黨內的大人物。

——作為內閣主要支柱的幾個職務，後來基本上都沒有換人。

我認為不能換。動了支柱，只會消耗內閣的能量。這是安倍內閣的基本方針。黨的人事方面，最初我讓野田聖子擔任總務會長，但又擔心她鎮不住黨內，便請出資深的二階俊博擔任代理總務會長。真是對二階不好意思，但他確實非常盡職地協助野田。

勇闖TPP，有實力的政府才能這麼做

——TPP是第二次內閣成立之初的主要課題。自民黨在二〇一二年眾議院選舉的政見中主張，「若是以取消一切關稅為前提，即反對加入TPP談判。」此一「前提」表達得巧妙，似乎可理解為要是該前提不存在，便可加入談判。

這的確是經過深思熟慮的措辭。是我們在野時期，以高村正彥為首的幾個人想出來的說法。

——二〇一三年二月下旬，您訪美時與歐巴馬總統舉行了會談。當時您對TPP所表達的態度，是各方輿論關注的焦點。

在我訪美之前，政府內部有過激烈的辯論。自民黨內半數成員反對TPP，農業協同組

合[3]也表示反對。很多人認為，最好在七月參議院選舉後再宣布加入談判。但是，我認為含糊的解釋反而對政府不利，及早表明加入談判的立場，更能在參與談判的國家中處於有利的位置。只要我們光明正大地表明要加入談判，消費者就會認為，這在經濟增長上肯定有所加分。至於參議院選舉，與其受農協威脅「敢贊成TPP，就讓你落選」，不如訴求「如有必要，我們將編列預算來進行補償」更好。麻生聽到我的想法後嚇了一跳。菅義偉起初雖反對，後來也贊成了。

關鍵在於，我們必須在日美首腦會談上，得到取消關稅一事上額外的承諾。對於這一點，我方和美方直到會前仍爭執不休。美方的高級官員不時牽制我們，表示就算舉行會談，日本也不見得能夠得到歐巴馬在此事上的表態。

我暗忖，我們別無選擇，只能勇於闖關。赴美之後，我和歐巴馬總統進行了「tete-a-tete」[4]，當時，我在他面前清楚論述了這番想法。我認為，這是我方勝負的關鍵。

在那場一對一會談上，我說：「我是戰後第一位二度執政的日本首相。一般在日本，只要失敗一次，就很難再次被賦予機會。但是我在幾度挑戰下，再次創造了機會。」此外，我也從歐巴馬偏好多元價值這一點切入：「我理想中的社會，是一個所有人都被賦予機會、具

3 編注：即農業合作社，簡稱「農協」。

4 譯注：出自法語，衍生為外交用語「兩人密談、促膝談心」之意，即僅翻譯在場的一對一會談。

多元價值的社會。與此同時，在外交、安保上感到不安的日本國民，都希望強化日美同盟。而為了強化同盟，就須修改行使集體自衛權的憲法解釋。」我也表示，日方會遵守將美軍普天間空軍基地遷至名護市邊野古的承諾。歐巴馬靜靜地坐在那裡聽我說。

——就是在這個時間點，您和美方談論到允許行使集體自衛權的方針嗎？

是的。我在二〇一三年一月例行國會上答覆質詢時，針對行使集體自衛權表達「將重新考慮」的立場，但並非旗幟鮮明地主張。那是因為，我當時考慮到對行使集體自衛權持謹慎態度的公明黨立場。不過，我在與歐巴馬會談中表明了決心。我們將擴大自衛隊的作用、承擔日本身為同盟國應當承擔的責任。

結束安保的話題後，我提到了TPP。在前一年年底舉行的眾議院選舉中，自民黨在競選政見裡提出「倘若前提是取消一切關稅，就反對加入TPP談判」。日本若能加入TPP，對TPP本身應該也有重大意義。此前，我們一度和負責官員進行談判，但我還是想直接請託總統。如同美國的一些工業製品，日本的部分農產品在貿易上較為敏感（須謹慎處理），只要能排除這些敏感的農產品，日本即可加入TPP談判。最終，我們同意「一邊談判、一邊決議」。歐巴馬總統表示，「我想沒問題。comfortable（不介意）。同意首相（安倍）的意見。」

——此時在聯合聲明中加入參與談判的內容，是為了說服黨內嗎？

因為反對聲浪很大，我們不得不先設下各種前提條件。首先是宣布加入談判，然後是實際參與談判，最後則判斷是否加入ＴＰＰ。分為這三個階段。

——您於訪美後二〇一三年三月十五日的記者會上，表示「這是國家的百年大計」，正式宣布將參與談判。當時《讀賣新聞》發布的民調顯示，「參與ＴＰＰ談判」的支持率高達六成，之後也維持很高的支持率。

這與ＴＰＰ無關，我個人對於贏得參議院選舉很有信心。六年前[5]，我剛擔任首相的時候，民主黨勢力擴大，自民黨吃了大敗仗。比起六年前，這次（自民黨）議席增加的可能性大很多。此外，新政府剛上臺也有優勢。我認為這時須善加利用新政府的推進力，趁著體力強時，無論與美國談判、或是在國會推動審議，都容易許多。所以我決定參與談判，並積極串聯黨內，希望團結一致打贏參議院選舉這一仗。要是不這麼做，少數自民黨候選人或許會擅自喊出「堅決反對ＴＰＰ」的政見。要是讓持那種政見的議員當選，等到參議院選舉後就更很難團結整個黨了。

5 譯注：日本參議員任期六年，每三年改選一半席位。

——過去也有首相並不決定大方針，而是採取讓自民黨內徹底辯論的做法。一九八八年，美國要求日本開放牛肉和柳橙進口自由化的談判最後階段，就讓黨內贊成、反對兩派的議員不停論戰。最後等多數議員吵得疲憊不堪，當時的竹下登首相才出來表態支持自由化。

在如今講求速度的國際化時代，那樣的做法是行不通的。在TPP一事上，我並未採用那樣的方式，這才重新獲得了美國的信任。因為美國也非常了解日本這種「沒辦法做出決定的政治」。

安倍經濟學啟動

——我想請教您所謂的安倍經濟學。二〇一二年十一月十五日，您當時還是反對黨總裁，在讀賣國際經濟論壇的演講中，首次表態將推動貨幣寬鬆政策，並且擴大公共投資以振興經濟。您表示，「將與日本央行協調，設定物價上漲率（通貨膨脹率）的目標值，而在實現此一目標前，將持續執行貨幣寬鬆政策。」這是您首次公開談到「安倍經濟學」。

打從二〇〇七年我辭去首相，到二〇一二年這五年間，日本社會經歷了雷曼風暴和三一一大地震等重大事件，不僅就業情勢惡化，有效職位空缺與申請人數比降至零點六左右，通貨緊縮的陰影也仍未解除。為何物價持續下跌，社會整體經濟活動也不斷限縮呢？當然，通貨緊縮自有薪資下降、創新停滯等多面向的複雜因素，但基本上就是貨幣現象的問題。在社會上流通的貨幣多了，就會通貨膨脹；少了，就會呈現通貨緊縮。這麼一想，顯然過去多年來實行的貨幣政策是錯誤的。在我擔任官房長官的時代，儘管我曾經陪同小泉純一郎首相拜訪當時的日本央行總裁福井俊彥，表示還不到停止貨幣寬鬆政策的時機[6]，請他不要那麼做。但是，央行仍在二〇〇六年停止實行貨幣寬鬆政策。

在經濟政策上，我和耶魯大學名譽教授濱田宏一、學習院大學教授岩田規久男等人持續交流。我在這些交流中愈發清楚地認識到，當時政府的貨幣政策出了問題。尤其是復興增稅[7]，雖說是將錢都收上來後再運用，但畢竟得在一段時間內將錢集中到中央，必然使通貨緊縮現象加劇。因此顯然是錯誤的政策。之後，我也將改變貨幣政策、防止日圓過度升值的主張，放入眾議院選舉的政見主軸。

為了克服雷曼危機，時任美國聯邦準備理事會（FRB）主席的柏南克（Ben S. Bernanke）也試圖採用貨幣寬鬆政策。但是在當年的日本，寬鬆貨幣仍屬非主流的見解。我剛提出貨幣寬鬆論時，還被一票經濟學家砲轟。那時的日本經濟團體聯合會會長更批評說那是魯莽的政策。對於自民黨總裁慎重提出的政策，居然做出如此不合時宜的評價，後來我就不再邀請他

6 譯注：當時貨幣寬鬆政策多為短期實行。
7 編注：日本政府（民主黨政權）為確保三一一大地震復興建設財源所擬訂的相關增稅措施。

參加經濟財政諮詢會議了。

——您這項做法，遭批評為前所未有地侵犯了日本央行的獨立性。

世界上任何國家的中央銀行，都必須和政府的政策目標一致。倘若政策目標不一致，無法對實體經濟起到促進作用，就失去了意義。什麼是實體經濟？最重要的就是就業。百分之二的物價上漲率目標，雖被稱為通膨目標，但最大的目的是改善就業。宏觀經濟學中也有菲利浦曲線（Phillips Curve）。英國經濟學家提出，一旦物價上漲率提高，失業率就會下降；換成失業率上升，物價就會下降。儘管每個國家對於充分就業的定義都不一樣，但基本上是指失業率低於百分之二點五。若是國民能夠達到充分就業，即便物價上漲百分之一，也是沒有問題的。

——您在第二次執政初期，就已確立了經濟財政政策的方向，並將大膽的貨幣寬鬆政策、靈活的擴大財政支出政策、促進民間投資的增長戰略，定位為「三支箭」。

和貨幣寬鬆同時進行的是「擴大財政支出」，還有推進「增長戰略」，這三支箭，最初遭到相當多批評。有人宣稱股價會暴跌、日圓會飆升云云。不過那些無中生有的觀點，後來都被證明是錯誤的。

——二〇一三年一月四日的新年記者會上，您說「將往重振經濟的方向全速前進。此刻日本央行的決策會議至關重要，希望央行做出負責任的回應」，並訴求百分之二的物價上漲率目標。決策會議訂在一月二十一、二十二日召開。

日本央行的白川方明總裁當時接受了百分之二的通膨目標，以及為實現該目標的貨幣寬鬆政策。但他不久後就辭職了。

——白川總裁在二月五日和您於首相官邸會晤時表明了辭意。他並未等到四月八日任期屆滿，而是在三月十九日兩位副總裁任期屆滿即提前辭職，據悉是受到政府的壓力，您當時曾指示換人嗎？

當然沒有。我猜想白川總裁可能早有辭意。當時財務省正盤算著以前財務省官員、大和綜合研究所前理事長武藤敏郎來接替他。事實上，財務省對貨幣政策不感興趣，只是想要日本央行總裁的位子。

——那麼，後來為何是由亞洲開發銀行總裁黑田東彥，接替白川先生繼任日本央行總裁？

我還是在野黨總裁時，主張貨幣寬鬆政策這一點，遭到媒體和不少經濟學者嚴厲批判。但當時，黑田就對這項政策給予了高度的評價。他雖服務於國際機構，卻也是一位站在政府立場的銀行總裁，居然願意公開讚揚一名在野黨黨首的觀點。我想他既有那樣的膽識，見解又與我的政策一致，這才決定邀請他。況且，他出身財務省，如此一來財務省也不得不接受。

——如同池田勇人內閣的「國民收入倍增」政策，「安倍經濟學」以政府大力倡導的政策之姿問世，成為戰後歷史上令人印象深刻的名詞，是由誰命名的呢？

安倍經濟學這個名詞，不是由我說出來的。事實上，我的說法是「三支箭」。那是媒體刻意將這項政策和美國前總統雷根（Ronald Reagan）當年經濟政策的總稱「雷根經濟學」相提並論，覺得這種說法更有渲染力。之後，厚生勞動大臣田村憲久在記者會時也說：「那就是所謂的安倍經濟學。」就這麼傳開來了。隨著政策上路，股價上漲，日圓來到了一美圓兌換一百日圓左右。眼看經濟指標愈來愈好，我也因此更有自信了。二〇一三年例行國會，陸續接受眾議院預算委員會集中審議。

但是，財務省準備的答辯資料完全文不對題，還宣稱什麼「邁向財政健全化、推動稅收和支出改革」，根本一點也不了解我的政策。所以，我幾乎每個晚上都和經濟幕僚在電話上商議對策。儘管反對黨一味批評，但實際上經濟狀況的確持續好轉。於是我常一邊苦惱於「你們到底在罵什麼？」一邊以「讓我來跟你們說清楚吧」的態度進行答辯。一般來說，預算委員會是反對黨表演的舞臺，審議愈久，內閣的支持率愈低。但那段時期，只要一召開預算委員會，我們的支持率反而節節上升。最終，我們在參議院選舉取得壓倒性勝利，解決了「扭曲國會」[8]的困境。

替換內閣法制局長官，變更憲法對集體自衛權的解釋

——二〇一三年八月參議院選舉後，您任命駐法大使小松一郎擔任內閣法制局長官。那是變更憲法對集體自衛權解釋的初步措施。關於內閣法制局長官的人事，是您重返執政之初就考慮到的嗎？

不是。事實上，我也曾和前任法制局長官山本庸幸多次探討變更憲法對集體自衛權解釋的可能性。但是，他很固執。集體自衛權是基於《聯合國憲章》第五十一條，由成員國所認可的權利。日本既是聯合國會員國，我對他說「國際法上，日本也擁有同樣的權利」。可山本仍堅持「在憲法上未獲承認」，始終表達異議。後來我只好撤換他。二〇一二年的眾議院選舉，允許行使集體自衛權是自民黨的政見之一。所以關於法制局長官的人事，無涉於我用人上的好惡，而是為了實現我們向國民承諾的政策目標。

我在小泉純一郎內閣時，就開始思考怎麼做才能實現行使集體自衛權。二〇〇五年，郵政民營化相關法案通過後，我向任期僅剩下一年的小泉首相建議，「讓我們來想辦法實現行

8　譯注：參眾兩院的多數黨不同，由朝野分別掌握控制權，造成兩院相互衝突或對立。

使集體自衛權吧。」他對我說：「等你當首相的時候，你再來做吧！」

坦白說，任期內絕對來得及，只不過我發現小泉首相在完成郵政民營化後，並不想在政務上抓得那麼緊。就好比漫畫《小拳王》裡的最後一幕，主人公矢吹丈與對手結束戰鬥之後，腦袋裡呈現一片空白的狀態。

儘管如此，我還是在首相官邸的內閣官房長官辦公室裡，與外交評論家岡崎久彥、時任外務省國際法局長的小松一郎，共同召開多場學習會。集體自衛權確實有不能行使的範圍，但在一定限度下是被允許行使的。那即是二〇一四年，內閣批准有限行使集體自衛權的基礎骨幹。小松是國際法方面的專家，擁有堅定的信念。我認為倘若是小松，必定可以通過國會答辯的考驗，便任命他出任內閣法制局長官。

既然法制局是隸屬於中央政府的局級單位，那麼，由首相決定人事不是理所當然嗎？然而，內閣法制局裡卻存在一個組織，是由退休的前任長官和現任長官所組成的參與會。聽說這個組織在法制局擁有絕對的權力。而且，法制局人事和法律解釋權都掌握在該組織手裡。這太奇怪了。就像國家都要滅亡了，法制局還存在一樣，實在太不合理。我第一次執政時，法制局的意見就和我南轅北轍，完全無意改變從前的憲法解釋。在他們眼中，無論日本處在什麼樣的困局、遇上多大的危難，甚至國家遭侵略死去一萬人，似乎都和他們一點關係也沒有。他們總是一味拘泥於書上的文字。但是，政府必須為國民的生命財產負責。法制局完全不明白自身所肩負的責任。前法制局長官阪田雅裕曾說，如要允許行使集體自衛權，就應該修改憲法。這話還用他說，就是因為修改憲法的難度更高啊。

沒有人能夠保證，北韓的國務委員會委員長金正恩絕對不會按下核武按鈕。這可能發生在一個月後，也可能是一年後。而如何讓他躊躇不前、不敢妄自行動，就是政治的責任。然而法制局的姿態卻是，那些和憲法解釋全然無關。所以我只能透過撤換人事，來貫徹自己的信念。

——小松先生後來患了癌症，在二〇一四年六月內閣決定允許行使集體自衛權之前就去世了。

要對戰後延續那麼長時間的憲法解釋做出變更，過程相當艱難，帶給小松巨大的負擔。我認為，這項政策要是少了小松，就不可能順利推動（變更解釋）。後來小松夫人告訴我：「外子說能夠參與執行這麼有意義的工作，無怨無悔。」我想，他真的將生命置之度外，全心投入這項工作。

——您的用人手法，有隱去任用意圖的例子，也有揭示明確目的任用的例子。小松先生的人事屬於後者，但也有人批評您，為達目的不擇手段。

我有必要對公明黨表達堅定的意志。公明黨黨首山口那津男一度在黨首會談上試探我的立場。要是我讓他覺得我不夠堅定，他是不會讓步的。此外，自民黨內也有議員不贊成允許行使集體自衛權。藉由法制局長官的人事，讓反對者看到了我的決心和立場。

皇室的力量是東京拿下奧運主辦權的關鍵

——二〇一三年九月，定下由東京主辦二〇二〇年的奧運和帕運。過去東京一度申請主辦二〇一六年奧運，後來以失敗告終，被視為政府並未全力爭取，也有人批評遊說活動不足。二〇一三年申奧時，您是否下了工夫去國際奧委會拉票，尋求委員們的支持？

對於二〇二〇年東京是否應該主辦奧運，起初輿論並不特別關注。

二〇一三年一月，我重返執政後首次出訪越南、泰國和印尼。在事前的學習會上，我問外務省：「這三個國家是否有國際奧委會的委員？」外務省官員都答不上來。我心想，難得能與各國首腦會晤，你們怎麼毫無準備？後來他們推說：「奧運是由文部科學省負責。」這就是當時日本政府的實際狀態。

那時，日本才受到三一一大地震重創後不久，我認為這正好是個改變日本社會沉悶氣氛的機會。我幼年曾經歷一九六四年的東京奧運，那場賽事帶給戰後的人們勇氣。我認為，當大家處於災後的壓抑情緒之中，日本應該再舉辦一場奧運。不過，要是申辦失敗，也存在遭受嚴厲批評的政治風險。所以一旦決定申辦，就要全力以赴。畢竟，這也是一場選舉。

在那之後，我前往俄羅斯和中東訪問，參加東京非洲發展國際會議（TICAD，日非論壇）等活動。與各國首腦會面時，我都拜託他們支持日本。當時，俄羅斯也有意舉辦二〇二〇年世博會，於是我向俄羅斯總統普丁表示，日本會支持俄羅斯辦世博會，也請他們支持日本辦奧運。

據說東京申奧成功，皇室的力量發揮了決定性作用。二〇一三年九月，在投票決定由東京主辦奧運，於布宜諾斯艾利斯召開的國際奧委會總會上，高圓宮久子王妃發表了精采的演講。但也有人批評政府利用皇室參與政治問題。

利用皇室參與政治是牽強附會的說法。要知道，歐洲各國也都將自己國家的皇室推上國際舞臺拋頭露面。

首先是二〇一三年三月，國際奧委會的評審委員以視察的名義來訪東京。國際奧委會所到之處都受到熱烈歡迎。由於已故的高圓宮憲仁親王在體育方面有很深的造詣，我們便邀請高圓宮久子王妃參加晚宴。儘管是由首相主持晚宴，但在這種場合，比起一般人，還是皇室出面才具分量感。儘管宮內廳[9]對於皇室參與申奧一事的態度較為謹慎，但經過我們費盡一番唇舌，高圓宮久子王妃仍到場發表演說。

除此之外，我們也邀請高圓宮久子王妃一同前往於布宜諾斯艾利斯召開的國際奧委會總

9 編注：負責與皇室相關事務的單位。

會。總會前夜的歡迎晚宴，正如我們所願，高圓宮王妃在現場一一向各國重要人士致意，表達親善。只見她自然地伸出右手，讓眾人親吻她的手背。那動作，一般人可是學不來的。每個國家的委員聽聞「王妃來了」，都顯得很興奮。包括那場以法語進行的演說，王妃的確發揮了決定性作用。那一年，馬德里也參與了申奧，西班牙皇太子夫婦也為此趕來赴會。

——在國際奧委會總會上，您針對東京電力福島第一核電廠水汙染爭議表示「The situation is under control」（事態已經在我們的控制之中），引起軒然大波。

已經在控制之中。這個說法沒有問題吧？受汙染的水確實已被隔離於專用港。

——二〇一三年十月一日，消費稅率按原訂計畫從百分之五提高至百分之八，並於隔年二〇一四年四月一日實施。之前似乎也曾考慮推遲加稅。

事實上，我認為要推翻提高至百分之八的消費稅並不容易。內閣閣員裡有當時民主、自民、公明三黨達成協議時的自民黨總裁谷垣禎一法務大臣，以及幹事長石原伸晃環境大臣。當事人都在內閣裡，所以只能按照既定路線。此時財務省解釋，「即使造成景氣惡化，也很快就能復甦。跌得深，就會反彈回來。」可是，二〇一四年四月至六月的國內生產毛額（GDP），下降了年率的百分之六點八，而且遲遲不見復甦跡象。這件事讓我對財務省愈發感到不信任。

登上輿論焦點的《特定祕密保護法》

——秋天的臨時國會，輿論焦點全集中在《特定祕密保護法》上。這項法案，旨在加重對洩露國家安全相關機密資訊的國家公務員的處罰力度。但也遭批評為戰前《治安維持法》[10]的重現。

《特定祕密保護法》和《治安維持法》完全無關，只要觀察那之後日本的狀況，就知道那些批評毫無意義。

為了確實蒐集用於安保目的的情報，我們認為，日本必須具備守住從海外獲得機密情報的能力。說是防衛祕密，其實涵括了武器性能到圖像等各種各樣性質的內容。然而，究竟什麼是特定祕密，始終沒有系統性的定義。也因此，罰則上便出現了依《國家公務員法》最高可判處一年有期徒刑，以及依《自衛隊法》最高可判處五年有期徒刑等不一致的標準。後來，我們雖修改為最高可判處十年有期徒刑，卻也只是調整到與其他國家一致的標準而已。提高保守祕密的標準，才可能從國外取得情報。這麼做，實際上讓日本有機會蒐集到更多機

10編注：一九二五年於日本帝國議會通過，原為打壓國內共產主義思潮所制定。後於一九四五年廢止。

密情報。

二〇一〇年民主黨執政時期，發生了中國漁船在尖閣諸島周邊，與海上保安廳的巡視船衝撞事故。當時船隻碰撞的影像流傳到網上。按理說，那是攸關國家利益的影片，是否公開影片，本該是首相要做的判斷。因此針對影片洩露一事，應該加以嚴懲才對。

例如，日美之間存在關於美軍攜帶或搭載核武入境日本的祕密協議，有的首相知道此事，有的則不知情。祕密協議內容為美軍艦艇和飛機在入境日本時，美方並無說明是否攜帶或搭載核武的義務。此一祕密協議是否告知首相，竟可交由外務省高級官員自行決定。這不是很奇怪嗎？事實上，我第一次執政時，他們就沒有告訴我這件事。反對黨認為「是因為安倍首相並未受到信任」，但我認為根本的原因不在此。

——您第二次執政後不久，二〇一三年一月就爆發阿爾及利亞人質事件，造成十名日本人喪生。當時，是否並未充分蒐集與恐怖主義活動的相關情報？

我認為當時情報的確不足。想盡快救出國人，卻得仰賴他國的情報機構，怎麼想都不對勁。這是一個國家的重大問題。但那些海外情報機構也是冒著生命危險才得以蒐集到情報。不是你開口索求，他們就會輕易給予。

參拜靖國神社

——二〇一二年九月，您在選上自民黨總裁後表示，對自己第一次執政時期未能參拜靖國神社感到「極度遺憾」。到了二〇一三年十二月二十六日，您重返執政正好一年後終於前往參拜。當時您說：「決心要創造一個再也不受戰爭蹂躪的時代，誓言不再捲入戰爭。」您當時並未選擇八月十五日終戰紀念日、或春秋二季靖國神社的例大祭[11]去參拜，這背後的原因為何？

我認為身為一國的首相，前去向為國捐軀的英靈表達崇高敬意，既是天經地義的本分，也是我個人的信念。即便這可能引起外交上的摩擦，也應該去。我本來希望在最多神明聚集的春、秋季的例大祭前往參拜，但還是考量到國際政治的現實，這才挑一個影響最小的時機點。最後決定在執政一年後的年底前去參拜。那時，反對參拜的首相祕書官今井尚哉甚至對我坦言，要是我去參拜，他就要辭去祕書官的職務，在官邸內引起一片譁然。

11 譯注：日本神社舉辦的活動中最重要的祭儀行事。

——不只是中、韓兩國，連美國也表示「失望」。

這是我無論如何必須走的一條路。我認為，我完成了我應該做的事。我心想，這可能是我任內最後一次參拜了。那時，中國在檯面下要求我承諾再也不去參拜，我拒絕了。我絕對不會做出這種承諾。我回覆他們，倘若因此不能進行首腦會談，那就不要會談算了。

——所有的日本人都對二戰罹難者抱持哀悼之情，但是自從一九七八年東條英機等甲級戰犯也被放進神社合祀後，參拜靖國神社一事才開始受到質疑。

我認為，將參拜靖國神社視為崇拜所謂戰犯的舉動，是刻意矮化參拜的說法。原本甲級、乙級、丙級的區別，就並非由官方正式認定，只不過是遠東軍事法庭在審理戰犯時這麼用罷了。

至於合祀，則是從福田赳夫內閣時期開始。後來的大平正芳、鈴木善幸、中曾根康弘三屆首相都曾前往參拜。但那時中國並未表達抗議。我認為後來中國之所以激烈反對，只是為了將歷史問題當作外交上的籌碼運用，才在參拜一事上大做文章。

第四章

官邸一強

——允許行使集體自衛權、成立國家安全保障局、內閣人事局

2014

中國持續強勢進行海上擴張，在南中國海非法填海造地，中國漁船經常大舉進入尖閣諸島周邊海域。隨著日本周邊安全環境日益嚴峻，安倍政府變更了此前的憲法解釋，不僅為允許行使集體自衛權開闢出新路，也吹響了戰後政治的主旋律。

同一時期，安倍政府成立了作為外交和安全保障政策指揮部的「國家安全保障會議」，以及集中管理國家高級公務員人事的「內閣人事局」，為首相官邸主導政治奠下堅實的基礎。主張推遲增加消費稅的執政團隊，於眾議院選舉獲得大勝後，亦順利壓制了急於加速財政整頓的財務省和自民黨內的增稅派。

「官邸一強」成型，權力集中於首相官邸的政治由此扎根。

重視國家利益的國家安全保障會議

——二〇一四年一月六日，您參拜完伊勢神宮後召開了新年記者會。往年，您也是在新年之際參拜伊勢神宮，您覺得參拜的意義是什麼？

在新年莊嚴的氛圍中參拜，某種意義上能讓精神得到淨化，盈滿充沛的精力面向下個挑戰。我認為，伊勢神宮是個能讓人重新認識長年積累的日本傳統文化和日本人精神的場域。

——在新年記者會上，您以棒球比喻自己：「一年前，在無人出局滿壘的情況下，我站在投手丘上，奮力投出我所堅信的一球，如今總算戰勝危機。今年我們則要努力，向擺脫通貨緊縮的目標邁進。」您當時似乎非常有衝勁。

我第一次執政僅僅一年就結束了，如今終於超越了那段時期取得的成就。在大膽的貨幣寬鬆政策、靈活的擴大財政支出政策和民間投資增長戰略這「三支箭」的作用下，經濟逐漸好轉。這給了我自信。然而，當時高中畢業生就業困難、有效求職倍率[1]偏低，所以改善就業環境、增加勞動者收入，是我們面臨的大挑戰。

——從這年起，您開啟了首相要求企業界漲工資此一非比尋常的做法，被稱為「官制春鬥」。[2]**也被看作一種基於社會主義思維的舉措。**[3]

雖說景氣不好，企業內部其實還是有儲備的。有人認為企業的流動性現金和存款並不多，但企業仍有剩餘的資金也是事實。要消弭已然深入社會的通貨緊縮思維，我認為提高勞工薪資很有幫助。當然，還是得優先改善就業狀況，但我希望同時創造出薪資提升的工作環境。由政府主導，讓企業提高員工薪資這一點的確非比尋常，乍看之下像是社會主義的做法。但依我判斷確有那麼做的必要，這才向企業界提出請求。

我們很清楚，即便擴大就業，還是要經過一段時間薪資才能提升。不過，當時企業已經逐步擺脫所謂的「六重苦」（日圓升值、企業稅率高、解雇規定嚴格、經濟夥伴關係協定推遲、溫室氣體減排目標、缺電）困境，所以我才希望企業協力，一同提高勞工福祉。

首先，像民主黨所主張的要求企業立刻漲薪資的做法是行不通的，反而會吹起企業裁員之風。所以，我們優先改善了企業的經營環境。從民主黨政權時代，一美元兌換約八十日圓

1 譯注：即就業率指標，勞動力市場需求人數與求職人數之比。

2 譯注：由官方所主導為提高薪資與改善工作條件而發動的勞工運動。

3 譯注：安倍和自民黨是保守派，即傳統上多站在資方立場的右派；為勞工發聲、爭取權益則為傳統意義上的左派。因此安倍這項決策被認為不尋常。

的日圓過度升值，到了安倍政府，回到一美元兌換一百多日圓。在這之後，企業獲利雖屢屢創新高，卻未見企業提高員工的薪資。所以我們才迫切要求企業能夠提高薪資。

——一月，根據二〇一三年底的立法，內閣官房設立了國家安全保障局（ＮＳＳ）。這既可作為外交、安全保障的指揮部，亦是首相擔任主席的國家安全保障會議的執行單位。您似乎相當堅持要設置這個單位。

國家安全保障會議，是第一次內閣時期留下來的。首相官邸在主導外交政策時，外交上有外務省、軍事上有防衛省、情報上有警察廳，需要這些單位配合，但各部門的工作遲遲未能整合。一般而言，外交、安全保障戰略須通盤考量。戰後七十年，日本能這樣（沒有整合）走過來還真是不容易。所以我們在首相官邸設立新單位，將這些工作全盤整合，建立起由首相主導判斷、開展外交工作的環境。二〇一三年底設立國家安全保障局之前，我們率先制定了國家安全保障戰略。

在外交上，制定規則非常重要。迄今為止，都是歐美在制定規則。相較之下，日本是好學生，總是服從規則、很聽話。但競爭的關鍵在於參與制定規則。這並不限於安全保障領域。比如說，我舉個體育的例子，北歐混合式滑雪（Nordic combined），日本選手在前半的跳臺滑雪領先，接下來後半的越野滑雪也一路領先獲得勝利，可是後來評分規則被修改了，跳臺的分數比重降低。這可是露骨地欺負日本啊！所以，在國際社會的各個領域，我們不參與制定規則是不行的。[4]

此外，提出願景也很重要。那就是我在二〇一六年所提倡的「自由開放的印度洋—太平洋」（FOIP）構想。印太地區國家相互合作，實現基於法治的自由開放的海洋秩序。然而，光是提出概念是不夠的。二〇一五年，我們制定《安全保障關聯法案》，為締造和平的國際協作，建構起比以往更能貢獻力量的環境。日本得以向國際社會展現更強的說服力，並且強化自身的角色。參與制定規則和提出願景，正是我們第一次執政時所主張的「擺脫戰後體制」。第二次執政時，總算達成了這個目標。

我們也在國家安全保障局裡，設立了一個負責經濟政策的單位，以策略性應對下一代通訊標準5G和供應鏈等問題。二〇二〇年，我們正式成立經濟小組。日本應該更早就建立經濟外交的指揮部才對。二戰前，日本由於被全面禁止進口石油而走上戰爭之路，所以更應該將重心放在經濟和資源外交上。

4 譯注：日本選手在北歐混合式滑雪競賽前半的跳臺滑雪很強，勝利模式主要靠跳臺項目的大幅領先，來彌補後半越野項目的相對弱勢，並接連於一九九二年和九四年的冬奧奪得團體金牌。到了一九九八年長野冬奧前，奧委會多次修改規則，降低跳臺評分權重，讓日本隊失去跳臺項目的優勢，日本隊在該年冬奧跌到了第五名。

——您起用了您的外交智囊，前外務次官谷內正太郎為第一任國家安全保障局局長。您打從最初就決定起用谷內先生嗎？

那些外務省、防衛省、警察廳裡只固守自己單位利益的人是不行的。從格局來看，沒有人比谷內更合適了。

比如說，首相的外交顧問打算赴國外訪問時，外務省會從中作梗，宣稱外交是他們的領域。要是想會見涉及國家安全的外國政要，防衛省則會跳出來表達不滿。谷內過去雖代表我赴各國訪問，但國家安全保障局局長不同於外交顧問，對國家政策擁有很大的影響力，相信出訪國在應對上也有天壤之別。

圍繞ＴＰＰ與歐巴馬總統之間的交流

——四月二十三日，美國總統歐巴馬訪日。在日美首腦會談上，聽說歐巴馬總統在ＴＰＰ談判上逼您讓步。實情究竟是如何？

四月二十三日的晚宴是在銀座的「數寄屋橋次郎」舉行。坐在店裡的櫃檯座位，我們沒有多餘的閒聊，馬上切入正題。歐巴馬總統說：「安倍內閣的支持率達百分之六十，我的支持率才百分之四十五。Shinzo[5]的政治基礎比較強，希望你在ＴＰＰ上讓步。」又說：「剛才來這家店的路上，沒見到一輛美國車。你若不幫忙，我可就要頭痛了。」「那就進口（美國車）吧。」一聽他這麼說，我趕忙辯解：「我們並沒有對美國車徵收關稅。」只見歐巴馬總統湊得更近，追問我：「那是否存在非關稅壁壘？所以路上才看不見一輛美國車。」

我繼續解釋：「走出店外看了就知道，寶馬、賓士、奧迪、福斯……明明這麼多外國車在路上跑，卻看不見一輛美國車。你問為什麼沒有？你往車內看就知道了。方向盤的位置不一樣。美國車不將方向盤改到右側，只想直接在這裡賣方向盤在左側的車子。電視廣告也是，德國車廣告很多，美國車卻從不打廣告，也不來參加東京車展。」最後我做了總結：「（美國車廠）不願付出努力，當然賣不出去。」於是歐巴馬總統陷入沉默，不再說什麼。

我提前讓甘利明向我簡報美國車的狀況，以及並未參展等事宜。因為我猜（和歐巴馬總統之間）會出現關於汽車的話題，必須先做好反擊的準備。

——在日美首腦會談後的聯合記者會上，歐巴馬總統成為第一位明確表示，沖繩縣尖閣諸島受《日美安保條約》第五條規定的防衛義務所約束的美國總統。

這具有非常重大的意義。這表示美國的國安團隊判斷日本在修改集體自衛權的憲法解釋上，正在穩步推進，於是回應了日本的要求。而歐巴馬總統也同意了這一點，才在記者會上

5 譯注：即晉三。

提及此事。我認為在某種意義上，可以說日本和美國之間重新建立起了信賴關係。

——您和外國政要餐敘時，選擇餐廳的標準是什麼？

和歐巴馬總統進行餐敘的「數寄屋橋次郎」，是外務省推薦的。聽說美國一些名人還會乘坐私人飛機來東京兩天一夜，就為了吃數寄屋橋次郎的壽司。我聽聞此事後也很吃驚。那場餐敘，歐巴馬總統的國家安全事務助理萊斯（Susan Rice）原先不在晚宴名單上，但她一得知是在數寄屋橋次郎舉行後，隨即要求加入，我們便安排她與會。

選擇餐廳的方式很多。二〇一七年，當時的國際貨幣基金組織（ＩＭＦ）總裁拉加德（Christine Lagarde）訪日，我請她去一家我經常上門光顧、位於澀谷神泉町的壽司店。聽說她也非常喜歡吃壽司。

川普總統二〇一七年來訪時，因為知道他喜歡吃肉，又熱愛華麗的場所。我心想，那就吃鐵板燒吧。於是我選了銀座的「鵜鵜亭」。每當我在用餐時告知對方我也參與了選餐廳的過程，餐敘的氣氛就會變得更融洽。

目標是變更憲法解釋以允許行使集體自衛權

——想請您談談作為有限行使集體自衛權支柱的國家安全保障政策。您第一次執政時期設置的專家小組「重建安全保障法律基礎之懇談會」（安保法制懇），於二〇一三年二月在同樣的成員組織下重新召開。二〇一三年八月，您更換了內閣法制局長官；自民黨和公明黨透過協商，在二〇一四年七月內閣會議上通過更改憲法解釋。可否說明您是如何制定出這些克服種種困難的戰略？

首先要整合自民黨內部的意見。二〇一二年的眾議院選舉中，我們明確提出了行使集體自衛權的政見，但實際上黨內分歧的意見很多。有人主張這雖和日本的生存及國民安全無關，但就算是為了保護我們在地球另一端的同盟國，也該行使；也有人認為，允許行使的辯論應該要更慎重進行。各種意見都有。因此必須先整合黨內意見。再來，由於過去有過多次針對書面質詢稿的答辯，所以得讓內閣法制局和我們腳步一致，將政府迄今的聲明整合出一致的觀點。此外要取得公明黨的理解。最後還要通過國會審議。

自民黨內部，我請具律師資格的高村正彥副總裁負責整合。二〇一四年三月底，高村在中央黨部對一百五十位眾參兩院議員發表演講。他那場關於變更憲法解釋的主題演講，內容可說已達教科書等級。

被稱為「憲法守護者」的最高法院，唯一一次提到憲法與自衛權的關係，是在一九五九年的砂川事件判決[6]中。高村援引了這個判決。該判決指出，「採取必要的自衛措施，理所當然是國家固有的權利行使。」不區別是個體或是集體。出身國際法學者的最高法院院長田中耕太郎在補充意見中指出，「存在自衛即是『他衛』，他衛即是自衛的關係。」總而言之，他們的確考量到集體自衛權。因此，高村進一步解釋，集體自衛權不僅為憲法所承認，也是確保日本生存的必要措施。

——高村先生主張，「一旦提出的憲法論述有害國民安全，就背離立憲的根本——憲法是為了保護國民，即國家的主權者所制定。」

簡單易懂。說的太好了。跟高村辯論，沒有人能贏得過他。就算我和高村說一樣的話，仍會遭到各界群起圍攻；可出自他口中，人們卻會毫不猶豫地接受。高村的魅力，就在於他所展現出的中立立場。

——關於自民黨和公明黨的法案協商，公明黨做何反應？

公明黨黨首山口那津男一副大難臨頭的樣子。我告訴他：「我主張行使集體自衛權而當選了總裁。即便是眾議院選舉，也將這點明確地寫進了政見裡。我的決心堅定不移。」於是，公明黨也逐漸開始在這個前提下考慮相關問題。

——**不過，公明黨的最大支持者創價學會，在立場上反對變更憲法解釋。**

正因如此，我才猜想山口先生應是暗自希望由我強行主導，他則採取不得不配合推動的態度。另一方面，公明黨前幹事長北側一雄發揮了很大的影響力。負責自民黨和公明黨協商的高村和北側兩人，一推一拉，是一對完美的搭檔。

——**「安保法制懇」在二〇一四年五月的報告中，提出了兩種見解：一是全面承認集體自衛權，二是將集體自衛權的行使限制在必要的最低限度。**

那個時候要全面被承認是不可能的。我認為除非修改憲法，否則只能接受有限的行使。認為應該全面承認的人，搬出了憲法第九條「蘆田修正論」作為自衛權的基礎。一九四六年，日本政府憲法修正案特別委員會著手審議憲法修正案草案，其中蘆田均委員長提出，在第九條第二項開頭追加了一句「為達前項目的」。由於增加此一修正，即可解釋為：若目的並非第一項所禁止的國家權力發動戰爭或使用武力，則可擁有軍事力量以自衛。

6 譯注：「砂川事件」是指一九五七年日本學生等示威民眾闖入東京的美軍基地，遭日本最高法院判定有罪的事件。也就是說最高法院判定，美軍駐日協防並不違反日本的和平憲法。

除了石破茂幹事長，部分「安保法制懇」成員也如此主張。但政府並未將「蘆田修正論」視為自衛隊符合憲法的根據。畢竟其中尚有許多不明確之處，在作為根據的認定上稍嫌不足。因此（政府）仍以憲法前言的「和平生存權」，以及第十三條中的「追求幸福權」為根據。最終，政府延續如下的解釋：（1）雖然不能維持軍事力量，但根據前言和第十三條，允許行使自衛權；（2）但是，限定在必要的最低限度；（3）集體自衛權的行使，如超過必要的最低限度，即不被允許。

倘若要允許有限度的集體自衛權，只需修改第三點即可。但提出「蘆田修正論」，就意味著要否定多年來累積的所有解釋。再怎麼樣，我們都不可能抹去過去所有的答辯和解釋。

——為了允許集體自衛權的行使，「為確保我國的生存和保護國民的安全，沒有其他合適的方式」等說法決定了行使自衛權的新三項要件。這樣的解釋很複雜，對國人來說很難理解吧？

戰後七十年，自衛權的解釋就像陷在迷宮裡打轉。然而，為了走出這個迷宮，內閣法制局卻創造了一個新的迷宮。

——歐巴馬總統在二〇一三年陳述，美國不是世界警察。（日本）《安全保障關聯法案》的提出，是意識到美國國力正在衰退嗎？

看到中國軍事的擴張，我判斷光憑美國的力量，已經不足以應付當前地緣政治的現實。

當美軍為了保護日本領土而受到攻擊時，要是我們不能從旁協助美軍，在那一刻，日美同盟就將瓦解。所以，我們需要《安全保障關聯法案》。關聯法案中，不僅會修改自衛隊法，讓自衛隊既可防護自衛隊的裝備，也可防護外國軍隊的船艦和飛機。目前就是由自衛隊的戰鬥機負責防護南西群島上空的美軍軍機。因此「武器等防護」的規定，實際上和保護美國有其連帶關係。儘管不能說我們正在行使集體自衛權，但作為附帶結果，事實上已經在行使了。

——二〇一四年七月一日，臨時內閣會議通過了關於有限度接受集體自衛權的政府的新立場。部分觀點認為，既然已經變更了憲法解釋，就不需要再修憲。您如何看待這樣的主張？

在保守派的意見領袖中，有人說既然都批准了集體自衛權行使，那就足夠了。但是，對於一個政府每年投入超過五兆日圓預算的重要組織，憲法卻未有相關明確規定，不是太奇怪了嗎？自衛隊成員在入隊時，會做這樣的宣誓：「不懼危險，完成任務，不負國民重託。」但如今卻未能在憲法上載明其正統性，如此一來，也無法賦予自衛隊員榮譽感，我認為這是錯誤的。因此，我希望第九條中能明確寫進自衛隊，一勞永逸結束關於其違憲的爭論。

「官邸一強」的象徵？成立內閣人事局

——二〇一四年，例行國會期間修改了內閣法，五月成立了集中管理國家公務員幹部和職員人事的內閣人事局，由此，奠下長期執政的基礎。您是否強烈希望能實現政治主導？

何謂政治主導？本質上，就是在選前做出政策承諾，得到大多數國民的支持，從而獲得執政權，最終兌現政見。要想勝選，實現競選承諾非常重要。所以當內閣要實行一項政策，卻發生了公務員認為政策不符合其部門利益，而妨礙政策執行的情況，我們絕對不能接受。

民主黨也追求政治主導，但他們並不明白政治主導的意義。他們誤以為政治人物在政策細節上做出具體指示，就是政治主導。

好比在外交上，首相須著眼於多面向的戰略性思考，最終做出決策。這個時候，要借用職業外交官的經驗與智慧來制定戰略；更重要的，是當首相做出決策後，公務員必須服從。因此，首相是否握有人事權就很關鍵了。當然，不應該經常以人事權作為籌碼，但萬一有必要時就能夠行使。這就是我之所以要完備這個系統的理由。

——有人批評成立內閣人事局，反倒形塑出公務員對官邸首腦[7]揣摩上意的文化。您怎麼看？

內閣人事局成立之後，有人批評公務員會因此感到害怕或行事上畏縮不前。但我認為，我們這些議員[8]是經過選舉洗禮的民意代表，讓公務員服從我們決定的方針，也是應該的。況且，是否能夠實現競選承諾，攸關我們的選情。要是選民（不高興了）抱怨說：「自民黨到底在做什麼！」可能就會要求政黨輪替。

當然，也有些公務員會想「這個政治人物頂多再做三年就下臺了」，而不聽從指揮，誤以為公務員的官僚威信不可侵犯，那麼想可是大錯特錯。成立內閣人事局，我們才第一次實現了政治主導。

——您是否曾干預、變更任何部門提出的人事案？

基本上，我不會直接干預公務員的具體人事。不過，對於外務省，由於他們負責首相的外交事務性工作，所以無法確實執行方針的人，我就會對其人事表達意見。第一任內閣人事局長，加藤勝信官房副長官，以及第二任的萩生田光一官房副長官，皆為人謹慎，對於霞關上交的人事案大多直接批准。後來，杉田和博官房副長官上任，行使人事權的機會似乎有所

7　譯注：一般指官房長官。
8　譯注：日本採議會內閣制，內閣成員主要是國會議員。

增加。杉田處事嚴格，他認為必須透過人事任命，向政府機關展現首相官邸的意志。

日朝談判：期待落空的斯德哥爾摩協議

——二〇一四年五月，日朝政府間會談在瑞典斯德哥爾摩舉行，北韓一改此前一貫主張「綁架問題已經解決了」的立場，同意對所有綁架受害者進行全面調查。但更早在三月，橫田惠的父母橫田滋、橫田早紀江夫婦，和他們的孫女（橫田惠的女兒）金恩晶已在蒙古會面。儘管國人都希望綁架問題能夠有所突破。但是，此後卻未能取得任何進展。二〇一六年，北韓進行了核試驗並發射彈道飛彈，於是日本恢復對北韓的制裁，日朝關係再次惡化。看來北韓在斯德哥爾摩協議時只是假意伸出橄欖枝吧？

外務省以亞洲大洋洲局局長伊原純一為首的官員，辛勞開闢了談判路徑，最終達成斯德哥爾摩協議。北韓方面，長期負責與日本談判的幾名官員也參與了談判，並且表現出想解決問題的決心，我們對其寄予厚望。但遺憾的是，最終仍無法推翻二〇〇二年，小泉純一郎首相訪問北韓時所取得的報告中五人倖存、八人死亡的結果。他們是否打從一開始就以為可以逃避日本的要求，或是中途才改變談判方針，我們不得而知。但是，他們可能沒想到，我們竟如此執著於他們宣稱已經死了的那八位綁架受害者的調查。他們應該是誤判了。

北韓綁架日本人問題，是發生在金正日擔任國防委員會委員長期間的事件，並未牽涉到他的兒子，也就是金正恩國務委員會委員長。所以，談判時我們才抱有期待，認為金正恩說不定會誠實修正當年的報告。

——也就是說，除非受到美國巨大的壓力，否則北韓不會正視這個問題，對嗎？

那的確是個重大因素。二〇〇二年，小布希總統將伊拉克、伊朗、北韓這三個國家定位為「邪惡軸心」，譴責它們是構成世界最大威脅的國家。所以，北韓對小布希總統頗為忌憚。後來，伊拉克遭到以美國為首的盟軍入侵，於是北韓試圖將日本拉到同一條船上。小泉政府與北韓談判期間，當日本外務省官員憤怒起身打算離席時，北韓方面負責談判的官員還一副快哭出來似地上前緩和氣氛。

二〇〇二年，我擔任官房副長官，偕同小泉首相一道訪問北韓時，金正日也展現出同樣的態度。在首腦會談中，金正日多次表示，「我們隨時都可以與美國開戰」。但實際上，我感覺他非常希望日本能從中調停，避免開啟戰端。小泉首相坦白對他說了：「您最好別說這樣的話。日本當年與美國開戰的下場很慘。」我在旁邊補上一句：「有機會的話，您不如直接和小布希總統碰個面？」這時，金正日突然湊上前，表示很感興趣。

二〇〇二年九月十七日午後，金正日在承認綁架問題的會談上，一邊讀著稿子，一邊暗地裡瞄了幾眼小泉首相，試圖了解他的反應。總而言之，北韓就是忌憚美國，才向日本示好。由此可知，要是美國不再對北韓構成威脅，綁架問題就絕對不會有進展。

——歐巴馬政府在對北韓的政策上主張「戰略性忍耐」（strategic patience），您怎麼評價？

戰略性忍耐，說的好像是詳加考慮後才拋出來的用詞，但實際上，美方只是在拖延時間，他們對此（與北韓打交道）不感興趣。

——比起解決綁架問題，聽說外務省不少官員更優先考量日朝建交。

這是一個危險的想法。小泉首相當年出訪北韓，還是透過亞洲大洋洲局局長田中均和北韓一位被稱為X先生的人物進行祕密談判，才得以成行。不過，談判的具體內容卻有一部分不知去向，因此無從判斷雙方到底還談了什麼。當我們終於將五名綁架受害者帶回國後，不久，關於是否再將這五人送回北韓，外務省居然說「無論如何先送他們回去再說」。我猜想，他們肯定是向北韓做了什麼承諾。

小泉首相訪問北韓後，在從平壤返國的政府專機上，幾名外務省官員就開始討論起該如何援助北韓了。我當場強烈反對，表示「包括橫田惠女士在內，共有八位綁架受害者死亡，這樣的消息傳了出來，怎麼還能再援助北韓！」最終，援助以「為時尚早」為由先擱置了。但可以想像，要是交由外務省全權處理，事態不曉得會變成怎樣。

俄羅斯吞併克里米亞：在制裁問題上意見不一的七大工業國

——六月，七大工業國集團峰會在比利時布魯塞爾舉行。俄羅斯趁著二〇一四年初烏克蘭政變、親俄派政權下臺政局動盪之際，對烏克蘭領土克里米亞半島進行軍事干預。對此事反彈的歐美主要國家，將原訂於俄羅斯索契召開的會議更改了地點，並將俄羅斯排除在峰會之外。據說在這次的峰會上，美國和歐洲在如何處置俄羅斯的問題上產生歧見。

七大工業國集團最初的定位是擁有共同基本價值的框架，俄羅斯一度加入，很長一段時間成了八大工業國集團（G8）。儘管爆發了不能容忍的事情，但就算驅逐當事國，也解決不了問題。

在布魯塞爾的峰會上，歐巴馬總統對俄羅斯大加譴責，並且提出了幾個對俄制裁的項目，還主動將制裁細項的資料發給大家。一般來說，這種細節多半由領導人的助理提前協調，誰知道美國總統冷不防自行拿出資料，把大家都嚇了一跳。另一方面，歐洲各國都和俄羅斯有些經濟上的合作，一直以來對於制裁皆持謹慎態度。當時法國正計畫向俄羅斯出口兩棲突擊艦；德國的石油和天然氣進口則是多年以來都由俄羅斯供應。[9]

9編注：俄烏戰爭爆發後，近兩年間德國已逐漸擺脫對俄羅斯能源進口的依賴。

德國總理梅克爾問我：「在制裁俄羅斯這件事上，日本打算怎麼做？」我回答：「我們正在和俄羅斯進行領土問題談判，沒辦法實施制裁。但我們是不是可以總結一份文件，譴責俄羅斯片面改變現狀？」梅克爾也同意我的看法，決定朝著這個方向進行。

在法國總統歐蘭德（François Hollande）對歐巴馬總統的提案表達出消極的態度後，梅克爾敦促我發言。於是我說：「七大工業國集團要是因為此事而決裂就完了。我們先別討論彼此間的分歧。當務之急，是發表譴責俄羅斯的聲明，至於是否加以制裁，可留待日後交由各國事務層級官員去討論，這樣處置是否較妥當？」

——後來，各國推遲了制裁，決定發布「團結一致譴責俄羅斯持續侵犯烏克蘭的主權和領土」的首腦聲明。

大家都鬆了一口氣。坐在我旁邊的義大利總理倫齊（Matteo Renzi）還舉手要和我擊掌慶祝，我雖想這樣是否對歐巴馬總統不太禮貌，還是和他碰了一下手掌。不過，歐巴馬隨後也上前擁抱我。他或許心下明白，這差不多就是此次會議能夠達到的妥協點了。接著，梅克爾提醒歐巴馬：「將這些列出制裁細節的文件回收吧？」我記得當時歐巴馬一聽，趕緊走到每位首腦的座位前，收回了那些文件。

——歐巴馬總統和歐洲各國首腦是否出現了激烈的爭執？

歐巴馬總統和歐蘭德總統各執一詞，都非常堅持自己的看法。除了日本，七大工業國集團接著還預定前往巴黎，出席諾曼第登陸七十週年紀念典禮。那是紀念第二次世界大戰聯軍在納粹德國占領下的法國北海岸登陸作戰的儀式。

談完俄羅斯的問題，接下來討論的就是這個話題。歐巴馬對歐蘭德說：「我聽說你邀請了俄羅斯總統普丁和烏克蘭下一任總統波洛申科（Petro Poroshenko）去參加紀念典禮。難不成，你打算當著伊莉莎白女王的面，讓普丁和波洛申科見面？簡直像個掮客一樣。」又不滿地表示：「我要是也出席，媒體會怎麼報導？我正在考慮該不該去。」歐蘭德也不是省油的燈。他已經將歐巴馬安排在其他地方晚宴，卻和普丁約好了在總統官邸愛麗榭宮會面。歐巴馬心裡一定很不痛快，暗忖著法國究竟打算在美國和俄羅斯之間站在哪一邊。歐巴馬說完，歐蘭德只簡短回了一句：「要不要來巴黎，你自己決定吧。」會議頓時陷入僵局。我一看，這樣下去可不行，趕緊出面打圓場：「可不可以不要再談論這件事了？日本和諾曼第登陸無關，我也沒有受到邀請。請各位別再延續諾曼第的話題了。」梅克爾接了話：「從日本的立場來看確實如此。」總算收了場。

——二〇一四年以後，俄羅斯就沒再參加峰會。另一方面，二〇一七年就任的美國總統川普，曾對俄羅斯參加峰會表達積極的態度。您如何看待俄羅斯參加峰會的利弊？

在冷戰時代，蘇聯是敵人，西方各國比較容易團結一致。但現在情況不同了。少了普丁，就很難解決天然資源供應的問題。

事實上，俄羅斯在動用武力上做了許多髒活。對敘利亞伊斯蘭極端組織「伊斯蘭國」（ＩＳＩＬ）基地進行空襲的也是俄羅斯。全世界都在搶購敘利亞的石油，卻給了伊斯蘭國資金來源。我們就是要消滅那樣的伊斯蘭國。所以，眼下俄羅斯的角色在國際社會上也很重要。不過，正如川普所主張的那樣，沒有一個國家會接受不附加任何條件，就讓俄羅斯回歸峰會的框架。

打著延遲增稅的旗幟「奇襲」解散眾議院

——九月三日，您進行了內閣改組。一般而言，內閣每隔一年左右會進行改組，但這次時隔一年八個月之久。

內閣改組會消耗政權的體力。當上閣員，高興的就那十幾個人而已。就算多次當選國會議員，仍有約一百人從未入閣[10]，當中難免會出現「為什麼不挑我入閣，卻挑他／她入閣？」的不滿情緒；離開內閣的議員也會垂頭喪氣。我認為，這一年八個月未改組內閣是正確的決定。不僅閣員完全沒有出問題，政府也帶給國民穩定的政治氣象。

——內閣改組後，您以支持女性從政為由，任命了五位女性閣員。但僅僅過了一個半月，經濟產業大臣小淵優子和法務大臣松島綠就雙雙辭職。

松島的爭議，是在選區發放繪有自己肖像插畫的扇子，涉嫌違反公職選舉法而遭到國會追究。但要說這構成了贈予，我個人認為並不合理。小淵則涉及了政治團體的政治獻金，調查上需要時間，所以只好如此（辭職）。

——自民黨黨中央人事變動，法務大臣谷垣禎一接替石破茂出任幹事長。據悉內閣官房長官菅義偉曾強烈要求更換幹事長，因為有消息指出，石破茂利用幹事長一職，為贏得下屆總裁選舉進行了對自己有利的操作。

自民黨的幹事長，掌握了分配黨內資金的權力。要是用在推動黨務發展自然很好，但若只是企圖擴大自己的派系、或者為日後總裁選舉鋪路，那就不應該了。菅義偉持續密切關注黨內情況，表示「由石破續任幹事長，將是破壞政府穩定的因素。」但是當時石破在政壇上

10譯注：日本國會議員通常當選一定次數以上，就會被視為有入閣的資格。

人氣頗高，也表達了想要續任幹事長的意願。若要換掉他，就得有個充分的理由。於是我對他說，今後在《安全保障關聯法案》等困難議題的審議上，希望以穩定為優先考量，所以改派谷垣出任幹事長。

二〇一二年我贏得了總裁選舉，發表演說時，大加讚揚谷垣的功勞，黨內響起熱烈的掌聲。正如我之前（第三章）提過，我發現整場演講中獲得最熱烈的掌聲，就是在我提到谷垣的時候。當下我就想，一定要重用這個人。而當石破得知谷垣是繼任者後，也表示「完全沒有怨言」。那時我們即將面臨困難的《安全保障關聯法案》質詢，我問石破「要不要當防衛大臣？」他卻說想當「地方創生大臣」，我就依照他的意願任命了。

——**《讀賣新聞》的民調結果顯示，內閣支持率從改組前的百分之五十一，改組後躍升至百分之六十四。**

這都要歸功於五位女性閣員和谷垣。谷垣幫了我很大的忙。雖然他就是當年為社會保障和稅收一體化改革鋪平道路的人，但這年秋天，當我向他表明要推遲增稅和解散眾議院的決定，他表示理解我的想法，並說：「倘若是首相的決定，沒問題。您放心，我們已經為選舉做好了準備。」

——二〇一四年十一月十八日召開的記者會上，您同時宣布解散眾議院，以及將原訂於二〇一五年十月上調百分之十的消費稅率計畫，推遲一年半實施。您表示「這是對國民經濟一項重大的決定，所以應該問信於民」[11]**，並於二十一日解散眾議院。您將看似會受國民歡迎的推遲增稅的政策變更，與解散一事同時發布，在某種意義上，這個策略好像有點狡猾。**

我一直苦思冥想，要推遲增稅，怎麼做會更周全。尚未擺脫通貨緊縮就增加消費稅，景氣可能一下子就降溫了。所以，我想方設法避開增稅。但是，負責編列預算的財務省勢力強大。他們可以輕鬆地推翻那些不順從他們意思的政府。例如財務省底下有個外部組織叫國稅廳，擁有強制調查國會議員逃稅等問題的權力。況且，自民黨內以稅制調查會會長野田毅為首的「財政重建派」，人數也不少。野田就曾在演講中表示：「必須堅定按照預定計畫（增稅）進行。」

所以，要讓增稅派噤聲，唯一的辦法就是宣布解散眾議院。若不來一招奇襲，黨內必然會反彈。於是我和我的祕書官今井尚哉暗中一步步推進。經濟產業省出身的今井，也十分警惕財務省的力量。我們兩人精心策劃了解散（眾議院）和推遲增稅的計畫。

11 譯注：「問信於民」意思是透過選舉確認民眾是否支持此項政策。

——十一月，前半個月您先出訪中國參加亞太經濟合作會議，回國之後，中旬又飛往緬甸和澳洲，出訪相當頻繁。

在亞太經濟合作會議之前，我向谷垣幹事長表達了打算解散眾議院的意向。在那之後，永田町（國會）似乎吹起了解散風，議員們紛紛返回選區。當中也包括不少增稅論者。當時，對於事態能否如預期中順利發展，我並沒有把握。

問題出在麻生太郎。他贊成解散眾議院，但反對推遲增稅。我在從澳洲返回的政府專機上說服了他。我承諾撤掉視景氣決定增稅時機的「景氣條款」後，終於取得他的理解。麻生是個極富威嚴的政治人物，只要他一開口，財務省也就不會再說什麼。

——麻生先生是安倍政府的中流砥柱。

麻生、高村（正彥）、菅（義偉）都是。要是沒有他們，我不可能長期執政。我和麻生，個性非常合得來。或許和我倆都在政治世家的環境中長大也有關係。他過去擔任首相時，曾經遭外界批評連漢字也不會唸云云。但其實他的學養非常深厚，尤其擁有極深的歷史造詣，不是別人口中那種只看漫畫的人。[12]但他就是想讓自己看起來像個玩世不恭的人。我覺得，那樣很可惜。明明他只需要自然地表現自己就好。他到現在都還拿毛筆寫信，這樣的政治人物已經後無來者了。

——十二月十四日舉行的眾議院選舉，自民黨和公明黨加起來一舉拿下三百二十五席，可說獲得壓倒性勝利。這場勝利是否讓您有了長期執政的想法？

並非如此。事實上，一旦考慮長期執政，反倒就陷入了守勢。那可不行。當然，每個人都會希望自己的內閣能延續更久。但說白了，我們每天都為各種政務忙得團團轉，哪還有餘力去考慮長期執政這種事。有時，祕書官會在我面前攤開歷代內閣在任天數的排名，宣稱再過幾天就會超過中曾根前首相、或是超過小泉前首相。那時我都會想，與其討論這種排名，研究怎麼度過眼前國會的難關才更重要吧？

12 譯注：麻生太郎是日本政壇知名的漫畫迷，曾多次強調對漫畫的喜愛。

第五章

歷史認識

——戰後七十年談話與《安全保障關聯法案》

2015

在戰後七十年此一節點上，安倍首相在歷史認識的立場上遭到質疑。安倍的戰後七十年談話中，沿用了歷代內閣所使用的四個關鍵詞「侵略」、「殖民統治」、「深切反省」、「道歉」之外，亦表示未來「不能再讓國民背負不斷道歉的宿命」，強調積極的和平主義。儘管安倍的狂熱支持者宣稱對他的「軟弱」立場感到失望，但此舉成功壓制了中韓等亞洲鄰近各國的批評，也受到左派人士一定程度的評價。

另一方面，以允許行使集體自衛權為支柱的《安全保障關聯法案》，究竟是合憲還是違憲，尚在國會爭論不休之際，自民黨請來的參考人竟突然指出該法案「違憲」，致使事態出現意想不到的進展，也讓首相官邸內陷入混亂局面。

「伊斯蘭國」殺害日本人質事件

——主要在伊拉克和敘利亞邊界活動的伊斯蘭極端組織「伊斯蘭國」，所引發的日本人質危機，於二〇一五年一月突然出現變故。二〇一四年，伊斯蘭國在敘利亞分別綁架了日本公民湯川遙菜和後藤健二，並於二〇一五年一月相繼殺害兩人。當時日本政府雖已在約旦首都安曼成立對策總部，試圖營救人質，仍無果而終。

我們展開各種談判試圖救出人質，結果卻令人遺憾。尤其是約旦國王阿布杜拉二世（King Abdullah II），他為我們盡了一切努力。約旦的軍機駕駛員，也被抓去當了人質。國王當時告訴我，他甚至將這兩位日本公民視作約旦國民，和對方積極交涉談判。

——在一九七七年日本赤軍劫持日航飛機的達卡事件中，當時的福田赳夫內閣支付了贖金。日本因此被批評為「對恐怖主義示弱的國家」。伊斯蘭國在這場危機中也向日本政府索取贖金，您是否被迫要在保全國人性命安危，以及不向恐怖主義屈服之間，做出艱難的決定？

倘若你問我，福田赳夫內閣在支付贖金以外，是否還有其他援救的對策，我認為沒有。日本沒有特殊部隊，就算有，也沒有足以派遣其出國的法理依據。所以，福田首相才說出了

「人的生命比地球還重」這句話。

加拿大總理杜魯道（Justin Trudeau）一再主張，「不向恐怖主義屈服，支付贖金形同資助恐怖主義，絕對不應該支付贖金。」那麼，各國遭武裝組織劫持的人質又該如何營救呢？事實上，每個國家各有不同的交涉談判手法。

例如，以色列就堅決不和極端組織談判。也因為以色列政府完全不回應任何談判，極端組織就不會劫持以色列的人質。而且，一旦有國人遭綁，他們必定會摧毀那個犯罪組織。

——您是否覺得營救系統出了問題，比如蒐集情報上不夠充分？

在外務省的危機應變小組主導下，對相關國家發出了營救湯川和後藤的請求。不過，他們針對國際恐怖組織的情報蒐集能力很有限。關於國際恐怖主義組織，警察廳掌握了應對緊急事態的資訊和專業知識，派出專家前往該地區，透過各種關係尋找線索，能做的都做了，可惜沒有用。

根據二〇一三年阿爾及利亞人質事件以及當時的教訓，二〇一五年十二月，外務省和警察廳聯合設置「國際恐怖主義情報蒐集單位」（CTU-J Counter-Terrorism Unit Japan），提高對中東等情勢不穩定地區的情報蒐集能力，以實際執行營救行動。我們不可能要求外務省的職員前往危險地區救人，只能靠警方和自衛隊。該單位在後來解救遭敘利亞劫持的人質安田純平時，發揮了很大的作用。

為了對抗恐怖主義，陸上自衛隊在二〇〇四年成立了特殊作戰群。這批軍人非常優秀。《安全保障關聯法案》規定，自衛隊等部隊可以進行在外日本人等保護措施。我們針對恐怖主義的應對能力已在逐步強化中。

在美國國會參眾兩院聯席會議發表演說

——二〇一五年適逢二戰結束七十週年，各界都相當關注您的外交立場，以及您要在夏天發表的七十週年談話。發表談話前的同年四月，您在印尼雅加達的亞非會議（萬隆會議）六十週年紀念峰會上演講，也在美國國會參眾兩院聯席會議上發表演說。戰後五十年的村山（富市）首相談話，以及戰後六十年的小泉（純一郎）首相談話中，都使用了對二戰表示「反省」、對「殖民統治和侵略」表示「道歉」等說法。所以，各界都很關心您是否會在演說，抑或接下來戰後七十年的談話中，採用這些說法。

在萬隆的演講，我從一九五五年萬隆會議通過的「和平十原則」中，引用了「侵略」一詞，但和日本過去是否進行了侵略無關。演講的慣例之一，是引用過去的言論來布局下一盤棋。我的意思是，「和平十原則」所揭櫫的其中一項：不以侵略或行使武力侵犯他國領土之完整和政治獨立，國際社會決定在此原則之上，透過和平手段來解決國際爭端。我只是以日語發表了約六分鐘左右的談話，不可能深入談到面向未來的外交願景或歷史認識。

——在美國國會的演講，您的外祖父岸信介前首相在一九五七年訪美時，曾在參眾兩院分別發表演講。池田勇人前首相也曾於一九六一年在眾議院發表演講。但您是第一個在參眾兩院聯席會議上發表演講的日本首相。這是您向美方積極爭取而來的機會嗎？

當時我執政已經進入第三年，又適逢二戰後七十週年的節點，所以我才想看看，能否爭取赴美國國會演說。如能成行，就去參眾兩院議員皆會出席的聯席會議。在此之前，韓國總統朴槿惠和德國總理梅克爾都曾在兩院聯席會上演說，於是我讓日本駐美大使館稍微試探了美國國會的態度，他們的回應都很積極。

日本在遊說外交上一直以來都很弱。日本駐美大使館負責美國國會事務的人員，每兩年就調動一次，很難和美國國會議員建立起較深的信任關係。對方一看是大使館來的人，也不願意接見。但是，當日本這邊去接觸的同樣是國會議員，美方的應對也會不一樣。河井克行首相輔佐官後來雖因涉及嚴重的受賄遭逮捕起訴，而後判刑定讞，但當時頻繁與美國國會議員往來，建立了大量人脈。於是，我讓一些自民黨的年輕中堅議員，針對歷史認識等任務積極開展議員外交。韓國的遊說活動就非常活躍。他們在各地積極活動，促成了一座座象徵慰安婦的少女塑像豎立。我們覺得很遺憾，在外交戰上，仍是韓國占上風。但我們仍拚盡全力，希望在這方面有所突破。

——您在美國國會的演講以「邁向希望的同盟」為主題，表明日本今後將為世界的安定和繁榮做出貢獻。另一方面，也對第二次世界大戰表達了「深切反省」，同時強調繼承歷代內閣的歷史認識。在這長達四十五分鐘的演說中，您花最多時間準備的是哪一段？

我的目的，主要是為了表明日本是可靠的同盟國。美國有些人批評我是歷史修正主義者，因此我必須強調，我會確實繼承歷代內閣的歷史認識這一點。

梅克爾總理的英語非常好，但聽說她選擇以德語演講。我的外祖父當年也是以日語發表演說。但要是我使用母語演講，我擔心同聲傳譯那種不帶感情、平鋪直敘的語氣，可能會讓聽眾難以感受到演說中蘊含的感情。所以我決定以英語發表。不過，這對我來說的確是一個很大的考驗。

標題中「希望的同盟」是我自己想的。我請內閣官房參事谷口智彥撰寫英文演講稿，完稿之後，先由母語是英語的人看過，再將發音困難的段落稍作修改。回想起來，谷口至少修改了超過二十次吧？我每天趁著洗澡時反覆練習，還讓妻子當我的聽眾，直到她受不了要我別再練了為止。到發表演說的前一天晚上，我依舊不斷練習，由祕書官當我的聽眾。他當場指出了許多問題點。一次一次被糾正，讓我懊惱不已。

終於來到正式演講的那一天。美國的國會議員們陸續入座，當臺上宣布請日本首相登上講臺時，我感受到前所未有的緊張。演講開頭，談到我的外祖父也曾赴美演講，由於這段我已經倒背如流，就盡量不看稿。開頭是最關鍵的，要告訴自己一切都進行地很順利，這點很重要。

接著，我提到自己和美國的緣分。包括我還在企業任職時期，曾經在紐約待過一段時間；高中時，也深受卡洛・金（Carole King）的歌曲所感動。在這一段談了些個人的經歷。

演講的高潮，是我提到曾訪問位於華盛頓特區的二戰紀念館，以及美國青年在珍珠港與菲律賓戰場巴丹島等地，一度失去的夢想和未來，並且表示我默默為他們祈禱。卡洛・金的名曲〈你有個朋友〉（You've Got a Friend）中有句歌詞是這樣寫的：「我將照亮你那最黑暗的夜晚。」最黑暗的夜晚，darkest night。就像三一一大地震是日本曾經歷的darkest night，當時美軍以友軍之姿伸出援手，為我們照亮了這個黑暗的夜晚。

我演講到這一段時，全場議員多次起立鼓掌。眾議院議長貝納（John Boehner）也熱淚盈眶。我心想，看來這段說的還不錯。在貝納之前擔任眾議院議長的裴洛西（Nancy Pelosi）女士也說，她和卡洛・金是朋友，能聽到這場演講感到相當光榮，還致電卡洛・金告知她此事。演講結束後，許多國會議員上前找我簽名，令我非常感動。在這段長達七年九個月的執政期間，那是最令我銘記在心的一場演講。

當時，我們還邀請了七十年前在硫磺島與日軍作戰的美國海軍陸戰隊中將斯諾登（Lawrence Snowden）來到會場。我在演講中介紹他，是雙方和解的象徵。在準備這場演說前，我請外務省嘗試尋找硫磺島的倖存者，最終找到了他。日本方面，到場的是硫磺島上守備隊司令官栗林忠道將軍的孫子，也就是眾議院議員新藤義孝。我們安排他坐在斯諾登中將的旁邊。我覺得整場演講的效果非常好。

——看來撰稿人的角色非常重要。

美國前總統甘迺迪（John Kennedy）的撰稿人索倫森（Ted Sorensen）就以留下許多名言錦句而聞名。像是「我的美國同胞們，不要問你的國家能為你做什麼，而要問你能為國家做什麼」這句家喻戶曉的話，就是出自他之手。我認為日本的政治家應該更善加利用撰稿人來協助撰稿。

我在第一次內閣總辭前出訪印度，當時發表了一場題為「兩大洋的交融」的演說，也是由谷口智彥協助撰稿。兩大洋，指的自然是太平洋和印度洋。二〇〇七年那場演講，正是後來二〇一六年所提倡「自由開放的印度洋—太平洋」的概念雛形。外務省官員所寫的稿子，往往只是乏味地條列出事實；谷口的講稿卻有如詩一般，讀起來令人十分觸動。

到了第二次內閣，負責撰寫我國內講稿的首相祕書官佐伯耕三，撰稿能力也令人驚嘆。尤其拿手於自衛隊相關議題。二〇一五年，我成了歷任首相中第一位，在防衛大學畢業典禮訓示中提到舊日本軍[1]的首相。帛琉的貝里琉島戰役（Battle of Peleliu）中，守備隊長在正式戰鬥前讓島民退避，從而保全了廣大住民的性命。然而，士兵們眼見戰況惡化卻紛紛要求出擊。因為，他們不願接受在塹壕戰中被殺死的那種死法。但守備隊長嚴格命令他們活下去，打持久戰。「你們的使命就是能多戰鬥一天就堅持戰鬥一天，那將有利於拖延對本土的攻擊。」

這是佐伯建議我放進訓示裡的故事。雖然在官邸內討論時，有人擔心提及舊日本軍可能會引發爭議，但我還是大膽採用了他的建議。

谷口和佐伯都非常博學多聞。他們經常熬夜好幾天查找各種資料，寫出引人共鳴的文章。他們的熱情令我欽佩。

網羅了關鍵詞的戰後七十年談話

——為了準備戰後七十年談話，政府在二月設置諮詢機構「二十一世紀構想懇談會」（回顧二十世紀、構思二十一世紀的世界秩序和日本角色的專家小組。組長由日本郵政社長西室泰三出任），總計進行七次討論後，於八月六日提出了一份報告。報告中，將滿洲事變[2]以降日本所採取的行動，定位為「擴大對大陸的侵略」，開展了「魯莽的戰爭」，同時納入「對二戰的深切反省」等內容。專家小組和您的看法接近嗎？

支持我的保守派人士，總是要求我做到一百分。但在政治上，這是不可能的。所以，我

1 編注：即大日本帝國軍隊，為了與戰後的自衛隊區別，有時亦以舊日本軍稱之。
2 譯注：即九一八事變。

為了取得某種程度的平衡，決定設置「二十一世紀構想懇談會」，聽取專家們的意見。而在這點上，我認為深諳政治史的國際大學校長北岡伸一是最合適的人選，便請他以代理組長的身分總結眾人的意見。

戰後七十年談話，首先要糾正「村山談話」[3]的錯誤，然後放進足以獲得國民共識和國際理解的內容。

——二〇一五年八月十四日，內閣通過了戰後七十年的安倍首相談話。日本一方面作為戰爭加害者，另一方面卻也因東京大空襲和原子彈爆炸導致大量國民傷亡，更於戰後遭同盟國軍事占領。然而，即便在那之後過了數十年，日本不知為何仍得不斷地反省和道歉。您是否也有類似的看法？

侵略、道歉、殖民地統治、深切反省，關鍵詞都放進去了。但好比說「侵略」，日本過去對此已經道歉很多次了。坦白說，我的確會想：「我們到底要道歉多少次才夠呢？」所以在戰後七十年的談話中，我們用的是「我國（中略）已多次表達深切反省和由衷的歉意」，以及「會繼承歷代內閣的立場，今後不會動搖」的說法，但並沒有「表示道歉」。談話中很多內容，都是出於戰略性思考。都是我和政務祕書官今井尚哉及首相祕書官佐伯等人不眠不休琢磨了好幾天才想出來的。

「村山談話」的錯誤，是以善惡為基準，以日本犯了罪為前提而做出的道歉。世人只看到了日本這個國家公開謝罪。但是，當時的世界又是怎樣呢？談話間完全沒有考慮到那樣的視角。

戰後七十年談話，是基於日本曾經誤判國際社會情勢，並造成政策性失誤為前提，（與「村山談話」）有著決定性的不同。此外，我們將時間軸往前推回到一百年前，從那個時間點看未來要怎麼做。我們導入了那樣的視角。

「事變、侵略、戰爭，日本再也不會採取（中略），任何的武力威脅或武力行使」、「日本與殖民地統治永遠訣別」等說法，也是因為世界（主流價值觀）如此堅信不疑。我們要強調的是，日本和世界是一樣的。我在四月萬隆會議上的演講，引用了普世價值觀，提及過去的錯誤；國際社會也犯過同樣的錯誤。所以我才說，讓我們共享普世價值。我也在戰後七十年談話中如此引用。

「村山談話」說的好像只有日本進行過殖民地統治。事實上在戰前，歐美各國都擁有殖民地。在種族歧視問題不受重視的年代，有些國家甚至在非洲有過殘酷的暴行；比利時國王還一度在二〇二〇年，為當年的暴行向剛果共和國道歉。過去，日本已多次向中國、韓國、東南亞各國道歉，並透過「政府開發援助」（ＯＤＡ）等機構償付實質性戰爭賠償。

3 譯注：一九九五年，時任首相的村山富士發表談話，承認日本藉由殖民統治和侵略，對許多國家的人民造成重大傷害，並提及「深切懊悔」與「誠心道歉」。

——您是否認為，不應該以今日時代的價值標準去對過去的侵略和殖民地統治等歷史定罪？

二〇一九年，七大工業國集團峰會在法國比亞里茨（Biarritz）舉行，當時各國討論俄羅斯併吞克里米亞的問題時，某國首腦表示「單憑侵略克里米亞這一點，就必須譴責俄羅斯。」然而，英國首相強生（Boris Johnson）反對這種說法。他說：「請不要輕率地使用侵略一詞。英國在歷史上，曾經侵略了今天全世界四分之一的國家。」強生不愧是歷史學家出身。

——戰後七十年談話當中網羅了所有的關鍵詞，招致保守派相當嚴厲的批評。

戰後重要時間節點所發表的談話，是政治文件，而不是歷史。我對支持者解釋了其中的戰略性意義，卻還是被批評：「安倍晉三居然這麼沒骨氣？」不過隨著時間推移，不少學者重讀了這次談話，已經意識到這是篇非常精煉的文章。左派原本對我毫不期待，可當時對我的評價是「沒想到能做到這個程度」。順便一提，我認為「不要讓期待值太高」，是政府運作的重點。

自民黨國會參考人爆出《安全保障關聯法案》「違憲」事件

——《安全保障關聯法案》（以下簡稱《安保法案》）作為允許行使集體自衛權的支柱，五

月十四日在內閣會議通過，送眾議院設置的和平安全法制特別委員會進行審議。另一方面，六月四日的眾議院憲法審查會上，自民黨推薦的國會參考人、早稻田大學教授長谷部恭男卻指出《安保法案》「違反憲法」、「將大大動搖法律的穩定性」，反倒讓民主黨等在野黨氣勢大增。自民黨內也議論紛紛怎麼會發生這種事，掀起一片質疑聲浪。

到長谷部教授發言為止，我在特別委員會上的答辯都非常順利。除了逐一反駁在野黨的批評，並說明諸如行使自衛權的條件、自衛隊在地理上的活動範圍等等，還心想「在野黨議員竟然連這麼基本的事都不知道」。沒想到，自民黨邀請來的參考人卻爆出了「違反憲法」的發言，這場突發狀況的確讓我們一時間慌了陣腳。原本似乎已壓制住了的在野黨，聽到這番言論後也士氣大振。於是，政府的發言被迫回到原點，說明《安保法案》並未違憲，而是在砂川事件的最高法院判決範圍內提出。

——長谷部教授是由眾議院憲法審查會的自民黨筆頭理事船田元，邀來作為國會參考人列席。聽說最初似乎並未考量特別的人選。這一點遭黨內嚴厲批評，指責內閣也太鬆懈了。

《安保法案》是二、三十年才會出現一次的重大法案。我們變更憲法解釋，主張《安保法案》符合憲法，建構起理論基礎後，這才傾政府之力制定法案。好不容易走到了審議這一步，居然沒有事前向參考人確認對於《安保法案》的態度，真是令人搖頭。

我在參考人不當發言後，找來幹事長谷垣禎一商量對策。倘若要在此次國會的會期中通過法案，就必須大幅延長會期。最後我們拍板決定，史無前例延長九十五天到九月二十七日。我想，只要時間夠充裕，就算在野黨反彈，我們也有足夠的審議時間。總之，實際上送到參議院，也是審議到最後一分鐘才通過，著實捏了一把冷汗。

——**一九九二年制定的《聯合國維和行動合作法》有漏洞，即使自衛隊員附近有醫務人員或難民遭武裝團體襲擊並呼救，自衛隊員也不能前往營救。自衛隊只能在被認可的正當防衛目的下使用武器。當時的理由是，「事發後緊急趕赴護衛」，屬於憲法所禁止的「武力行使」。**

原本在《聯合國維和行動合作法》中，可以使用武器保護的對象，只有自衛隊員自己和一起行動的自衛隊員。二〇〇一年修法後，擴大解釋為包括隊員自己管理下的生命與身體防護。《安保法案》成立後，自衛隊終於能在「事發後緊急趕赴護衛」偏遠地區的平民或他國部隊。

其實，二〇〇一年修法之初有一次很妙的討論。當時在首相官邸，小泉首相也一同參與的法案協商會議上，我們問內閣法制局：「自己管理，是指多大的範圍？」他們回答：「沒辦法列得那麼細。」「那麼，可以護衛在距離二十公尺外的人嗎？」「二十公尺太遠了，不行。」於是我駁斥他們：「要是有武裝組織攻擊和自己一起工作的平民，自衛隊員是不是要先喊停，叫他們等一下，然後拿出量尺測量距離是不是在二十公尺以內？眼看現場性命交關，零點一秒內就要做出判斷，自衛隊員因為站在二十公尺以外，此時拿著武器去救人，就是違反憲法。你是這個意思嗎？」小泉首相這時回應我：「你說得對。」認可了事發後緊急趕赴護衛，這項法案終於走上合理的軌道。

——七月十六日，《安保法案》在眾議院通過，九月十九日凌晨在參議院通過。眾議院通過後，《讀賣新聞》的民調顯示，內閣支持率下降六個百分點來到百分之四十三。是第二次內閣成立後最低的數字。一些老套的批評指出，該法案讓日本成了可以發動戰爭的國家，並喊話不要送孩子上戰場。您為了通過這項政策，不惜犧牲內閣的支持率。您真的認為這件事那麼重要嗎？

我很清楚這麼做，內閣的支持率會下降。還有媒體公然高喊「打倒安倍內閣」。但愈是這種時候，我們就愈要堅定信心。我們是贏得選舉的團隊，絕對要堅持下去。我確信，限制行使集體自衛權是正確的決定，我們也在選舉時向選民承諾過這一點，沒有必要自我懷疑、輕易動搖。

這段時期，學生組織「自由民主主義學生緊急行動」（Students Emergency Action for Liberal Democracy-s，簡稱SEALDs）在國會前舉行示威活動，媒體廣泛報導。但坦白說，與我幼年在電視中看到的一九六〇年「安保鬥爭」相比，那些活動實在不算什麼。我在遠處觀察他們在國會前的反對運動，晚上八點過後，主事者一說大家辛苦了，大多數人就回家休息了。二〇一三年十二月《特定祕密保護法》成立之際，內閣支持率也一度滑坡，但很快就恢復了。

日本人有個令人玩味的特質，就是厭惡改變現狀。所以當《安保法案》剛出爐時反對，宣稱不要破壞現今的和平；但當法案成立後，又很快接受了新的現狀。《安保法案》通過後一段時間，民調機構向大眾調查：「是否廢止該法案比較好？」僅只有少數人主張廢止。

——近年在國會上，您是否覺得朝野攻防變得更加激烈？您不僅多次揶揄質詢的議員，二〇一五年審議《安保法案》時，您對在野黨議員說：「你快點質詢吧！」後來被逼道歉。二〇二〇年的例行國會，針對在野黨議員批評安倍政府的提問，您回覆「這是個沒有意義的問題」。[4]一九五五年體制[5]時的社會黨對自民黨的質詢總是帶著一定的敬意，當時自民黨也很少挑釁反對黨。

在審議《安保法案》的過程中，在野黨採取了集中質詢防衛大臣中谷元的戰術。中谷大臣非常努力，但對於那些憲法規定的武力行使、《自衛隊法》或《聯合國維和行動合作法》中武器使用差異等問題，感到很困擾。當時，我對於集中火力質詢中谷的反對黨相當不滿。揶揄嘲諷雖屬不合規則的發言，我也承認有時說的過分了點。但要知道，反對黨對內閣的揶揄嘲諷也是很凶猛的。

朝野間攻防變得激烈，我想可能是受到導入小選舉區制度的影響。不同於過去自民黨內同志也要互相競爭的中選舉區制，在小選區的選舉裡，自民黨和在野黨變成一對一捉對廝殺，國會的對立相形之下就變得更加尖銳了。

在五五年體制下，社會黨在眾議院選舉中根本沒有提名過半數的候選人，所以自民黨會釋出善意，在國會對在野黨稍加禮遇。但那已是過去的政治文化，在現今容易出現政權交替的小選舉區制度下並不適用。所以，我必須擺出戰鬥姿勢。

學習岸信介、池田勇人內閣的經驗，支持率回升

——九月八日，隨著三年的自民黨總裁任期結束後發布的總裁選舉告示，您獲得無投票連任。由於二〇一四年的眾議院選舉，自民黨獲得壓倒性勝利，這是理所當然的進展，但您怎麼看無投票連任這件事？

倘若要進行總裁選舉，黨內就必須消耗額外的精力。所以無投票確實有其作用。在歐洲很多國家，只要沒有對手出馬挑戰，就不會舉行黨首選舉。事實上，定期舉行黨首選舉的國

4 譯注：針對在野黨議員與主題無關的發言，安倍首相當場吐槽被指「藐視國會」。

5 編注：五五年體制，即長期維持自民黨為執政黨、社會黨為最大在野黨的穩定兩黨政治狀態。一般認為該體制結束於一九九三年自民黨第一次下野。

家很少。反而是日本的首相，除了要應付國政選舉，還得面對定期舉行的黨首選舉，經常要接受民意的審判。不過，無涉於國政選舉，決定自民黨總裁的派系邏輯依然存在。不改變這個制度，內閣就可能無法實現選舉期間向選民承諾的政見。造成政治不穩定的問題始終存在。

——九月二十四日，您在《安保法案》通過後的記者會上，提出要以實現國內生產毛額達六百兆日圓為目標，並且推出亮點政策「一億總活躍社會」。[6] **十月七日，您著手進行內閣改組。**

我們知道《安保法案》讓內閣支持率下降，所以想盡快扭轉局面，提出了以「一億總活躍」、「女性活躍」為兩大支柱，在人口減少的社會也能維持經濟增長的政策。自民黨當年在致力於修改《日美安保條約》的岸信介內閣總辭後，接任的池田勇人內閣就曾提出「國民所得倍增計畫」。岸內閣與池田內閣想做的事，我希望能在我的內閣任內完成。負責規劃這項政策的是政務祕書官今井尚哉。

作家澤木耕太郎在《危機中的首相》[7] 一書中寫到，池田勇人及其智囊下村治等人展開了一場到底該優先分配、優先提高所得，還是優先增長經濟的爭論；幾乎同樣的光景，也出現在安倍內閣。

在首相官邸進行討論時，內閣府政策統括官新原浩朗無意中說出「經濟的良性循環」一詞，我當下聽了就拍板，「這個不錯，就用來當作宣傳口號。」終於為優先分配、還是優先增長的爭論劃下了句號，並建構起「不中斷的良性循環」理論。爭論先有雞、還是先有蛋，完全沒有意義。一旦經濟運轉停滯，也就不會有分配。新原出身經濟產業省，經產省的官員總有很多的好主意。

——安倍政府擁有諸如「三支箭」、「安倍經濟學」、「經濟的良性循環」等許多政府治理象徵的詞彙。

這些具象徵意義的政策訊息有助於取得公眾理解，也能在內閣支持率下滑時作為安撫黨內的對策，都有其重要作用。但不能只是拋出口號，實際上不改善雇用環境，也是行不通的。六十五歲以上的就業人口上升，女性就業人口也在第二次內閣成立後不斷上揚，二〇一九年達到近三千萬人。標榜保守的政府主張「女性活躍」，往往被認為只是喊喊口號罷了。[8]但我們拿出了成績。

上市公司的女性董事人數，在二〇一二到二〇年間成長四點八倍；國家的高級公務員中，女性也超過了三成。這個趨勢已經擋不住了。畢竟，無論在哪個組織，女性參與更能提

---

6 譯注：實現在五十年後維持一億日本人口規模，不管在家庭、職場、地域，任何人都可以做出貢獻的社會。

7 編注：旅行文學名家澤木耕太郎早期的報導文學作品，以一九六〇年代安保鬥爭動亂下執政的池田勇人首相為主人公，描寫時代動盪下邁向高速成長的日本社會。

8 譯注：通常主張改善女性就業環境的多為左派政權。

升工作成果，觀點與見解也變得更加多元。

遭到背叛的慰安婦協議

——二〇一五年底，日韓兩國長年懸而未決的慰安婦爭議有了新的動向。日韓兩國外相在十二月二十八日的會談上，就「最終且不可逆地解決慰安婦問題」達成協議。日本政府為援助曾是慰安婦的女性，決定向韓國政府設立的財團提供十億日圓基金。您當時是否認為，慰安婦爭議能夠從此劃下句點？

我在締結這項協議時，懷著非常慎重的心情。為什麼呢？因為迄今為止，他們從未信守承諾。但是，要「最終且不可逆地解決」這個爭議，同時避免雙方在國際間互相譴責、批評，總之，就是要讓國際社會當見證人。倘若能一舉解決問題，那麼我認為就不得不這麼做。這也是日本之所以支付十億日圓稅金，以及我道歉的原因。

大家好像完全忘了我的公開道歉。我當時致電朴槿惠總統，告訴她：「我向所有因慰安婦經歷承受諸多苦痛、身心創傷難以癒合的女性，衷心表示道歉和反省。」這並不代表承認強徵的歷史，但我之所以同意簽訂這項協議，是希望包括我自己在內，今後的日本首相不需要再就慰安婦爭議多說什麼。

——這項協議是由國家安全保障局局長谷內正太郎和韓國總統府青瓦臺祕書室長李丙琪，透過檯面下的談判所總結出來的。您給了谷內局長什麼樣的指示？

二〇一三年朴槿惠政府上臺後，谷內就展開了慰安婦問題的祕密談判。事實上，過去日本曾經成立亞洲女性基金會，兩國首腦之間也就日韓關係的未來發展不知互相承諾過幾次。但韓國只要政權一輪替，就不承認上屆政府曾做出的承諾。所以，我擔心韓國日後要是政權再換手，可能又會背棄承諾。我認為，如果韓國的態度再起變化，日本政府也要保持意志堅定，不予理會。

他們能否兌現承諾的考驗，很快就出現了。也就是韓國政府是否會拆除日本駐首爾大使館前象徵慰安婦的少女雕像。聽說李丙琪告訴谷內：「相信我，這是男人和男人之間的承諾。」我對谷內說：「話說的好聽，但李丙琪一旦失勢，這件事不就完了嗎？」於是，谷內決定在協議裡加入要求國際社會做見證人。若是這麼做，我判斷還算可以接受。但我依舊持懷疑的態度。

——您認為朴槿惠總統是一位值得信賴的領導人嗎？

朴槿惠不像李丙琪，不會信口開河說些不負責任的話。締結慰安婦協議之前，我們討論了很多次。但當我問她：「一九五一至六五年的日韓邦交正常化談判中，韓國一次都沒有提起過慰安婦問題。也就是說，是事後的加油添醋吧？」她反駁我：「就是因為這十四年間都沒有提過，所以現在才要提出來。」實在是荒謬的論點。

不過，身為政治人物，簽訂慰安婦協議對她來說的確很困難。她父親朴正熙畢業於日本陸軍士官學校，擔任總統時曾批准《日韓基本條約》，實現邦交正常化。所以在韓國國內，她常被質疑是親日派。她走過了她父親的那個時代，我感覺她是理解慰安婦問題的實際情況。或許正因為如此，她才認為必須解決這個問題。

她往往給人一種滄桑感。在國際會議上，所有人在就座前會互相握手、舉杯寒暄。但她基本上從不這麼做，就獨自坐在那裡，保持著一副「你們誰也別來找我說話」的漠然。或許是過往她父母遭到殺害的經歷，讓她變成這樣也說不定。

——最終，慰安婦協議還是被韓方撕毀，宣告失敗。

協議確實被韓方撕毀了。但是日本因此在外交上，站上了「moral high ground」（道德制高點）這一點是事實。畢竟是曾經在國際社會的見證下一度達成的協議。以後我每次與對方碰面，都有立場可以底氣十足地說：「你們要履行承諾過的事！」

第六章

談談世界主要國家的領導人

——歐巴馬、川普、梅克爾、習近平、普丁

包括第一次執政期間在內，安倍首相曾與九十八個國家、一百九十六個地區的外國領導人舉行會談，在國際社會上被稱為「外交的安倍」，展現了強大的影響力。

他活用長期執政的經驗，以及天生的政治領導力和斡旋能力，成功地說服美國總統川普，在國際社會發揮美國作為自由民主陣營盟主的力量。他努力不懈地對親中的歐洲各國首腦訴說中國迫害人權，以及強行擴張海權等問題。其中部分領導人接受了安倍的主張，也有領導人對此反應冷淡。在安倍首相眼中，這些領導人又各自擁有什麼樣的真實面貌？

通話長達一個半小時：與美國川普總統的談話

——第二次內閣以來，您曾和歐巴馬（任期二〇〇九年一月至二〇一七年一月）、川普（任期二〇一七年一月至二〇二一年一月）兩位美國總統舉行會談。聽說您和領導風格務實且公事公辦的歐巴馬總統之間比較沒有私交？

我和歐巴馬只談工作。在首腦會談和晚宴上，即使聽我開玩笑，他也是立刻就回到正題，不回應任何閒聊。可能因為他是律師出身，談工作時，非常重視各種細節。坦白說，他是很難成為朋友的那種人。不過，以國家領導人的身分往來共事，完全沒有問題。

歐巴馬經常說：「Shinzo（晉三），雖然你這麼說，但真會像你說的那樣嗎？」話語間透著對日本的不信任感。日本曾經承諾，要將美軍在沖繩縣的普天間空軍基地遷到「縣外」。我猜想當時民主黨政權曾向美國拍胸脯保證，可到頭來，還是搬到名護市邊野古。[1]這似乎讓歐巴馬產生了疑慮。聽說歐巴馬原本也對拍胸脯說「相信我」的鳩山由紀夫首相寄予厚望。畢竟他們都是自由派。所以，他可能強烈感受到日本辜負了美方的信任。

——川普總統一直強調「美國優先」，情緒化的言談風格引人注目。單就消極面對國際協調

這一點，他也是位極為特別的總統，您過去見過這種類型的政治領導人嗎？

完全沒有。川普是企業家出身，完全沒有碰過政治和行政。所以，他的思維方式與傳統政治家不同。川普試圖將在商界取得成功的經驗手法帶到國際政治。那就是美國優先、美國第一主義。

但是，政治和商業畢竟不同。企業追求利潤，但國家倘若只關心利潤，民主社會就不可能存在。政治人物的職責就是權衡協調各種利害以解決問題。

我在第一次執政期間，以及過去所接觸的美國領導人，都懷有強烈的責任感，他們很清楚「自己是西方世界的領袖」。無論是柯林頓、小布希，還有我第二次組閣時打交道的歐巴馬，都強烈意識到自己的立場。

但川普和他們不一樣。他認為，「憑什麼要美國替西方各國承擔義務？」包括美國該如何在西方自由民主陣營，以及以中俄為核心的威權、霸權主義國家相互對峙的結構中，聯合西方各國，採取改變中俄的行動，這些問題川普基本上並未深入思考過。在他看來，美中間就是貿易平衡問題、美俄間就是安保問題，以此類推。他只是從兩國間的關係來思考問題。

回顧歷史，世界發生戰火衝突時，比如波斯灣戰爭或中東內戰，即便歐洲做出了一定的貢獻，但最終還是得仰賴美國充當「世界警察」。川普雖然對同盟國喊話：「什麼都要靠我

---

1 譯注：還是在沖繩縣「縣內」。

們，真是夠了！」但在某種意義上，他說的其實也沒錯。包括日本在內的同盟國，都必須承擔自己的那份責任。這就是為什麼我一直對川普說，包括北大西洋公約組織（ＮＡＴＯ）在內，日本也願意出力，希望說服他扮演自由世界領袖的角色。

在通商和貿易領域，主張以自己國家的利益優先這一點尚可接受。但若在安保政策上，美國仍只顧自己的利益，就形同放棄了身為國際社會領袖的地位，如此一來，世界必定動盪四起，引發更多紛爭。我曾多次提醒川普，「國際社會的安全，需要靠美國的存在來維護。」美國國家安全會議（ＮＳＣ）官員和我擁有一致的觀點，該會議的事務官們還一度想透過我來改變川普的想法。

——您與川普總統經常進行首腦會談和電話會談，您和他之間是否曾約定要定期會晤？

沒有約定。但川普經常跟我說，我們只要出席同一個場合，無論如何都要見個面。這一點非常重要。

當年，中曾根康弘首相也是透過與雷根總統多次會面，努力傳達「日美關係穩如泰山」的訊息。我相信那是支持中曾根政府的原動力。我的父親（外相安倍晉太郎）也一樣。他很重視與雷根政府時期國務卿舒茲（George Shultz）的關係，每次出席同一場國際會議時，都會進行外長會談。當時我身為父親的祕書，從旁觀察，也深深感受到舉行會談的重要性。

儘管川普致力於「美國優先」，但有時他也會對所推動的政策是否可行感到不安。那時，他會打電話來詢問我的意見。他之所以對我推心置腹，視我為諮詢對象，我認為有個很重要的原因。那就是，他在二〇一六年秋天贏得美國總統大選後，我是第一個致電祝賀、並立即飛去見他的外國領導人。

與美國總統的電話會談也一樣。和歐巴馬的電話會談通常很短，一般只講十五到三十分鐘。那時我以為，美國總統因為公務繁忙，擠不出太多時間通電話。

但是川普不一樣。他會花很多時間講電話。川普隨便就可以講一個小時，興致一來還會說上一個半小時。有時才通話到一半我就累了。至於我們都在電話裡說些什麼呢？一般來說，正題在前十五分鐘就結束了，後半七、八成時間都在聊高爾夫球，或是批評其他國家的領導人。

有時，在首相辦公室陪同我進行電話會談的官員們會露出，「不知道川普還要聊多久高爾夫球？」的困惑表情。要是閒聊實在沒完沒了，我就會想辦法拉回正題，然後為對談做個總結。

領導人之間要建立信賴關係，重要的是彼此能敞開心扉。我總是誠實地向川普表達我的想法，我認為川普也真誠地與我分享了他對許多議題的看法。

川普最後也對我表達了讚許、或者說更接近半恭維的話。二〇二〇年八月三十一日，在我宣布辭職後的電話會談中，川普說：「在貿易談判中，我們可能對安倍先生讓利太多了。」總的來說，我認為我們在日本和美國之間建立了良好的關係。

牽著秋田犬「小夢」歡迎首相的俄羅斯總統普丁

——在第一次內閣和第二次內閣期間，您與俄羅斯總統普丁（二〇〇〇年五月至二〇〇八年五月、二〇一二年五月在任至今）總共會談過二十七次。在您看來，普丁總統是外界眼中硬漢形象那樣的人物嗎？

普丁總統表面上給人一種冷漠不易親近的感覺，卻出乎意料是個爽快的人。實際見面時，硬漢形象並沒有那麼強烈，而且他很愛說黑色笑話。

普丁於二〇〇〇年五月正式就任總統。森喜朗則是在二〇〇〇年四月就任首相。由於森喜朗首相對於解決北方領土問題有著濃厚的興趣，再加上當時雙方都是初上任的領導人，所以他極力鼓動普丁進行和平條約談判。可惜，一年後森喜朗就辭職了。繼任的小泉純一郎首相，很遺憾地在對俄關係上的熱情大大不如森喜朗，日俄關係也就隨之冷淡。

我就任首相後不久，於二〇〇六年十一月在越南河內舉行的亞太經濟合作會議上第一次見到普丁。當時，我希望仿效森喜朗內閣的做法，讓日俄關係有些進展，並打算安排隔年出訪俄羅斯。但後來我的健康狀況惡化，就未能成行。

直到二〇一三年四月，第二次執政之後才實現訪俄的計畫。不過在那之前，我先請森喜朗擔任首相特使，與普丁會面，進行事前準備工作。然後我才前往莫斯科，和普丁舉行會談。並且針對北方領土問題發表日俄聯合聲明，在聲明中確立了「將尋求雙方都能接受的解決方案」的方針。此次出訪莫斯科，是我展開領土談判的起點。

——一般認為，兩國領導人互相訪問對方的國家，是外交上的禮節。相對於您曾多次訪問俄羅斯，普丁僅在二〇一六年十二月訪問了您的家鄉山口縣，以及二〇一九年六月參加在日本舉行的二十國集團峰會（G20），僅兩度來訪日本。可以理解為，您並不拘泥於互訪的外交禮節嗎？

我不太在乎這種事。當我眼前有個極力想解決的問題時，自然要不斷去訪問、頑強地去談判，好設法解決問題。

二〇一四年二月，冬季奧運在俄羅斯索契舉辦。但就在前一年，俄羅斯政府收緊了對性少數群體的監管，並對宣傳同性戀者處以罰款，導致歐美各國以此舉「侵犯人權」為由，群起反彈。美國歐巴馬總統、法國歐蘭德總統等人皆缺席開幕式。在各國對俄羅斯發起抵制之際，我認為這（對日本來說）是個機會，所以我參加了索契冬運的開幕式，並舉行日俄首腦會談。

俄羅斯在二〇一三年國際奧委會總會上，支持東京舉辦奧運。當時也有些國家在俄羅斯的遊說下，將手中的一票投給了東京。那次訪問索契，我們也為此表達感謝之意。

普丁牽著秋田縣知事贈送的秋田犬「小夢」，在索契的總統官邸迎接我的到來。當我拍拍「小夢」的頭時，普丁以半威嚇的口吻對我說：「不小心，牠就會咬人喔！」但隨後又於會談中說了好幾次「斯帕希巴」（俄語的謝謝），反覆感謝我的來訪。

二〇一六年五月，我和普丁再次於索契會晤，同意透過「新的方式」解決北方領土問題。所謂新的方式，就是以包括促進遠東地區產業振興、能源、先進技術等八項經濟合作計畫為支柱。我們從那時起所啟動的策略就是：向俄羅斯傳達出「解決北方領土問題，並與日本締結和平條約，都是符合俄羅斯利益的外交行動」的訊息。

儘管如此，日本在尚未獲得歸還領土承諾的前提下，就先行配合俄羅斯發展經濟的策略，遭到國內研究俄羅斯的學者等嚴厲批評，諸如「安倍犯了一個大錯誤」、「（安倍）放棄了要求四島一併歸還的立場」云云。

然而，堅持四島一併歸還的主張，實質意義上等同於四島永遠無法回歸。因為歷史已經證明了，堅持一次性歸還的主張只會讓談判原地踏步。

二〇一八年十一月，日俄雙方確立了方針，以一九五六年簽訂的《日蘇共同宣言》為談判基礎，明確記載要歸還齒舞群島和色丹島。倘若硬要說「安倍做出了讓步」，或許這話也沒錯；但從另一個角度看，也可以說我們只是回到了一九五六年鳩山一郎內閣的立場。

——您從二〇一六到一九年，連續四年，每年九月都造訪海參崴（符拉迪沃斯托克），並出

席以促進投資俄羅斯遠東地區為目的所召開的國際會議：東方經濟論壇。那是因為您重視在海參崴舉行的兩國首腦會談嗎？

每年一度造訪海參崴，是今井尚哉祕書官的主意。他考量到俄羅斯地緣政治局勢不穩，隨時可能引發糾紛；也說不定西方國家會突然間對俄羅斯實施嚴厲的制裁。萬一出現那樣的情況，為了確保日俄之間的談判不至於完全停滯，我們決定每年固定出席東方經濟論壇，以保留一個可以溝通的管道。

——普丁總統主張「恢復強大的俄羅斯」，您如何看待他真實的意圖？

他的理想是重現俄羅斯帝國。普丁認為，推動國家改革和資訊公開而導致蘇聯解體的前總統戈巴契夫是個失敗者。

一九八〇年代，普丁是前蘇聯情治機關「國家安全委員會」（KGB）的一員，並在東德的德勒斯登擔任特工。一九八九年柏林圍牆倒塌、一九九一年蘇聯解體，這兩大事件都讓他深感挫折。我認為普丁肯定會想，「為什麼我的國家要做出那麼大的讓步、放棄那麼多的領土？」

而後烏克蘭宣布獨立，則是他所不能容忍的。畢竟前蘇聯時期就在資源豐富的烏克蘭投入了大量資金；後來，俄羅斯也長期支持烏克蘭的資源開發。基於這樣的背景，才會發生二〇一四年俄羅斯入侵烏克蘭、吞併克里米亞半島這種在國際法上絕對不能接受的事件。在世界史上，俄羅斯帝國擊敗鄂圖曼帝國後占領了克里米亞半島。對普丁來說，吞併克里米亞雖是個人獨斷專行的意志，卻也是「恢復強大的俄羅斯」的象徵。

波羅的海三國的某位總統曾告訴我：「要俄羅斯放棄烏克蘭是不可能的。烏克蘭就像俄羅斯的子宮。而克里米亞半島只是起點，往後肯定會一步步侵吞烏克蘭的領土。」他的話令我印象深刻。

愈發自信的中國國家主席習近平

——您最提防的中國國家主席習近平（二〇一三年三月在任至今）正在推進強國路線，似乎志在成為與中國建國之父毛澤東比肩的存在。

中國雖在政治上維持社會主義的體制，卻也同時導入市場經濟，以「社會主義市場經濟」走上大國崛起之路。第一任國家主席毛澤東推行的計畫經濟崩潰之後，倡導改革開放路線的鄧小平引入市場經濟、放鬆管制，並接受讓一部分人先富起來的「先富論」，這一點極為關鍵。我想，習近平應該是想要透過進一步擴大財富，以確立與歷史上的領導人平起平坐的地位吧？

我在任期間，感覺習近平變得愈發自信。二〇一〇年中國成為世界第二大經濟體以後，他的態度也變得更加強硬，不僅在南中國海建立軍事基地，更剝奪了香港人的自由。接下來的目標則對準臺灣。基於對毛澤東經濟政策失敗引發饑荒的反思，鄧小平時代中國建立起集體領導制度；但眼下習近平卻在壓制不同意見，這個體制變得非常危險。

習近平上任後有一段時間，就算在日中首腦會談上，也只是宣讀事先準備好的講綱。我聽說，他連在川普上任後的第一次美中首腦會談上，也是自顧自地低頭唸稿。川普對此曾驚訝表示：「沒想到習近平就這點程度啊。」

然而，約莫從二〇一八年開始，他不再看稿，有時還會脫稿發言。我猜是因為從那時起，他很清楚中國國內足以威脅其政權基礎的力量，都已經被剷除了。

——您和習近平曾經推心置腹地談過話嗎？

我沒辦法和中國的領導人推心置腹談話。不過，隨著和習近平舉行首腦會談的次數增加，他不再掩藏自己的真實想法。有一次，他告訴我：「我要是出生在美國，應該不會加入美國的共產黨，而會加入民主黨或共和黨。」也就是說，對他來說，一個不能發揮政治影響力的政黨是沒有意義的。表面上，中國共產黨的幹部是認同共產黨理念而加入黨的基層組織，隨後進入權力中樞出任要職。但是，從習近平的說法來看，他並沒有所謂的思想信念，加入共產黨只是出於掌握政治權力的目的。他是一個極端的現實主義者。

二〇一八年十月，習近平在北京舉行的日中首腦會談上表示，「希望幫助日本解決北韓綁架日本人問題」。關於這一點，日方已在事務層級上進行相關運作。我也想過，要是這樣的發言能體現在文件中就好了，沒想到他竟然親自提起，當時我感到非常驚訝。

關於綁架問題，過去中國一直認為那是日本和北韓兩國之間的問題，而不是中國的問題。所以從這點可以看出，習近平有了可以暢所欲言的政治基礎。

對中國領導人來說，與日本走得太近是危險的。一九八〇年代，中共總書記胡耀邦一度和中曾根康弘首相建立起非常密切的關係，但後來倒臺了。據二〇一七年外務省公布的外交文件顯示，胡耀邦與中曾根首相會面時，甚至曾經提到中國共產黨內部的人事問題。

回顧習近平的行為模式變化，他就像一條冉冉升起的龍。但是，我相信他同時伴隨著巨大的孤獨感。民主國家透過選舉進行政權交替，而獨裁政權往往是在某一天突然被推翻。威權國家領導人所承受的壓力，絕對超乎我們的想像。這也正是習近平、普丁、北韓的金正恩需要一一打倒政敵的原因。

重視中國的德國總理梅克爾

——德國總理梅克爾（任期二〇〇五年十一月至二〇二一年十二月）是國際舞臺上非常活躍的領導人。她強化與中國的關係，使中國成為德國最大的貿易夥伴。您是否認為梅克爾特別

在意中國？

梅克爾擔任總理期間曾十二次訪問中國，但僅在二〇〇七、二〇〇八、二〇一五、二〇一六，以及二〇一九年兩次，共計六次訪問日本。其中還包括了二〇〇八年在北海道洞爺湖舉行的八大工業國集團峰會、二〇一六年在三重縣舉行的七大工業國集團伊勢志摩峰會，以及二〇一九年六月在大阪舉行的二十國集團峰會。對日本單獨進行的正式訪問，只有三次。

二〇一五年三月，她來訪日本時，我半開玩笑地說：「妳好像很少來日本。」她說：「因為日本每年都在換首相，我一直下不了來的決心。猶豫了很久，終於看到安倍內閣似乎能執政得較久些，所以就來了。」話雖這麼說，但實際上她真正重視的還是中國吧。

隔年五月，我前往歐洲各國訪問，其中一站就是德國。當時，我受邀下榻德國政府用作迎賓館的梅澤貝格宮。這是日本首相頭一次受邀到這座位於柏林郊區的城堡。我在那裡受到了熱烈的歡迎。

在首腦會談後的晚宴上，梅克爾提起了各種有關中國的話題。她說中國政府為傳播中國文化，在世界各地設立「孔子學院」，「但孔子學院裡根本就沒人。中國人似乎在德國境內從事各種滲透活動，實在太離譜了。」其實在這次會面前，我就多次在峰會等場合談過孔子學院是中國操縱外國輿論的機構。於是我說：「這件事我早就告訴過妳了。」

但是，可不能輕易照單全收梅克爾對中國的批評。我接著問她：「不過據我所知，德國的發動機製造商向中國出售了柴油引擎。中國海軍的驅逐艦和潛水艇上安裝的也是德國製引擊。這到底是怎麼回事？」梅克爾卻只簡短回我：「是嗎？有這種事？」然後轉身詢問後方待命的官員們。但是，沒有人回答。誰都知道，德國一直以來都向中國供應發動機，梅克爾只是假裝不知道而已。梅克爾擁有豐富的部長級官員經驗、參加過無數國際會議和談判，對於這種不痛不癢的質疑，絲毫不為所動。她是個非常出色的政治家。

英國的三位首相：卡麥隆、梅伊、強生

——您和英國的領導人卡麥隆（David Cameron，任期二〇一〇年五月至二〇一六年七月）、梅伊（任期二〇一六年七月至二〇一九年七月）、強生（任期二〇一九年七月至二〇二二年九月）這三位首相都有過交流。

卡麥隆首相也是對中國友善的歐洲領導人之一。二〇一二年，他邀請藏傳佛教領袖十四世達賴喇嘛到訪英國，兩人還見了面。中國對這場會見非常憤怒，隨即以中止與英國的交流作為報復。卡麥隆嚇壞了，趕緊拋開人權問題向中國靠攏。後來，英國成為第一個表態參加由中國主導成立的國際金融機構「亞洲基礎設施投資銀行」（ＡＩＩＢ）的西方國家。卡麥隆政府還將英國國內核電廠的工程項目發包給中國，並將當時的英中關係形容為「黃金時代」。

我每次見到卡麥隆，都會向他闡述中國不僅迫害人權，還進行侵略性海權擴張等問題，卡麥隆則會露出一副認同這些觀點的神情。說不定他根本沒聽進去。回溯大英帝國的歷史，英國本該是個放眼全球的戰略大國，但卡麥隆可能一心想重建英國經濟，顧不了更多。

我對梅伊首相的印象很好。她就任首相後不久，便在二〇一六年九月於中國杭州舉行的二十國集團峰會上找我見面。我們最終沒有舉行正式會談，只是站著聊了一會兒，但我從一開始就感覺到彼此能敞開心扉對話。

那一年六月，英國舉行公民投票，通過了英國脫離歐盟的決議。我對她表示，希望「許多設立於英國的日系企業，在經營上不會受到影響」，她回我：「無論如何，都想強化日本和英國之間的經濟夥伴關係。」

第二次安倍內閣上路後，日本和歐盟開始就對簽訂「日歐經濟夥伴關係協定」（日歐ＥＰＡ）進行談判。一旦英國脫離歐盟，就不再受日歐ＥＰＡ管轄，我想當時梅伊可能覺得日本和英國之間必須簽訂貿易協定。畢竟包括日本汽車製造商在內，有多達約一千家日本企業在英國境內設有分公司。

在那之後，她也積極提議要和我進行首腦會談。二〇一七年四月，她邀請我前往位於契喀爾（Chequers）的首相鄉間別墅訪問。我們在會談中，不僅談到經濟，也認為必須加強雙方在安保領域的合作。

同年八月，梅伊到日本進行國是訪問。我們先在京都迎賓館用過晚餐，第二天便一同搭乘新幹線前往東京進行首腦會談。一路上，梅伊多次談到日英關係，並倡議「allies（同盟），日本和英國要不要結為同盟呢？」

二〇一七年一月，日本和英國簽署「物資勞務相互提供協定」（ACSA），建立自衛隊和英軍之間食品與燃料等物資交換，以及運輸與修理等勞務相互融通的環境。英國是繼美國、澳洲之後，第三個和日本簽署這項協定的國家。梅伊或許判斷可以透過軍事領域的緊密合作，讓日英雙方往「同盟」關係的方向發展。我猜她可能強烈意識到，日本和英國同為海洋國家。

「同盟」並沒有明確的定義。在過去，同盟意味著聯合使用武力對抗入侵；現今在安保領域的合作，有時也被廣泛稱為同盟。對日本來說，這本來是個值得感謝的提議，但是，日英要想成為像日美那樣的同盟關係很困難。因為日本無法隨時行使集體自衛權來保護英國。

——那麼，您如何回應梅伊首相關於結成同盟的提議？

說真的，我很驚訝。但也不能拒絕。只能回答「那也好」。我對她說：「歷史上，日本曾因締結日英同盟，最終取得日俄戰爭的勝利。後來卻在美國不樂見日英關係緊密的情況下，雙方遭到離間，廢止了同盟。實在令人遺憾。」不過，經過這番充滿善意的交流，基本上我和梅伊達成了日英為「準同盟」的共識。

回憶與歐蘭德、馬克宏兩位法國總統之間的交往

——在您任內，法國的領導人是歐蘭德（任期二〇一二年五月至二〇一七年五月）、馬克宏（二〇一七年五月在任至今）兩位總統。

二〇一三年六月，歐蘭德總統來日本訪問，我對他留下了極深刻的印象。他是十七年來首次以國賓身分出訪日本的法國總統。歐蘭德偕同居女友前來，但直到訪日前夕，政府內部仍在爭論是否該給予其女伴等同於第一夫人的待遇。

國賓來訪日本時，通常會在宮中晚宴等場合接受天皇和皇后款待。因此，宮內廳提出了，同行女友是否適合作為招待對象的疑問。後來，外務省調查其他國家的做法，例如印度的先例，發現這些國家都讓歐蘭德的女友享有第一夫人待遇，才同意讓她參加宮中晚宴。

行程中，我們在東京元赤坂的迎賓館一同吃了工作午餐。建於明治末期的迎賓館，天花板上繪有法國藝術家的穹頂畫，還懸掛著金碧輝煌的水晶吊燈。乍看之下，讓人聯想起被譽為世界最美的法國凡爾賽宮。當然，迎賓館要與凡爾賽宮比顯然遜色許多。

讓法國人走進這裡，我總覺得有些不好意思。但是國賓來訪，原則上必須在迎賓館接待。我帶著幾分尷尬的語氣向歐蘭德解釋：「這棟建築是在我們試圖學習西方文化的那個時

代建造的，和凡爾賽宮有一點像。」歐蘭德應是出於禮貌，大加稱讚說：「蓋的很好啊！」

接著，送上的工作午餐是法式餐點。本來擔心給法國人吃日本人烹調的法國菜不妥。所幸，我的擔心是多餘的。日本一流的法式料理廚師三國清三和幾位明星大廚精心製作的料理一道道端出來時，歐蘭德一行人紛紛拿出手機拍下料理的照片。「味道好，擺盤也很美！」聽他們這麼說，我才終於鬆了口氣。

隔年，二〇一四年五月我出訪法國，和歐蘭德並肩沿著巴黎愛麗榭宮周圍的主要大道散步。是歐蘭德找我去散步的。當時安倍經濟學處於鼎盛時期，街上行人紛紛對著我們拍照。歐蘭德應該也認為，和我一起散步有助於他的形象。這也是一種外交上的宣傳手法。

馬克宏是法國歷史上最年輕的總統，三十九歲就當上了總統。在那之前，他曾擔任經濟部長，對安倍經濟學比較了解。所以從二〇一七年上任以來，他就一直很尊重我。我想，這就是長期執政才有的優勢吧！

對於日本提倡的「自由開放的印度洋─太平洋」構想，馬克宏也很快表示支持。法國在南太平洋上有新喀里多尼亞（New Caledonia）、玻里尼西亞（Polynesia）等海外屬地，他為了確保這片海域的權益不被中國搶走，便尋求與日本進行戰略合作。

出於法國的意願，日本於二〇一八年主辦三年一度的「太平洋島國峰會」上，新增了新喀里多尼亞和玻里尼西亞這兩個地區；也同意讓法國當地總領事等人出席峰會。印太構想的精神，就是基於法律來維護海洋秩序和航行自由，這點和法國的國家利益一致。馬克宏是個有著強烈捍衛領土意志的政治人物。

在歐盟領導人的面前創作俳句

——您在任內與歐盟的領導人多次舉行會談，您是有意這麼做嗎？

歐盟的組織很複雜，包括多個理事會，還有一個具立法功能的議會。坦白說，起初我對他們的內部情況不太了解。

最高決策層是「歐盟理事會」（首腦會議）。我曾和范宏畢（Herman Van Rompuy，任期二〇〇九年十二月至二〇一四年十一月）、圖斯克（Donald Tusk，任期二〇一四年十二月至二〇一九年十一月）兩位歐盟理事會主席多次進行會談。另一方面，也曾與主要機構「歐盟執委會」成員，巴羅佐（José Barroso，任期二〇〇四年十一月至二〇一四年十一月）、容克（Jean-Claude Juncker，任期二〇一四年十一月至二〇一九年十一月）兩位歐盟執委會主席進行會談。

說實話，我原以為只要與德、英等歐洲大國領導人會晤就足夠了。但今井祕書官再三提醒我，歐盟很重要。他過去任職於經濟產業省時，曾是位於比利時布魯塞爾的日本機械出口商公會布魯塞爾辦事處負責人。他多次跟我說：「在歐盟內部，很多規則一旦確立，將來肯定會成為國際規則。因此，在歐洲正式推出規則之前，日本應該積極參與規則的制定。」實際上，在氣候變遷和能源議題上引領世界的，的確是歐洲。

不過，我在與歐盟領導人的會晤中，也遇到了一些辛苦的事。比如說，與俳句愛好者范宏畢的交流。他曾以母語荷蘭文創作俳句，並翻譯成英、法、德、日四種語言出版。荷蘭文的俳句也以音節數五、七、五表現。據說歐盟危機和三一一大地震，都是他的創作主題。因此，每當和范宏畢會談時，就需要分享俳句。由於祕書官們都不擅長俳句，我只好自己寫。

二〇一三年十一月，范宏畢來訪日本時，我在第一場晚宴上發表了我創作的俳句：「星光燦，仰望夜空時，友人至」。二〇一四年五月，換我造訪比利時布魯塞爾，晚宴在作為他官邸的一座城堡舉行，當晚我也發表了一首俳句：「古堡中，厚情沁心脾，春夜深」。我可是費了好一番工夫，才寫出這兩首詩。

——**真是通俗直白啊……**

我哪裡寫得出優美風雅的俳句呢。

有一次我忘了加入季語[2]，為了省麻煩，就直接吟唱了。

我向歐盟內部許多相關人員，都提過中國的各種問題。二〇一四年，我和范宏畢在布魯塞爾會談時，他突然開口說：「我慢慢能理解安倍先生的警告了。」我還沒會意過來，他接著說：「前些時候，中國國家主席習近平訪問歐盟，當時中方執意要求和美國總統同樣的待遇。我真是受夠了。」我說：「中國想表現出自己是大國吧？這種趨勢今後應該會愈來愈明顯。」

二〇〇八年雷曼風暴之後，全球爆發金融危機並進入經濟低成長時代，歐盟諸國期待中國前來投資，於是回應了中國的「一帶一路」倡議。然而，中國的不透明投資，實際上損害了歐洲的利益。後來各國也逐漸意識到這一點。

接任范宏畢的歐盟理事會主席圖斯克，在擔任波蘭總理時，我們就見過面，所以打從一開始會談氣氛就很好。與圖斯克搭檔的歐盟執委會主席容克是個非常有趣的人，經常和大家開玩笑。

在與歐盟的關係上，我走的是穩健路線。在美國退出ＴＰＰ，以至於自由貿易受到衝擊時，二〇一七年，日本和歐盟雙方就日歐ＥＰＡ的大原則達成了共識。二〇一九年協定生效。日本取消歐盟進口產品約百分之九十四的關稅，歐盟則取消約百分之九十九的關稅。日本的汽車製造商等製造業受惠甚大，而歐洲方面也兼顧到奶酪、葡萄酒生產商等產業的利益。

2 編注：俳句等詩歌中用來表達特定季節的詞彙。

澳洲的阿博特總理幫忙解圍

——澳洲因政界的鬥爭而頻繁更換總理。您在第二次執政後，陸續接觸的澳洲領導人包括吉拉德（Julia Gillard，任期二〇一〇年六月至二〇一三年六月）、陸克文（Kevin Rudd，任期二〇一三年六月至九月）、阿博特（Anthony Abbott，任期二〇一三年九月至二〇一五年九月）、滕博爾（Malcolm Turnbull，任期二〇一五年九月至二〇一八年八月）、莫里森（Scott Morrison，任期二〇一八年八月至二〇二二年五月）這五位總理。

安倍內閣讓日本和澳洲的關係，獲得了前所未有的強化。在安保方面，二〇一三年，規範日澳軍事合作的「物資勞務相互提供協定」生效，並於二〇一七年修改條款，將提供武器、彈藥等防護也列入選項；同時根據安保相關法律，允許自衛隊出動保護澳洲艦艇。

澳洲擁有豐富的鐵礦石和煤炭等資源，因此，在能源安全合作上，是日本不可或缺的貿易夥伴。二〇一五年，總結了貿易自由化和智慧財產權保護的「日澳經濟夥伴關係協定」（日澳ＥＰＡ）生效。

促成日澳合作契機的關鍵推手，是知日派的霍華德總理（John Howard，任期一九九六年三月至二〇〇七年十二月）。二〇〇七年發表的《日澳安全共同宣言》，使兩國關係在安保領域取得了重大進展。第二次安倍內閣成立以後，曾在霍華德政府擔任閣員的阿博特前總理，扮演了很重要的角色。

二〇一四年一月，我前往參加每年在瑞士舉行的達沃斯世界經濟論壇（Forum de Davos），同樣與會的阿博特要求和我召開首腦會談。由於前一年十二月我才參拜靖國神社，以為他打算抱怨我是「歷史修正主義」，不想多作解釋便謝絕了。但是，澳方強烈要求會面，還說「哪怕時間很短也可以」。我只好在年會總會的會場內，與阿博特進行短暫的會晤。一見面，阿博特開口就說：「我只想談一件事。我認為日本在戰後作為一個和平國家所做的一切努力，應該得到世界的評價。日本總是因為過去的事受到批評，一點也不公平。我認為日本也該在安保領域做出貢獻。今後讓我們一起合作。」

我感到很驚訝。因為日本和澳洲打過二戰，一些澳洲人到現在還在批評舊日本軍當年空襲達爾文（Darwin）的歷史。但阿博特完全不提歷史問題，反而向我提出了合作的意向。這次短暫的會晤，為日後雙方加深經濟和安保方面的合作奠下了基礎。

我對阿博特印象很好。二〇一四年四月他來訪日本時，我邀請他來國家安全保障會議當座上賓。他是頭一位與會的外國領導人。在首腦會談上，阿博特表示，「澳洲想將老舊的潛艦汰舊換新。日本建造潛艦的技術相當成熟，是否可以進一步合作？」我也很想實現日澳的潛艦合作計畫，但可惜後來政權交替，滕博爾政府上臺後，這項計畫於二〇一六年被法國的合作案取代。

我也曾在某些場合上，得到了阿博特的幫助。二〇一四年十一月，東亞峰會（EAS）在緬甸舉行，會議空檔，我和阿博特、汶萊國王在一旁聊天。這時，中國總理李克強向我們走來。當時日中關係降至冰點。李克強與汶萊國王和阿博特握手並聊了一兩句話後，可能不好無視於就站在旁邊的我，只好也走來和我握手，但臉上的表情顯得十分僵硬。我對他說：「希望能改善日中關係。」他照本宣科地回我：「以史為鑑，展望未來，這種精神非常重要。」一旁的阿博特突然轉向李克強，對他說：「要以史為鑑，但不能沉湎於過去。」李克強聽到這句話，毫不掩飾內心的不悅，逕自走開了。阿博特隨後笑著對我說：「我是否成功地扮演了和事佬的角色呢？」

有些外國的領導人，你跟他關係好，他就會想要你為他國內的事務提供一些建議。川普和阿博特就是那樣的領導人。

澳洲是個移民國家，每四人就有一人是在外國出生。但由於接納過多的移民，也導致了城市住房短缺等問題。阿博特曾問我，對於採取遏制移民的措施有何看法。然而，我來自一個不接受移民的國家，實在提不出多了不起的建議，只能分享一些觀點，告訴他「你也許可以試試」。我覺得他很信任我，這讓我很高興。他說下次來日本，要約我去北海道新雪谷町滑雪，可惜他的支持率低迷，不久後就下臺了。

——滕博爾總理被視為親中派。

滕博爾確實是親中派。他是個不好相處的人，但為了加強和澳洲的關係，我沒有放棄。我會在每一次首腦會談上，反覆強調中國帶來的威脅。二〇一七年一月，我在訪問雪梨的一場晚宴上，得知滕博爾的妻子對中國非常警惕。因此我相信，滕博爾絕對很清楚中國的問題。我認為，在美國聲稱不參加TPP的情況下[3]，倘若能和滕博爾共同努力推動TPP生效，必然有助於深化日澳關係。

滕博爾和我同年，都生於一九五四年。據說他小時候最喜歡的電視劇，是六〇年代播出的日本歷史劇《隱密劍士》。這是一部描寫江戶時代忍者總能以手中的刀劍暗器，一舉擊敗壞人的電視劇。我小時候也非常喜歡。原來當年曾在澳洲播出。二〇一五年十二月滕博爾訪問日本時，還故作失望地說：「我一直以為來日本就可以看到忍者。」但更教我驚訝的是，日本的次文化居然從那麼久遠以前就已傳播到海外。

到了二〇一八年，莫里森出任總理。當時，我在國際社會間已經有了一定的影響力。莫里森稱我為「導師」，還在澳洲國內公開表示，「我的外交政策顧問是日本的安倍晉三首相。」我想他會這麼做，應該是因為我對自由開放的印度洋—太平洋構想，以及日美澳印的

3編注：安倍於一月十四日訪澳，並與滕博爾共同發表持續推動TPP的聲明。一月二十三日，美國總統川普簽署了退出TPP的行政命令。

合作上，與他的想法一致；也可能和我在二〇一八年十一月訪問達爾文，在戰爭紀念碑前悼念死難者有關。

然而，我們卻在捕鯨的爭議上出現了對立。

在二〇一八年九月舉行的國際捕鯨委員會（IWC）總會上，日本所提出的部分恢復商業捕鯨的議案遭到否決。國際捕鯨委員會設立的目的，在於維護鯨群資源及其永續性利用。也就是說，一定程度的捕撈雖被認可，但實際上偏重於保育。

同年十一月，在達爾文舉行的日澳首腦會談上，我談到了恢復商業捕鯨一事。我說：「日本的目標海域並不在澳洲後院的南太平洋，而是在日本的領海和專屬經濟海域。」希望得到他的理解。不過，莫里森卻直言不諱地表示，「那日本退出委員會好了。」我對他率直的表態感到驚訝。最終，日本在二〇一九年六月退出了該委員會。

與杜特蒂和納坦雅胡搏出好交情，被稱為「馴獸師」

——您和菲律賓總統杜特蒂（Rodrigo Duterte，任期二〇一六年六月至二〇二二年六月）、以色列總理納坦雅胡（Benjamin Netanyahu，任期一九九六年六月至一九九九年七月、二〇〇九年三月至二〇二一年六月）等特立獨行、不好相處的領導人，都建立起良好的關係。

在與這些領導人打交道上，您是否有什麼祕訣？

在國際社會上被視為「問題兒童」的領導人當中，其實有些人出乎意料的有趣。但要是你打從一開始就心存偏見，那麼無論你在對方面前怎麼隱藏，也一定會被察覺。所以，重要的是，不要抱著任何先入為主的看法。

那些非常規的人物，就某種意義上是比較單純的，但總的來說，人是很複雜的。普丁總統和杜特蒂總統的強硬主張，看似與國際政治社交辭令的世界格格不入。這也許是基於他們並未全盤考量人種、宗教等面向的多元性，也可以說是政治不正確，但很多時候他們的確也切中要害，直指問題的「核心」。

杜特蒂是檢察官出身，為全面掃毒，誓言要「消滅所有黑幫」。事實上，在菲律賓確實發生許多毒品犯罪嫌疑人遭到槍殺的事件。不過，杜特蒂並沒有消滅他的政敵。他的手段雖然不對，但他消滅的是社會的敵人。

二〇一六年十月杜特蒂總統來訪日本，那是我第一次見到他。當時他雷厲風行的禁毒政策，已經受到歐美各國和人權組織的批評。

我對杜特蒂說：「我不會講那些冠冕堂皇的話。我想了解你在掃毒行動上的立場，想協助你。但是對於你採取的法外手段，我們沒辦法提供協助。你可以考慮採取更好的方式嗎？」最終，日本在「以和平的手段支援掃毒行動」的名目下，提供菲律賓包括協助毒癮者戒毒等各式各樣的援助。

杜特蒂在我面前不斷批判美國，於是我對他說：「我的外祖父（前首相岸信介）也曾被盟軍最高司令官總司令部（GHQ）視為戰犯關押起來。但後來主導修訂《日美安保條約》、奠下日美同盟基礎的重要推手，也是他。這是出於國家利益的考量，而非個人恩怨。」

我分享的這個故事似乎深得杜特蒂的心。隔年二〇一七年一月，我出訪菲律賓時，他特地邀請我到家裡，還帶我到臥室參觀他收藏的槍枝，對我說「有喜歡的就帶回去」。我當下拒絕，表示「日本不允許個人擁有槍枝」，但他堅持要送我，我費了好一番工夫才推掉。

他的原點是檢察官。如同他在施政方針等演說中一遍又一遍喊話：「那些唱著高調、要求我採取合法手段取締毒販的人，他們曾在我長大的民答那峨島達沃市拯救過哪怕一個孩子的生命嗎？黑幫販毒給孩子們，很多孩子就這麼死了，有的孩子則成了毒販。根本沒有人去拯救他們。所以，我才要這麼做。」你看，他的主張是不是也有一定的道理呢？

當你願意對他推心置腹，你就可以看到他生活中不為外界所知的一面，你才有機會發揮你的影響力。倘若只看表面就說三道四、大發議論，只會讓他加強戒備而已。

納坦雅胡總理是個強悍的人。二〇一八年五月，我出訪以色列，決定就日本持續支持中東和平進程，啟動外交與防衛部門之間的會談。臨別時，納坦雅胡問我：「安倍先生，今年秋天的自民黨總裁選舉，你是否會尋求連任？」聽我表示「我打算參選」後，他接著說：「這次會談最主要的目的就是確認這一點。你要是參選，一定會獲勝。我們獲得的情報顯示你會贏。」這些資訊想必是來自以色列的情報單位摩薩德（Mossad）吧。但我心想，就算是

摩薩德掛保證也……[4]

臺灣李登輝總統的國家觀令我深受感動

——一九九四年，您以自民黨青年局副局長身分訪問臺灣，與當時的總統李登輝（任期一九八八年一月至二〇〇〇年五月）首次會面。您對李總統有什麼印象？

自民黨的外交窗口是國際局，但與沒有邦交的臺灣，傳統上由青年局負責交流。青年局幾乎每年都會組團訪問臺灣，我當時也跟著青年局一同赴臺，這才見到了李總統。

第一次聽李總統談話，我就被他堅決保護二千多萬臺灣人民的信念和意志所深深震撼。李總統是個充滿人格魅力的領袖，他就像一個磁場，讓人不由得想接近他。

他以流利的日語，講述自己從臺北的高中畢業後，如何在戰時進入京都帝國大學，如何被日本最富權威的學者西田幾多郎的哲學所傾倒。

日本治理臺灣的時代，就如同日本技師八田與一在臺灣建設水壩，當時日本在全臺各地做了很多基礎設施，也讓臺灣的孩童受教育。我們聊到日本和臺灣之間深厚的淵源、臺灣受

4 編注：安倍在這場總裁選舉中，於首輪投票即遙遙領先對手石破茂，第三次當選自民黨總裁。

日本影響多深。言談間，我感覺李總統不僅擁有豐富的詞彙知識，還兼有深厚的哲學教養，毫無疑問是一位足以代表亞洲的偉大領導人。

後來，一九九六年，我以青年局局長的身分訪問臺灣。當時，我向李總統坦言自己對訪中的疑慮，李總統卻告訴我：「你應該去。要告訴中方，臺灣民主化正在穩步前進。」後來我赴中訪問，向對方如實轉達了李總統的話。當然，我說完後現場氣氛變得十分尷尬。

——您在出任內閣官房長官和首相之後，私下是否和李總統接觸過？

我們經常通電話。但是不談經濟、安保等具體議題。他多次向我表達他堅定的信念，決心保護臺灣，不讓臺灣成為國際社會的孤兒，要加強日臺及臺美關係，讓臺灣得到國際社會的認同。

在參拜靖國神社的問題上，李總統批評了我作為領導人的態度。

二〇〇七年六月，我第一次執政時，他赴日參拜靖國神社。當時，我正準備飛往德國，在海利根達姆峰會上與中國國家主席胡錦濤會面。這是李總統卸任後，第三度來日本訪問。前兩次，日本政府都請他留意採取溫和的言行；但這一次，我決定「按照總統的意願，讓他參拜靖國神社」，不施加任何限制。

在此之前，他曾與我分享對靖國神社的看法。他說：「我哥哥是大日本帝國海軍的軍人。我也在戰時接受了徵召，作為學生兵出征，以日本陸軍軍人的身分，冒生命危險參戰。

安倍先生，戰爭那會兒，我們可是日本人喲！我哥哥在南方的戰場上陣亡，被供奉在靖國神社，那是當時士兵和國家之間的約定。當然，我哥哥已是被供奉在靖國神社裡的神祇了。這就是我的看法。我認為唯一能見到我哥哥的地方，就是靖國神社了。所以，我要在靖國神社和我哥哥團聚。」聽他說了這番話，我還能拜託他別去靖國神社嗎？當然不能。

他還說過這樣的話：「日本人在做什麼？曾經的日本人精神都到哪裡去了？那麼多為國家戰死的人被供奉在靖國神社，國家的領導人前往參拜，不是理所應當的嗎？」真的，我一句話都沒辦法反駁。

第七章

戰後外交總決算

——北方領土談判、天皇退位

2016

東西冷戰時期，美國為全力阻斷日本和蘇聯之間的聯繫，對日本施加巨大壓力的「杜勒斯的威脅」，到二〇一六年，正好屆滿六十週年。安倍內閣將這一年定位為「戰後外交總決算」，決定著手改善日俄關係；並暗自盤算，將修改日本政府多年來視為金科玉律的北方領土「四島一併歸還」原則，也納入選項，展開和俄羅斯總統普丁的談判。

內政方面，天皇陛下公開了退位的意願後，立法準備工作也開始進行。不過，安倍對退位可能成為永久性制度一事，抱持著謹慎的態度。

眾參兩院同日選舉的考量

——二〇一六年，例行國會比往年大幅提前於一月四日召開。原先預定在前一年秋天舉行的臨時國會則被推遲，還有補正預算審議和人事審批尚待國會批准。您做出決定的關鍵，是否考量到眾參兩院可以在同一天舉行選舉？自民黨和公明黨[1]當時在眾議院擁有足以發起修憲提案的三分之二以上席位，在參議院的席位卻不足三分之二。為了擴大修憲勢力，在五月二十六、二十七日舉行的七大工業國集團伊勢志摩峰會結束後，六月一日閉幕之際，您宣布解散國會。您當時就打算在同一天舉行眾參兩院選舉嗎？

眾參兩院同日選舉是選項之一。不過，我認為同日選舉，其實並不存在過去中選區[2]時代那樣的優勢。

過去眾議院實施中選區制時，比起自民黨的組織動員力，眾議院議員個人的後援會擁有更強大的基層實力。不同於眾議院議員，參議院議員並沒有足夠強大的基盤支持。參議院選舉時，前來助選的眾議院議員願意讓個人後援會投入多少力量支援？頂多也就四、五成吧？但要是兩院同日選舉，眾議院議員必然會讓自己的後援會百分之百運轉起來。在加乘效果作用下，參議院就可能獲勝。

不過，實施小選區制[3]以來，競選活動變得更加以政黨為中心了，沒有個人後援會的年輕眾議院議員愈來愈多。他們打選戰，主要靠的是黨的組織和地方議員的後援會。所以我認為，即便眾參兩院同日選舉，對參議院的選情也不會有太大的加分。我反而還擔心，同日選舉可能造成眾議院議員席次減少，對政府運作帶來不利的影響。

二〇一四年十二月的眾議院選舉，自民黨以二百九十個議席獲得壓倒性勝利。如果在二〇一六年夏天舉行眾議院改選，那就是在任期還有兩年多的情況下解散國會。這時候宣布眾議院改選，倘若贏了，就能在歡呼聲中穿過凱旋門；要是輸了，就有被竹矛刺穿[4]的危險。

——一月二十八日，經濟再生大臣甘利明因政治獻金醜聞引咎辭職。過去雖也有閣員辭職的前例，但甘利明的辭職是否對內閣帶來重大的打擊？

甘利明是我第二次執政後，安倍內閣的關鍵人物之一。副首相麻生太郎、內閣官房長官

1 譯注：即自（民黨）公（明黨）聯合政府。兩黨共同執政的聯合政權建立過兩次，第一次自一九九九至二〇〇九年，第二次自二〇一二年至今。
2 譯注：一個選區中選出複數議員。
3 譯注：一個選區中只選出一名議員。
4 譯注：意指被黨內同志攻擊。

菅義偉、甘利明，還有黨的副總裁高村正彥，這幾位都是促成我復出，並且穩住安倍內閣的關鍵人物。此外，甘利明不僅推行了以經濟成長為優先的安倍經濟學，更是壓制黨內財政重建派「重中之重」的人物。TPP的談判也是由他負責。所以，甘利明的離開，其影響不僅僅是一位內閣成員辭職這麼簡單。安倍內閣可說遭受重創，失去了一根大支柱。

——您多次嘗試慰留，但都沒有成功。

甘利明在二〇一三年接受了舌癌手術。那時他就表達出不願給大家添麻煩，想辭職的念頭。我不想失去他，便出言安慰「請好好休養」，慰留了他。後來導致他辭職的公設祕書政治獻金事件，其實他並沒有直接的責任。即便有監督不周之處，我認為應該是可以闖得過去的。不過他去意已決。

在受災區啟動「Push型支援」

——四月十四日，熊本縣發生震度七級的地震。從那時起，政府決定不等待受災地政府求援，就啟動支援措施。這是因為您對危機管理的看法改變了嗎？

你說的是「Push型支援」。[5]改採主動支援方式的契機，源於二〇一四年二月，關東甲信越地區的一場大規模雪災。尤其是山梨縣，還下了破紀錄的大雪。與過去不同的是，比如說縣市政府受了災，民眾即便無法從當地政府獲得當地的資訊，現在也可以透過社群媒體來發送（或接收）資訊。有人在社群媒體上發布影片和訊息，稱住家一帶因大雪受困。實際上，是我的妻子昭惠看到那些訊息後，告知了我和祕書官。另一方面，當地政府雖尚未傳來受災資訊，但既然我們已經從多位災民口中蒐集到大致的災區資訊，就決定著手應對。

熊本地震發生之際，我們也遇到了並未收到當地政府任何求援訊息的情況。於是，我們成立一個專門從社群媒體蒐集受災資訊的團隊。一旦收到求救訊息，就在第一時間取得聯繫，並立即採取行動。我們要求居民前往避難中心和災區的疏散中心。還創建了一個系統，向待在避難所、或來不了避難所的災區居民分配平板電子設備，讓他們可以直接申請緊缺的食品和物資。不等熊本縣災區向中央政府求援，政府就派出了曾在熊本縣任職的官員前往災區，到了現場再決定如何提供支援。我認為，改採主動支援的方法後，我們及時向災區提供了必要的援助。

當然，各種各樣的抱怨都有。有的地方政府比較消極，宣稱送來那麼多物資消化不了。不過，即使可能造成些許浪費，保護好國民的生命安全和健康，還是我們最優先的考量。

二〇一八年七月西日本豪雨成災，我們向岡山縣、廣島縣、愛媛縣送去很多臺冷氣機，

5 編注：又稱為「推動式物資援助」。行政當局與搜救單位事先想定災民需要哪些物資，直接將物資先送往災區。

預計安裝在避難所等設施裡。起初幾個縣表示，就算送來，縣內也無法安裝，況且安裝費用高昂云云。最終，我們連負責安裝的業者都送了過去，也一併負擔安裝費。後來，這些受災縣紛紛表示感謝。

——災難發生時，就是地方首長的能力受到極大考驗的時刻。您那時有什麼樣的觀察？

熊本地震時，熊本市長大西一史和福岡縣的福岡市長高島宗一郎，應對都十分得當。行動力強的地方首長，以及能制定各種計畫的人，對救災都很有幫助。比如說福岡市長，他知道災後會出現大量廢棄物，第一時間就主動派遣回收人員前往熊本支援。

——地震造成的影響不可避免會拖上相當長一段時間，要求取消同日選舉的呼聲似乎也愈來愈高。

對，輿論氛圍已經改變了。

加快腳步開展北方領土的談判

——五月六日，日俄首腦會談在俄羅斯索契舉行。關於和平條約談判，俄羅斯總統普丁和我

方都同意「基於新想法積極推進談判」。這次會談也是安倍政府積極開展北方領土談判的起點。在同意不優先討論領土歸屬爭議的前提下，一邊進行經濟活動合作，一邊在解決領土問題上蓄勢待發。您做出此一決策的判斷標準是什麼？

在對俄羅斯的領土談判中，長期以來一直存在「入口論」和「出口論」兩種立場。入口論，就是先確認擇捉島、國後島、色丹島、齒舞群島這四個島歸屬於日本，然後再締結和平條約，也就是所謂對俄強硬派的主張；出口論，則是先改善日俄關係，再來尋求解決領土問題的著力點。[6]日本長期在這兩個談判方向間搖擺不定，但終歸還是入口論占了上風，也就是堅守強硬的立場。但我認為，我們不應該一味糾結於入口論。

——倘若堅守北方四島是日本領土，四島須一併歸還的原則，那麼，俄羅斯很可能永遠不會歸還四島。但另一方面，日本即便向俄羅斯提供經濟合作，也難以保證領土會被歸還。您所考量的折衷方案，是先行返還色丹島和齒舞群島兩島嗎？

一九五六年的《日蘇共同宣言》中，其實只載明「透過談判締結和平條約」，並在條約簽訂後移交齒舞群島和色丹島。我查閱了以往的談判紀錄及各式文獻。當時代表鳩山一郎政府談判的眾議院議員松本俊一，以及外相重光葵，都是以齒舞和色丹兩島返還必定實現為前

6 譯注：前者是以四島歸屬於日本作為談判前提，後者則將其視為結論。

提進行的談判。當時日本雖說已恢復獨立，卻仍撕不掉戰敗國的標籤，加上西伯利亞滯留者的問題。[7]在諸般嚴酷的條件下，他們認為只要能達成兩島返還、將滯留者帶回國的結果，也就可以了。然而，美國國務卿杜勒斯（John Foster Dulles）出面阻止，要求日本不能接受兩島返還。這就是所謂「杜勒斯的威脅」（The Dulles Intimidation）。在當時美蘇冷戰的背景下，美國完全不能接受日蘇關係大幅改善。我的外祖父岸信介考慮到日美關係的重要性，便表示不同意只歸還兩島。在那之後，日本基本上也認為領土歸還恐怕是不可能了，於是擱置了《日蘇共同宣言》，全力要求歸還四島。

不過，隨著蘇聯解體，俄羅斯聯邦獨立後甚至還參加了峰會[8]，我們就不可能再像以前那樣站在敵對的立場。況且中國正在崛起，日本周邊的戰略環境也發生了巨大的變化。要說日本安保上的威脅來自哪裡？說穿了，主要還是不斷進行軍事擴張的中國。

日本一邊保護尖閣諸島免受中國入侵，同時面臨北韓的飛彈威脅，與俄羅斯的關係也處得不好。眼下雖有日美同盟，但問題是，這樣下去真的沒問題嗎？在外交上存在許多懸而未決的問題和威脅之下，日本勢必需要大幅改善與俄羅斯的關係。因此我打算讓北方領土的歸還作為現實問題，拿到檯面上來談。

四個島上現在居住著俄羅斯居民。要是我們不同時啟動共同經濟活動，讓島民感受到日本的友善，就不可能在領土談判上得到他們的理解。在俄羅斯人眼中也是如此。必須讓他們理解，透過開發遠東地區等合作加強日俄關係，對他們也有好處。我在索契首腦會談上提出包括能源、遠東地區開發和交通基礎建設在內共八項合作計畫，以及後來雙方決議在四島上啟動的共同經濟活動，目的都是為了加深島民和俄羅斯遠東地區民眾對日本的了解。

蘇聯解體後，日本的對俄外交經歷長時間的摸索，直到安倍政府改變了對俄戰略。當然，這也招來了傳統對俄羅斯外交專家們的批評。前駐俄大使丹波實元就曾對我說：「安倍先生，請務必守護歷史的正義。」

——鄂霍次克海是俄羅斯海軍的重要航線。中國的海權實力不斷增強，想必對俄羅斯也造成一定程度的威脅。您是否考慮過分化中俄關係，以利於進行領土談判？

在索契及之後的首腦會談上，我花了相當長的時間與普丁談論中國的問題。但我無法了解普丁真正的想法。他會批評美國，但在評論中國上卻十分謹慎。

俄羅斯外交當局和中國的關係基本上是很好的。即使我說「中國是流氓」，但因為俄羅斯本身也好不到哪裡去，所以給人一種好像是「流氓和流氓之間」惺惺相惜的感覺。

---

7 編注：二戰結束後遭蘇聯紅軍押送至西伯利亞的日本戰俘。

8 編注：七大工業國集團峰會的部分會議。

——美國是否不樂見日俄關係改善？

歐巴馬總統的確反對我去索契。二〇一六年三月，我為了核安全峰會（NSS）而訪問美國，在首腦會談上告訴歐巴馬，我將在索契與普丁會面。歐巴馬聽了之後表示：「如果我是你，我就不會去。」自從二〇一四年俄羅斯吞併克里米亞，日本就與歐美共同對俄羅斯實施制裁。我想他可能擔心會亂了大家的陣腳。

但我對他說：「日本與俄羅斯之間沒有締結和平條約，我們必須改變現況。所以我還是決定去。」現場氣氛變得有點尷尬。後來我聽說歐巴馬似乎生氣了，美國外交當局也反對我出訪。所以我這趟索契行，實際上違背了美國的意願。

不過，當時歐巴馬的任期已近尾聲，加上二〇一六年秋天美國就要舉行總統大選。我想趁著下一任總統還沒有選出來的空檔，推進日俄關係。

後來上任的美國總統川普並不反對日俄談判，還經常詢問我在對俄政策上的看法。每當我告訴他，我打算近期和普丁會晤時，他都會說：「你見了普丁之後，要告訴我，他都說了些什麼。」有時我也會幫川普傳話，但普丁的態度都很冷淡。有一次我說：「川普當上了總統，美國可能會改變對俄羅斯的敵視態度。」普丁卻說：「我想，川普應該是個可以對話的人。但是安倍先生，我對美國不會抱任何幻想。」即便川普展現出協調的姿態，美國國務院和國防部也不會輕易鬆手。我想這點普丁很清楚。事實上在二〇一八年，川普政府就以美國總統大選遭到網路駭客攻擊等理由，對俄羅斯實施經濟制裁。

七大工業國集團伊勢志摩峰會

——五月二十六、二十七日兩天，七大工業國集團在三重縣召開伊勢志摩峰會。為防止新興國家的經濟停滯釀成全球危機，成員國一致同意協商實施靈活的擴大財政支出措施。實際上，各國對自身經濟的危機感是否有所增加？

峰會前，我訪問了英、德、法等國，希望各國能在全球景氣的理解上達成共識。同年六月，英國正準備舉行脫歐公投。當時確實很多人支持脫歐。於是我到處宣講，指出我們應該為經濟動盪做好準備，並實施財政調節手段以刺激景氣。

儘管在峰會等場合上，各國領導人都沒有正面反對擴大財政支出，但英國首相卡麥隆和德國總理梅克爾的反應都較為消極。他們也一度質疑「會那麼嚴重嗎？」但我看重的是，日本作為主席國所提出的方針，不會遭到反對。並且希望各國能在「不反對擴大財政支出」這點上達成共識。另方面，美國、加拿大和義大利都認為有必要實施擴大財政支出措施。

——在那之後，出現了質疑安倍經濟學的聲音。批評您試圖以強調世界經濟陷入危機，來掩蓋經濟政策上的失敗。

有人想批評安倍經濟學失敗了，但問題是，如果沒有靈活的擴大財政支出措施、不同層面的貨幣寬鬆政策，如何重建因日圓堅挺、股價下跌而陷入低迷的經濟呢？經濟狀況可能達不到滿分一百分，但六十或七十分就算失敗嗎？

伊勢志摩峰會上，各國雖聚焦在經濟議題，但我也提出不少中國的問題。包括中國在沒有任何法律依據下，逕自在南中國海劃定邊界、主張國家權利，還在南中國海擅自填海造地。在會上，我也讓各國比對填海造島前與軍事據點化後的島礁衛星照片。當然，我當場就收回了那些資料。中國片面改變現狀的行為已經違反了國際法，日本無法接受。我希望這一點能得到國際社會的理解。

此外，在經濟方面，我也強調要防止智慧財產權的偽造、竊取及版權侵犯。我對他們說：「我知道和中國之間的貿易很重要，但是各位睜一隻眼閉一隻眼沒關係，總不能兩隻眼都閉上吧？」我認為我們需要團結起來，導正中國的發展方向。只不過，那時歐美各國尚未敏銳地警覺到中國擴張的態勢。坦白說，當時各國的步調並不一致。

——峰會第一天，您在伊勢神宮內宮入口的宇治橋迎接各國領導人時，歐巴馬總統遲到了。有消息指出他那天心情不好。

我不清楚他為什麼遲到，但他那天確實不太開心。應該是受到峰會前一天日美首腦會談的影響吧。那一年四月，沖繩縣宇流麻市發生一起美軍後勤人員殺害婦女事件。我在日美首腦會談上提及此事，並表達抗議。隨後歐巴馬要求召開聯合記者會。我說：「要是召開記者會，記者肯定會問到這起事件。到時我必須做出嚴厲的聲明。」但由於他想向美國方面的媒體發布一些消息，我們最後還是開了記者會。當被問到美軍後勤人員殺人事件時，我說：「我已經向歐巴馬總統表達嚴正抗議，並要求嚴懲。」歐巴馬也說深感遺憾。不過，他的心情已經大受影響了。

第二天，我們走過宇治橋時，歐巴馬不斷抱怨我對那起事件的表達方式。他說：「我要是安倍先生，就不會那麼說。（你那樣說）我們美國人很受傷。」由於被逮捕的後勤人員是黑人，歐巴馬還問我：「是不是因為他是黑人，才受到特別嚴厲的對待？」當時我們身邊沒有翻譯，是以英語直接交談。我說：「如果我的說法讓你們覺得受傷，我很抱歉。但是，這對日本來說是一起重大事件，我們不能妥協。而這跟犯人是不是黑人一點關係也沒有。你完全誤解了。」但歐巴馬並不打算停止談論這件事。最後我只好說：「走過這座橋，種種汙穢都將散去。」歐巴馬才在媒體面前露出微笑，好像什麼事都沒發生過。

歐巴馬總統訪問廣島

——五月二十七日，歐巴馬成為第一位訪問廣島的現任美國總統。聽說這似乎是歐巴馬總統本人的意願，您和美方進行了什麼樣的協商？

二〇一五年，美國方面向日本政府和廣島縣政府，表達了歐巴馬總統希望訪問廣島的意願。另一方面，美國國務院則一直希望我訪問珍珠港，並且結合這兩件事共同推動。日本外務省是美國的應聲蟲，自然也強烈建議我去珍珠港，然後日美聯合宣布這件大事。但我極力反對。我不能接受將這兩件事綁在一起。

珍珠港和廣島在定位上可說截然不同。襲擊珍珠港，無論是否宣戰，都是明確的戰略軍事目標，是軍隊和軍隊之間的戰鬥。日本襲擊的是軍艦和機場。有傳言說醫院遭到零式戰鬥機攻擊，那是一派胡言。當時的確造成了美國平民死亡，但那是高射砲的碎片所致。

然而，廣島原爆不是針對軍事人員，而是對一般老百姓的無差別攻擊。男人都上戰場了，受害者幾乎全是婦女、老人和兒童。軍隊和軍隊之間的戰鬥，與大量殺戮是完全不同的。因此我告訴美方，歐巴馬總統如打算訪問廣島，之後我會再找別的機會訪問珍珠港。美方對這一點也表示理解。

不過，歐巴馬似乎有點遲疑，不確定訪問廣島是否會受到當地歡迎，也擔心日本國內的輿論反應。多虧了駐日大使甘迺迪（Caroline Kennedy）幾乎每年都去廣島訪問，尤其是她公開表示「這讓我對實現核裁軍的想法更加堅定」，這番表態大受好評。而這也要歸功於外相岸田文雄。有了前期的醞釀，才促成時機成熟，讓歐巴馬放下心來，展開訪問。

——歐巴馬總統在廣島公開演說後，還發表了聲明，「我不由得回想起原子彈落下的瞬間」，「我們要直面歷史，共同承擔責任，確保歷史不會重演。」他並沒有道歉，輿論卻給予很高的評價。

他成功地向外界傳達了一個無核武世界的願景。包括前一年，我也發表了戰後七十週年談話。我認為那兩年，日美在二戰（遺留下來）的問題上達成了一定程度的和解；或許也可說是安倍政府七年九個月執政以來，外交攀上頂峰的時期。

延遲調漲消費稅

——六月一日，配合國會休會召開的記者會上，您表明方針，將原定於二〇一七年四月調高消費稅率至百分之十的計畫，推遲兩年半至二〇一九年十月實施。在峰會上定下了世界經濟

面臨危機的基調，為國內推遲上調消費稅鋪路。

總的來說，我們下了一番工夫。財務省強烈抵制推遲增稅的措施。但是，在通貨緊縮的狀態下，我認為短時間內兩度提高消費稅的想法是錯誤的。而且，增稅部分五分之四的稅金都用來償還債務，根本是無視於實體經濟的政策。倘若消費稅的確按計畫上調，經濟早就陷入困境了。所以，這就是為什麼二〇一九年增稅時，我們改變了增收部分的用途，採取「全世代（全年齡層）社會保障」的形式，推進幼兒教育及育幼無償化。

——為何延後兩年半增稅？

之所以推遲至二〇一九年十月實施，是基於我和今井尚哉祕書官在權衡經濟和政局下所制定的戰略。我們認為等二〇一九年夏天參議院選舉後再增稅比較好。

——二〇一六年時，自民黨總裁的任期為三年，只允許「連任兩屆」。二〇一七年的黨大會上則修改了黨章，改為可連任三屆，共九年任期。您決定延後兩年半調漲消費稅，是考量到第三次總裁選舉嗎？

當時雖有想到，說不定會有第三次總裁選舉。但就只是稍微意識到而已。

——二〇一六年參議院選舉後，幹事長二階俊博談到要延長總裁任期，為修改黨章為可連任

三屆，創造了實現的條件。

自民黨總裁任期的規定本來就不合理。總裁任期兩屆六年實在太短了。如果在自民黨在野時期擔任總裁四年，之後重新執政、當上首相，就只剩下兩年總裁任期。假設不是我，而是谷垣禎一總裁成為首相，他已經當了三年在野黨總裁，重新執政後，也只剩下三年任期。在那種情況下，可沒辦法寄望能穩住政局。所以這不僅限於我個人，對今後的總裁來說也一樣，修改為連任三屆九年會比較好吧。

——您在六月一日的記者會上宣布，參議院選舉將於「六月二十二日公告、七月十日投開票」，並設下了「執政黨在改選議席中獲得過半數席位」[9]的勝負線。也就是說，改選的一百二十一席，自民黨須拿下過半數，即六十一席。要超過執政黨選前的五十九席，那是相當艱難的挑戰。

我在元月的記者會上，設定了參議院選舉中，包括不改選的七十六席，自民黨加公明黨要過半數贏得四十六席的目標。但很多人說，這個目標太低了。於是我決定挑戰一下。但坦白說，我對於設下這個目標，是有點提心吊膽的。因為在野黨已經整合好候選人，開始共同作戰。

9 譯注：參議院每三年只改選一半席位。

根據黨內做的選情調查，不少候選人的民調都比在野黨提名的候選人高出五個百分點左右。但這點差距還是很可能被逆轉。之所以設下執政黨改選過半的目標，是我們利用國會會期最後階段、在野黨議員沒完沒了質詢的那段時間，計算分析各選區數據後得出的。同時進行國會質詢和計算參議院選舉目標，那可是一門絕活。

——您是否曾擔心沒達到目標會被追究責任？

一開始想過。但轉念一想，明確提出具挑戰性的數字，反而可以提升黨內的緊張氣氛，凝聚士氣。畢竟比起眾議院選舉，要鼓舞參議院選舉的士氣往往比較困難。

——您是否打算刻意維持自民黨和公明黨[10]，以及對修憲持正面態度的政黨加總起來，符合修憲提案所需的三分之二議席（一百六十二席）？

沒有。很大一部分原因來自公明黨。除非我們能說服公明黨，否則修憲就沒辦法推進。太田昭宏前黨首就能理解。比如關於自衛隊的記述，他認為只要保留第九條第二項的「不保持戰力」就沒有問題。但換成現在的公明黨領導班子就難了。每次與山口那津男黨首見面，他往往不表示意見，總是聽我說完後，才說「但我的團隊很難妥協」之類的話。在他面前，我展現出堅定的決心，所以他們後來總算也認可了允許有限行使集體自衛權。只是說到修憲，他們還是顯得很為難。

一些保守派人士經常問我，眾參兩院的修憲勢力加起來已經達到三分之二議席修憲門檻了，為什麼還不著手進行修憲呢？事情沒有他們想的那麼容易。

——您不認為修憲需要在野黨一定程度的配合嗎？您是否曾尋求在野黨的合作？

修憲這個議題，很難得到太多在野黨議員的支持。我們曾經試圖各個擊破可能願意配合修憲的在野黨議員，但始終難以讓他們轉為支持我們。他們還是會考慮到自己的選舉，還有後援會的意向。

我認為關鍵是要先發起一場草根運動。所以我請青年會議所[11]籌劃一場推動修憲的運動，只是到現在還沒有真正形成勢頭。

——儘管包括共產黨在內所有政黨都承認自衛隊的存在，但還是沒辦法讓一些人接受將自衛隊寫入憲法，以消除自衛隊違憲的論點。您認為這是為什麼？

共產黨人對憲法的態度，應該是連碰都不能碰的。有一次在討論會上，我問共產黨的志位和夫委員長：「倘若在野黨上臺，你入閣了，你會改變自衛隊違憲的主張嗎？如果不會，

10　譯注：即聯合政府。
11　譯注：類似青商會的組織。

那麼《自衛隊法》不就是一部違憲的立法嗎？」志位回答我：「我們並不是一上臺就要立即解散自衛隊。我們還是希望災害發生時，自衛隊能夠出動，並對緊急的不法侵害行為做出反應。」這番話不是自打嘴巴嗎？但他們卻主張，製造矛盾的是承認自衛隊的自民黨。我只能說，共產黨的主張就是詭辯。

小池百合子成為第一位女性東京都知事

——前東京都知事舛添要一因涉嫌公私混用政治資金而辭職後，在七月三十一日舉行的都知事選舉中，小池百合子擊敗自民黨推薦的增田寬也等人當選都知事，成為第一位女性東京都知事。您當時如何面對這場都知事選舉？

在這場東京都知事選舉，小池觀察了風向後，決定在不接受任何政黨的支持下出馬參選。此舉形同拋棄自民黨自行參選，自然引起黨內包括都連（自民黨東京都支部聯合會）[12]的強烈不滿，紛紛抱怨「小池怎麼能這樣？」。於是，黨內出現了應該擁立一個和小池正面對決的候選人的聲音。後來，我們邀請學養豐富的增田參選，但很遺憾沒有得到選民的支持。另一方面，獲得民進黨和共產黨支持的鳥越俊太郎，竟打出了「終結安倍政治」的競選口號。我覺得很滑稽。要那麼說的話，他不該選都知事，而是要投入國政（國會議員）選舉才對吧。

我個人最不希望鳥越選上。小池在參選知事前，就是自民黨的國會議員，也在第一次安倍內閣中擔任過首相輔佐官和防衛大臣。當然，增田要是能贏更好。不過，從結果來看，只要不是站在自民黨敵對方的人當上知事，也就可以了。

——帶頭支持增田的是內閣官房長官菅義偉。他顯然對於小池在二〇一二年總裁選舉中原先承諾支持安倍先生，最後卻倒戈向石破茂的做法，仍無法諒解。

二〇一二年總裁選舉前，小池來找我，提出了「請來我的募款餐會演講」的邀約，於是我去了。那時我們是在野黨，要賣募款餐會的餐券很困難。而作為交換，小池承諾總裁選舉會支持我。但後來她還是支持了石破茂。當時菅義偉到處奔走為我爭取支持，所以很清楚整個過程。以他來說，絕對不能認同小池這種行為。但我倒是沒那麼在意。菅義偉曾對我說：「遭到那麼過分的對待，你竟然還能原諒她。」

12編注：相當於自民黨東京都黨部。

任命二階俊博為自民黨幹事長

——八月三日，您改組內閣。唯獨內閣官房長官菅義偉和副首相兼財務大臣麻生太郎，無論改組之前還是之後，您從未換掉他們。

他們是安倍政府最重要的骨幹支柱。這一點我是參考中曾根（康弘）內閣的做法。中曾根首相曾經將近四年沒撤換過外相安倍晉太郎和財相竹下登。若要長期穩定執政，最好不要更換骨幹支柱。尤其是麻生。讓經驗豐富的老一輩政治家待在內閣裡，對執政有一定的幫助。由他統管財務省這一點，就收到很大的功效。

——您為何提拔僅當選過四次的稻田朋美出任防衛大臣？

我將稻田看作是未來可能成為保守派女性總裁的人選，之前也曾請她出任黨的政調會長。她在政調會長任內做得很好。我認為安保政策，是日後繼任的總裁候選人絕對避不開的課題，所以任命她為防衛大臣。不料發生了自衛隊派駐伊拉克期間的部隊活動日誌等爭議（防衛省宣稱「不存在」的自衛隊「伊拉克日誌」，實際上早就被找到了，卻超過一年沒上報大臣）。防衛省內，既有包括次官在內、由負責事務方面的防衛官員組成的「西裝組」，也有自衛官組成的「制服組」，雙方素有嫌隙。況且制服組中，陸海空還各執己見。要從中取得平衡並不簡單。防衛省是個比我想像中還要棘手的政府部門。

——伴隨內閣改組，自民黨的高層人事方面，您任命總務會長二階俊博，接替因自行車事故受傷的谷垣禎一擔任幹事長。這項人事任命的目的是什麼？

二階原先是黨的總務會長。但是第二次內閣剛成立時，他還是代理總務會長，從旁協助當時的總務會長野田聖子。那時我雖邀請野田出任總務會長，卻隱隱擔心她能否讓黨內團結起來，這才請二階「進行實質性的工作」，他也確實稱職。二階上任幹事長後，很快就做大了自己的派系。雖說幹事長這個位子掌握著黨的人事和用錢權限，但必須說，他的確很有政治手腕。

——在這次改組中，地方再生大臣石破茂離開了內閣。

在審議《安全保障關聯法案》之前，我曾經詢問石破是否有意願接任防衛大臣。但他拒絕了。後來按照他的意願，任命他為地方再生大臣。最終，在第二次內閣成立後的七年九個月中，他擔任了兩年的黨幹事長，接著當了兩年內閣閣員。我猜想，他可能還是屬意當幹事長。

天皇陛下透露退位之意

——八月八日，天皇陛下透過影片，向國人表達了退位的意願。NHK則於七月中旬就率先報導此事。您如何看待天皇陛下的想法？

我很吃驚啊！當然，早在消息傳出來之前，我就知道了陛下的想法，並和首相官邸內幾位成員共同商討如何應對。卻沒想到媒體突然揭露了此事。

首先，退位在今後也可能發生，所以我們對此非常慎重。現在回想起來，天皇陛下表明了自己的意願，我認為是英明的決斷。只不過當時，我們遲遲難以決定是否應該打開退位這扇門。

明治政府於明治二十二年（一八八九年）制定《大日本帝國憲法》的同時，也制定了舊《皇室典範》。在舊法中，皇位繼承的條件僅限於天皇駕崩。換句話說，天皇陛下必須終身擔任天皇，以杜絕政治上利用天皇的可能性。歷史上有很多讓位的例子，其中也有強制讓位卻造成政治混亂的情況。因此，伊藤博文和井上毅[13]經過一番深思熟慮，制定了舊典範。現在的典範，其實基本上也沿用了舊典範。

要是開啟了退位這扇門，將來社會上就可能出現一派認為這個天皇不適任應該換掉，另一派則說不應該換，招致國家輿論一分為二的不安狀態。

——那麼您打算如何應對？

我的看法是，若天皇陛下在執行公務上出現困難，可以考慮任命攝政。現行的《皇室典範》裡也規定，天皇因精神或身體上重大疾病或重大變故，不能親自履行公務時，經皇室會議決議，設置攝政。

然而，陛下有他自己的想法。

當年，大正天皇對自己的健康狀況感到不安，便於大正十年（一九二一年）讓皇太子裕仁親王（後來的昭和天皇）擔任攝政，好專心養病。但據說當時就分成了贊成任命攝政派和反對派，兩方還吵了起來。

陛下心目中理想的退位形式，是遵循江戶時代後期光格天皇的做法。光格天皇在位三十八年後讓位給仁孝天皇，之後基本上不再執行任何政務，致力於傳承皇室傳統文化、獎勵學術。聽說陛下使用的公文格式，就是模仿光格天皇的格式。而我也不斷接收到陛下傳達給官邸的強烈意願。

13 編注：伊藤博文時任總理大臣，擔心擁有大元帥頭銜的天皇遭到政治利用，堅決反對將讓位列入條款。井上毅是當時負責立法相關作業的法制官員。

——您在內奏時，天皇陛下也表達了退位的意願嗎？

我不能公開內奏的內容。基本上是匯報國政上大體情況。內奏要按規矩來的。我向陛下匯報時，當宮內廳的職員來到房外敲門，我就必須說「內奏到此為止」，然後起身離席。但是後來這段時間，陛下的談話都拖得比較長，有時還讓宮內廳的職員敲了好幾次門。我猜宮內廳職員肯定覺得很不耐煩，心想，「安倍到底要跟陛下講到什麼時候啊？」可是，我總不能打斷陛下的談話吧。

我很清楚陛下退意已決，也已經著手研究要怎麼推動這件事。但是，一直難有進展，最後陛下才會決定在電視上直接向國民表達他的意願。

天皇陛下的想法得到了國民壓倒性支持。接下來就出現了一個新的任務：為退位立法。

當時，首相官邸負責皇室事務的總務官山崎重孝問我：「由長州人伊藤博文制定的皇位繼承方式，在同為長州人的安倍首相執政時期做出修改，這樣合適嗎？」但這已經不是那個層次的問題了。

——專家學者的意見出現分歧。

學者當中，也有人反對為退位立法。他們認為，即使這只是僅限一次性施行的特別法，卻也為退位開啟了一扇門，替天皇的政治利用創造了空間，甚至可能出現天皇身邊的人催促其盡快辭退、逼迫退位的事態。只不過當時天皇陛下的感受，得到了民意壓倒性支持，不容忽視。

然而，天皇只有執行公務，沒有參與國政的權利，所以無法以陛下的意願作為立法基礎。但我們又不得不立法，這一點實在非常為難。這一年十月，我們就減輕天皇公務負擔等問題成立了專家小組，因為我們要尋求國民更深入的理解，同時也需要公開進行相關程序。

川普當選美國總統

——十一月的美國總統大選，事前預測完全失準，共和黨候選人唐納．川普擊敗了民主黨的希拉蕊．柯林頓。媒體和外務省原先都以為希拉蕊占上風。首相官邸是否考量過川普勝選的可能性？

我在九月飛往美國參加聯合國大會。在那之前，希拉蕊陣營就要求與我見面。由於包括杉山晉輔事務次官在內的外務省官員，都斷言希拉蕊會贏。所以我接受了她的邀約。我們在紐約的一家飯店會面。在那次大選中，希拉蕊和川普都對美國加入ＴＰＰ持反對意見，我和她見面的目的，也是想提醒她自由貿易的重要性。

川普的競選團隊並沒有要求與我會面。但隨著九月訪美行程臨近，我頭一次有了「說不定會出現意想不到的結果，是否也和川普見上一面比較好？」的想法。雖然官邸內有些人認為沒必要見川普，但我仍堅持做足準備，以防萬一。

於是，我們詢問了川普競選團隊：「哪怕只是很短的時間，是否可以見個面？」但他們回覆：「實在太忙，抽不出時間。請羅斯（Wilbur L. Ross Jr.）律師代表和你見面。」羅斯是一位知日派實業家。我們見面時，他告訴我：「真正的川普和媒體報導的不一樣。川普是個很好的聽眾。」羅斯後來擔任川普政府的商務部長。我很慶幸在總統大選期間曾和他見上一面。

——美國總統大選結束後，您是全世界第一位與川普總統舉行會談的國家領導人。日本首相和美國總統當選人在其上任前就會面，在外交實務上並不尋常。

川普在總統大選期間，宣稱反對ＴＰＰ，指控日本在外匯問題上做了手腳，批評豐田汽車，又發表了一些像是貶低日美同盟的言論。當時日本之所以沒有認真看待川普的主張，主要還是因為覺得他不會選上。

然而，他當選了。當時我覺得沒和他談過話，心裡很不踏實。也認為我們當務之急是和他建立起信任關係。而要做到這一點，最重要的就是盡快去見他一面。所以，雖然從未有人這樣做過，我還是決定在他上任前就去和他見面。首先，我打電話給川普，祝賀他當選，並問他：「我要去秘魯參加亞太經濟合作會議，途中會經過美國，希望能去拜訪你。無論你人在哪裡，我都可以過去。你會在哪裡呢？」他告訴我，他會在紐約，於是我們約好在我去秘魯前，先在紐約會面。

有一種觀點認為，日本首相在下一屆總統上臺前就前去會面，形同不尊重現任總統。但我仍果斷做了這個決定，不拖泥帶水。要知道，歐巴馬也是個公事公辦的人。當我們知會歐巴馬政府，說我準備和川普會面時，他們提出了一大堆要求，像是不能和川普一起用餐、不能讓媒體進去會談現場拍照等等。這些要求我都接受了。不過，這麼做反而給了我和川普從容談話的時間，成為我和他之間建立起信賴關係的契機。我覺得這趟前往紐約川普大廈的意義非比尋常，並且得到了國際社會的關注。

——您對川普總統的第一印象如何？您在和他會面前有什麼期待？

川普比我想像的要謙虛得多。會談中，他始終保持嚴肅的神情，認真地聽我說話。儘管他即將成為全球最大經濟體和軍事大國的領導人，但作為一位國家領導人，我還算是他的前輩。所以他也從態度中，透露出一種敬意。我感覺我們很合得來。

這次會談有三個目的。第一個目的是日美安保。

我列出數據，解釋中國如何在二十六年內將國防預算增加約四十倍。中國軍用潛艦的數量將足以與美國匹敵。為什麼會增加這麼多？我告訴他，這不是為了和存在歷史矛盾的日本對抗，目標也不是日本海上自衛隊的潛艦。而是試圖挑戰美國。他們的目標，是駐太平洋的美國海軍第七艦隊。

我進一步指出，這就是日美同盟如此重要的原因。駐日美軍不僅為日本的防衛做出了貢獻，也為亞太到印度洋這片廣大海域的穩定做出了貢獻。美國在維持其主導地位上發揮了作用。我強調，這和美國的經濟利益息息相關。我也向他說明，橫須賀海軍基地是美國在國土外唯一一個能夠維修美國海軍航空母艦的地點。

第二個目的是經濟關係。我解釋，不應該只關注平衡貿易逆差，而更應該關注，日本比起其他國家，是如何在美國國內投資和創造就業機會。川普沒有反駁，只是靜靜地聽著。

最後一個目的是相約打高爾夫球。以上三點是我為這次會談設定的目標。

毫無疑問，我們的第一次會談奠定了信賴關係的基礎，成功建立起川普會在國際事務上聽取我的建議的關係。川普就任總統後，還曾在電話會談中問我：「你覺得我們這位國務卿怎麼樣？」我當然不可能說他的壞話……

——川普的大女兒伊凡卡（Ivanka Trump）和她的丈夫庫許納（Jared Kushner）也一起參加了會談。

他們兩人到川普大廈的門口迎接我，和我一起坐電梯。期間，我聊起了一段伊凡卡的女兒阿拉貝拉模仿歌手Piko太郎的影片。我說：「我看到那個影片了，她真是最可愛的小鳳梨。」他們聽了以後非常高興。多虧外務省提醒我這個話題很重要。川普後來告訴我：「伊凡卡一般對人的評價都比較苛刻，但她對安倍先生的評價是最高的。」

——您後來和川普總統多次進行首腦會談，會談的氣氛如何？

不限於日美之間，一般在首腦會談舉行前，雙方會先在事務層面詳細擬定好要討論的議題和內容。但和川普的會談，無論是當面或透過電話，都不會按照預定流程進行。他不會看工作人員準備的提綱，所以我們這邊事先準備的資料完全派不上用場。

有一次川普問我：「沖繩縣普天間空軍基地周圍的地價是不是在上漲？」突然被這麼一問，一時間我完全答不上話來。我望著外務省官員，他們都低下了頭。我暗忖著川普到底想說什麼。原來，他以為普天間空軍基地是美國的土地，要是地價上漲，他就不想還了，因為覺得將基地轉移到北部名護市邊野古划不來。於是我說：「普天間本來就是日本的土地，地價與美國沒有關係。」就這樣說服了川普。總之，會談間總會突然冒出一些意想不到的話題。

儘管他經常受到媒體批評，但是他履行了他在總統競選期間所做的大部分承諾。包括退出應對全球暖化的國際框架「巴黎氣候協定」、退出ＴＰＰ、退出「伊朗核協議」、在美墨邊界修建邊境牆、將美國駐以色列大使館遷至與巴勒斯坦有爭議的耶路撒冷。這些決定到底是對是錯，也許其中被認為是錯誤的政策也不少。但是，他的確實現了那些外界都認為不可能實現的承諾。也有很多人因此支持他。他根據自己的信念，勇往直前。

國際媒體分析指出，美國日益擴大的貧富差距，促使密西根州和俄亥俄州等中西部「鐵鏽帶」[14]工業區的藍領白人支持川普。但是，我認為肯定也有一定比例的菁英階層支持川普。倘若沒有他們的支持，那些選舉承諾不可能獲得如此強有力的推進。

在安倍的家鄉山口縣長門市舉行日俄首腦會談

——十二月十五日、十六日這兩天，您在您的家鄉山口縣長門市，接待了俄羅斯總統普丁。並於十六日在東京舉行會談。民眾看到您特地邀請普丁總統訪問您的家鄉，都很期待北方領土問題能取得進展。

我邀請普丁來長門，是為了更好地招待他。比如說，我邀請對方來我家，而不是到餐廳吃飯，對方可能會覺得更受到重視。我邀請普丁來到我的家鄉，也就是我父親墓園所在的長門市，就像是邀請他來家裡一樣。我也曾經邀請印度總理莫迪（Narendra Modi）到我位於山梨縣鳴澤村的別墅做客。

——當雙方確定會談地點設在長門時，是否認為領土問題可以在會談中得到解決？或者視為邁向解決問題的一步？

任何國家的領導人或外長，一般都不願意訪問沒有和平條約，或有著未解決領土問題的國家。從這一點來看，普丁這趟日本行可說是為數不多的機會。若想藉此機會推展進程，我覺得營造出輕鬆的氛圍很重要。於是我決定在家鄉的溫泉旅館舉辦峰會，並且盡可能安排一對一的談話。當我們告知普丁這個計畫時，他非常高興。我認為我們的努力是有效果的。

——您當時的目標是達成什麼樣的協議？

我們已經在二〇一六年五月的會談上，就「新的方法」達成共識，接下來希望能開展具體的工作。

我們不能對目前在北方四島上居住的俄羅斯人說：「這裡是日本的領土，你們要立即離開。」我們首先要讓四個島上的民眾理解，與日本交流很重要，也就是預計在四島上共同進行的經濟活動。這個構想可以讓日本人和俄羅斯人在四島上共同進行經濟活動。過去，日本有過類似的嘗試，但後來因俄羅斯主張其主權而未能實現。因此，我們決定在尊重兩國法律的前提下定出一個「特別制度」，共同發展經濟。這才是重點。

——那是因為您發現，未來很難在領土返還問題上達成協議嗎？

我們在長門，以及隔天在東京會談的時間，足足長達六個小時，其中超過九十分鐘還是

14 編注：指一度因重工業與製造業崛起，一九八〇年代後走向衰退、工廠大量關閉的美國東北部和中西部各州。

一對一的談話。儘管如此，仍難以達成協議。所以我們提議發表聯合聲明，表示雙方有決心解決領土問題，締結和平條約。此外我們也要再觀察，普丁對四島進行共同經濟活動的意願到底有多高。

我將一封曾住在島上的日本女性居民寫的信，拿給普丁看，也讓他看了那個時代日本人和蘇聯人民在島上一起生活的照片。我希望他能意識到，這就是四島的未來寫照。我想這封信和照片打動了普丁。他同意讓曾住在島上的日本島民搭機前往掃墓，以減輕他們的負擔。普丁的態度十分配合。

——多年來，日本在北方領土談判中，總是試圖讓俄羅斯先享受到實際利益，以期未來領土返還。然而至今仍未能實現。您認為怎麼做才能讓俄羅斯信守承諾？

提出一次性歸還北方四島的主張，說起來很簡單，但只要一提出，俄羅斯就會立刻反彈，談判就再也沒有下文。即便日本試圖展現強硬的態度，要是對方不買帳，還是取不回領土。真心想要實現北方四島領土返還，首先要提出一個對方感興趣的方案。

——包括日本在內的七大工業國集團，因俄羅斯併吞克里米亞，而對俄羅斯實施了經濟制裁。美國沒有反對普丁訪問日本嗎？

我們費了很大的力氣說服歐巴馬政府。但要知道，美國不會幫我們收回北方領土，這是日本自己的問題。所以在這點上我並沒有退讓。況且，等普丁結束訪日行程，我就預定要前往夏威夷珍珠港訪問，美方也很希望我去。可能基於這個原因，就沒有反對普丁訪問日本。

訪問珍珠港

——十二月五日，政府發布了您即將在十二月二十六日至二十七日訪問珍珠港的消息。

歐巴馬總統訪問廣島時，並沒有為當年美軍投下原子彈而道歉，所以我也沒有必要在珍珠港的演講中表示道歉或反省。我不會說「我們犯了錯，對不起」。但是，我認為必須在演講中，表達我對陣亡將士的緬懷。

這篇演講稿是我和谷口智彥一邊商量一邊完稿的。我傾盡全副心力和情感，構思出這份講稿的意念，「只要仔細聆聽，就能聽到將士們的聲音。每一位士兵都擁有牽掛著他的父母，或是他曾盼望看著長大的孩子。而一切念想都被斬斷了。」我想這樣一來，應該就能充分貼近陣亡將士的情感。谷口幫文章潤色，放進了演講稿。

在超越敵我意識的意義上，我介紹了一位日本戰鬥機飛行員，美軍曾在他犧牲的地點為他立起一座紀念碑。我還引用美國作家畢爾斯（Ambrose Bierce）詩作中的一句「The brave respect the brave」（勇者，向勇者致敬），將在珍珠港沉沒的「亞利桑那號」戰艦上的死難者，以及施以襲擊的日本人雙方，都視為勇者。我最後做出總結，說曾經激烈對戰的日美兩國之所以能結為同盟國，正是因為「寬容的心，帶來了和解的力量」。我認為那一場演講觸動了在場聽眾的心。

第八章

「安倍一強」動搖

——川普當選總統、森友加計風波、小池新黨的威脅

2017

出乎全世界意料之外，最終由川普贏得美國總統大選。安倍在川普就任美國總統之初，即舉行日美首腦會談，為深化作為日本外交基石的日美同盟而奔走。

另一方面，原本一帆風順的執政出現了破口。眼看森友學園和加計學園爭議發酵，「官邸一強」體制岌岌可危，安倍決定解散眾議院，進行改選。選戰之初，自民黨雖在與成立「希望之黨」的東京都知事小池百合子的政爭中處於劣勢，後因小池失言等問題，仍以微幅優勢贏得了眾議院選舉。

高爾夫球外交與北韓發射飛彈

——二〇一七年二月，您在華盛頓與美國總統川普舉行首次首腦會談。與此同時，副首相麻生太郎也與美國副總統彭斯（Mike Pence）展開新一輪雙邊經濟對話。過去，川普總統曾指日美汽車貿易存在不公等問題、在匯率方面也一度批評日本操作貨幣貶值。您在會談前做了哪些準備？

川普經常抱怨日美貿易不平衡，還點名豐田汽車，批評日圓疲軟。美國也決定退出TPP。前一年，我們在川普大廈會面時，我曾試圖說服他不要退出TPP，但沒有成功。

至於白宮的首腦會談，我的策略是，如果要進行與美國之間的貿易談判，最好是在一定程度上成熟的關係中推進比較好。彭斯在政治上閱歷豐富，所以我想交給彭斯和麻生去處理。我告訴川普，我想在麻生─彭斯的框架下展開談判，川普同意了。川普與麻生見面時，稱讚他看起來「是個強悍的男人」。但最終彭斯拒絕擔任談判代表，因為他不知道如何總結貿易談判的結果，也無法確知總結出來的談判結果會受到什麼樣的評價，便對此有所警戒。

我關心的是首腦會談後的聯合記者會。要是川普在記者會上提到日本操作貨幣貶值，或是抱怨貿易逆差的現況，日美關係就會受到很大的打擊。因此，我要求在召開記者會前，讓我和川普在橢圓形辦公室[1]裡單獨談話。

首先，我劈頭就說：「請不要點名批評特定企業，這麼做會對企業造成巨大的傷害。要是能不做那樣的批評，日本企業會考慮來美國投資。」然後我也說服他不要談起匯率，匯率一旦出現巨幅波動，也不利於美國經濟。

此後的四年間，他再也沒有點名批評任何一家公司，也不再提起匯率。他守住了我們之間的信任關係。

——**這次會後發表的聯合聲明，明確提出了美國「將透過核武和常規戰力」擴大威懾力。可以說，考量到中國不斷壯大的軍事力量而達成的日美協議，強烈地反映了日本方面的意向。**

這項聯合聲明是具開創性的。一九六八年，日本首相佐藤榮作和美國總統詹森（Lyndon Johnson）曾在聲明中婉轉提到擴大威懾力，但如此明確表述還是頭一遭。此外，還包括一項規定美國對日本防衛義務的《日美安保條約》第五條，適用於尖閣諸島的方針。儘管歐巴馬總統做過口頭承諾，但日美首腦之間，是第一次以協議文件定義此事。聯合聲明具有與條約同等的政治重要性。反覆釋出這樣的訊息很重要。

1 譯注：橢圓形辦公室（Oval Office），美國總統位於白宮西翼的正式辦公室。

——當時川普總統似乎只關心經濟，對安保完全不感興趣？

川普在會談前，多次表達對貿易逆差的強烈不滿，因此焦點集中在貿易上。至於擴大威懾力，川普在會談中並沒有提及，確實可能不太關心。美方在事務層級的協商階段，基本上接受了日方的主張。但我一直擔心到了實際會談，川普會表達不同的意見，還好他沒說什麼。

——主張「美國優先」的川普總統經常受到國際社會的嚴厲批評。在您眼中，川普真實的形象是如何？

我們要面對的現實是，一旦日本成為川普的標的，整個國家都會陷入嚴峻的困境。我們不能用常識來理解川普。當務之急，是創造一個可以對話的環境。《紐約時報》經常批評「安倍老是拍川普的馬屁，太沒出息了」。但是，有什麼比嘴上說說「你好棒」，就能讓談判順利發展更好的事嗎？擺出一副強硬的姿態抱怨「美國的政策是錯誤的」，結果傷害了日美關係，對日本來說沒有半點好處。

——華盛頓的會談結束後，您一同乘坐總統專機空軍一號前往佛羅里達，在川普總統的別墅「海湖莊園」附近打了第一場高爾夫球。您當時是否想過，和川普走得太近的話會有危險？

同盟國的總統邀請我打高爾夫球，我無法拒絕。在我訪美前的電話會談中，川普告訴我：「之前約好要打高爾夫球，但華盛頓氣溫降到零下了打不成。我們飛一個小時就到佛羅里達，在我的別墅附近打球吧！」坐上總統專機後，我還被安排坐進駕駛艙，引發了一點狀況。但我萬萬沒想到，居然被邀請到別墅住了兩晚。川普對我盛情款待。

美國的投資家索羅斯（George Soros）在這年的一月來日本時，曾經告誡我：「和川普走得太近，會受到各種批評喔！」我反駁他：「是你們選出了川普，又不是我們。美國對日本來說是最大的同盟國。同盟國的領導人和日本首相之間建立良好的關係，是理所應當的義務。」我認為，考量到國與國之間的關係，政治家必須不受情感衝動所左右，理性而明智地建立起良好的關係。這一點，和那些隨意發表不負責任言論的評論家不一樣。

——在別墅舉行晚宴時，北韓發射了彈道飛彈。在晚宴會場，您獲美方匯報機密情報，並隨後召開了記者會。

就在第二天晚宴上，我們收到了飛彈發射的消息。於是我們移動到會場一側的一座特殊帳篷內，聽取相關情資解說。在設有防竊聽保護的帳篷內聽取匯報的有川普、時任國家安全顧問佛林（Michael Flynn），以及美國高級情報官員；日本方面有我、國家安全保障局局長谷內正太郎、祕書官今井尚哉。那場匯報的訊息量相當大。

接下來我們著手準備召開緊急記者會。美方擬訂了一份草案，但是使用的字眼太過強烈，所以我做了些修改。這時，川普問我：「怎麼說比較好？」我說，希望您能說「我們百分之百支持我們的同盟國日本」。川普就照著這麼說了。

——北韓的舉動也被視為故意選在日美首腦會談的時間點。

飛彈發射事件反而加強了日美關係的紐帶。我和川普度過的那兩天，還有一起打高爾夫球，在這一點上都有其意義。

爆發森友學園問題

——二月十七日，國家向學校法人森友學園出售國有土地爭議，在眾議院預算委員會上被提出來討論。二〇一六年出售給森友學園的國有土地，經不動產估價師估價為九億五千六百萬日圓。但近畿財務局折算了約八億日圓的垃圾清運費，以一億三千四百萬日圓簽約售出。由於昭惠夫人曾前往學校預定地視察，也預定就任小學的名譽校長，首相因此被懷疑涉入這起事件。在國會答辯中，您甚至喊出了「要是我或我的妻子與此事（土地交易）有任何關係，我就辭去首相和國會議員」，賭上政治生命以自證清白。但在這次答辯後，又爆發公務員遭懷疑揣摩上意、竄改審批文件的案外案。質疑聲浪不斷。您怎麼看這整起事件？

我從來沒見過學園理事長籠池泰典，所以我才敢說自己是清白的，並在國會上做出那樣的答辯。昭惠贊同小學設立是事實，但那和我有什麼直接關係呢？我怎麼可能因此向財務省關說？財務省又怎麼可能只因為我的妻子贊同，而根據這個理由降低地價？所以我才說，這根本是無稽之談。

我和麻生太郎的家鄉，一直以來都想推動連接山口縣下關市和福岡縣北九州市的下關北九州道路（第二關門橋）的計畫，但這麼多年下來，還是只停留在計畫階段。我們不會去做受利益驅使的事。

國有土地出讓價格降低的原因很多，其中包括豐中市預定出讓地上發現垃圾等等。誠然，這其中有深層的原因。

二〇一八年，該國有土地出售的審批文件遭竄改一事曝光。然而，財務省理財局局長佐川宣壽卻於二〇一七年在國會答辯時聲稱「沒有任何政治人物介入此事」、「買方也不曾提出希望的購買價格」。顯然，財務省為了避免答辯內容自相矛盾，竄改了相關審批文件。財務省在接連幾天遭在野黨砲轟追問下來，幾乎沒辦法正常運作公務，為了平息在野黨的質疑聲浪而做出此事。

說真的，要是財務省能將審批文件原封不動公布出來，就可以很清楚地看到我妻子根本和降價沒有關係，我也能避免遭到誤會。有些人指責是公務員揣摩我的意思，但從後來公布的文件中也能一目瞭然，財務省的公務員根本不在乎我。他們的首要目的是保護自己的組織。

實際上這起土地談判，源於財務省近畿財務局和國土交通省大阪航空局的失誤。二〇一五年發現了受汙染的土壤和水泥，搬走後又在二〇一六年發現新的垃圾。近畿財務局和大阪航空局雖曾開會討論，卻未將此事告知森友學園。籠池會長得知後勃然大怒，揚言索賠，財務局這才慌慌張張地將價格降了下來。大阪航空局也認為這是一塊問題很多的土地，便催促財務局盡快出售。這其中存在很多失誤。但正是因為官僚（公務員）奉行他們永遠不會犯錯的原則，堅守自己絕對不會有錯的立場，才會因為擔心答辯前後矛盾，採取公眾難以理解的行動。

照說這應該是國土交通大臣和財務大臣要負責答辯的問題。但在野黨太想要強調此事和我有關，所以不斷質問我一些無關緊要的問題。

——三月二十三日，**眾參兩院的預算委員會傳喚籠池理事長作證。他在會上強調自己與昭惠夫人的密切關係，並表示曾收到您的一百萬日圓捐款。**

這位理事長的言行令人費解。我從來沒有給他錢，他卻堅持說他收到了。後來，他兒子否認了曾經從我或昭惠這裡收到一百萬日圓。如此看來，理事長顯然在說謊。理事長想必是受到反對黨唆使，隨口說出「收到了」這種話。理事長夫妻後來還被發現曾向中央和大阪府等單位騙取補助款，遭指控犯下詐欺等罪嫌。所以，我和這位理事長到底誰有問題，已經很清楚了。

——儘管如此，昭惠夫人還是免不了要擔起公眾對她身為首相夫人行事輕率的批評。

從某方面來說，也是沒辦法的事。昭惠朋友的女兒在森友學園上幼兒園，她是受那位朋友邀請去的。最初聽昭惠提起森友學園，說他們帶著幼兒園的孩子們朗誦《教育敕語》，目標是建立日本第一所基於神道理念開辦的小學。當時我還覺得是個不錯的構想。然而，後來他們居然說想將小學命名為安倍晉三小學，我覺得做過頭了，當下就拒絕。其實昭惠也已拒絕出任名譽校長，但籠池等人還是擅自使用安倍晉三小學的名字，並自作主張將昭惠列為名譽校長。應該是想利用我的名義來募款吧。

修改黨章，延長總裁任期

——三月五日的自民黨代表大會上，決定修改黨章，將總裁任期從「連任兩屆六年」延長為「連任三屆九年」。延長任期的契機來自二階俊博幹事長於前一年八月（二〇一六年）的提案。您和二階先生討論過這件事嗎？

我們從未討論過，完全是二階的決定。要是我主動拜託他這件事，不就形同欠下了一個人情？我是不會那麼做的。

不過，當我得知二階主動提案要延長總裁任期時，感到很振奮。雖然黨內有些人冷嘲熱諷，像是石破茂前幹事長和小泉進次郎就公開表示不理解「為什麼現在要做這件事情」，還是靠二階火速平息了反對的聲音。若不是二階的政治實力，我的第三個總裁任期恐怕無法實現。

——連那些不被允許加入自民黨的議員，二階先生都將他們納入二階派，以壯大自己的派系。您如何評價他的做法？

二階最初是一位和歌山縣議員的祕書，後來在該縣議員的選區當選縣議員。他先讓眾議院和歌山一區選出的前防衛廳長官中西啟介落選，隨後又讓小澤一郎不得不一直留在反對黨，還讓前官房長官野中廣務、前幹事長古賀誠兩人陷入困境。所以，當然可能出現一些對他的批評。

然而，不管在任何事上，二階總是「一馬當先」。包括提出要我競選連任第三屆總裁；我二〇二〇年宣布辭職後，他也是率先公開支持官房長官菅義偉出馬參選。第一個站出來，可不是件容易的事，勢必要背負一定的風險。因此論功行賞時，讓他多分到一點資源也是應該的。畢竟第二個以後才站出來的人，歷史上就不會留名了。

對二階派的批評很多。但派系一旦接受了某位議員，就意味著承諾要一直照顧該議員。這一點並不容易做到。二階派幫助了許多處境艱難的議員，這也是事實。

——您是從何時開始有了追求三屆九年長期執政的想法？

說起來有點自誇，那是在我重返執政的二〇一二年秋天。我記得當時，我和負責選舉事務的菅義偉談到要修改黨章，將總裁的最長任期延長為三屆九年。因為考慮到修改憲法和外交安保的穩定性，我認為兩屆六年的時間恐怕不夠。

但是要如何實現延長總裁任期，我當時還沒想到具體的方法。這個時候，二階提出了他的想法。

假使我們著眼於日俄談判的中長期計畫，我會先訪問俄羅斯，提出某項計畫。然後邀請普丁總統來訪日本，雙方達成一定的共識。而在普丁來訪前，我得先訪問美國，在日美首腦會談上取得美國的理解。類似這樣的戰略，倘若不是長期執政的話很難實現。貿易談判也一樣，必須堅韌地長時間交涉。

修改黨章的程序，由副總裁高村正彥和政調會長茂木敏充負責進行。起初我找來同樣由山口縣選出的前內閣官房長官河村建夫，表示二階如此建議，請他在黨內協調安排。但他那時有意當眾議院的委員會委員長，便未積極回應。正當我苦無合適人選之際，茂木對我說「我來辦吧」，一口攬下任務，替我們解了圍。我當下心想，茂木不愧出身於擅長協調政局的田中派系統。

展現出修改憲法第九條的意志

——五月三日，《讀賣新聞》刊出了您就修憲發表看法的專訪，引起各界關注。您在訪談中表示，目標是在二〇二〇年施行追加自衛隊根據相關條款的憲法第九條。第二次內閣成立之初，您主張修訂規定修憲程序的第九十六條。針對原條款的修憲提案條件，是眾參兩院皆須三分之二以上贊成，您的目標是修改為過半數贊成。您當時判斷要修訂第九十六條是否有困難？

修改第九十六條是日本維新會[2]提出的。早在二〇一二年自民黨重新奪回政權之前，我就判斷要加深與維新會的聯繫。我想以第九十六條的修訂為主軸，藉由率領維新會的橋下徹的影響力為突破口，著手修憲。可惜民意並未受到局勢牽引。在《讀賣新聞》的訪談中，我提出追加自衛隊根據的相關條款後引來批評，宣稱修憲目標朝令夕改。但是政局不斷變化，因應變化轉換方針也是有必要的。

打從一九九四年首次提出憲法修正草案後，《讀賣新聞》就多次提出修憲的建議。他們的報紙發行量很大，影響力也很大。所以我決定經由這場專訪，讓更多國人了解我的想法。

追加自衛隊根據的相關條款，是為了回歸原點。自民黨內部也有意見認為，倘若不提第九條，修正案會更容易通過。但那就違反了我的本意。如果放棄修改第九條，僅提出諸如設立環境權等項目，假設公投被否決，我就是死了也不甘心；要是能將修改第九條交付公投，即使最後沒通過，我也死而無憾。

二〇一六年，辻元清美[3]等人成立的民間團體「Peace Boat」（和平船）在進行學生交流乘船穿越中東時，曾請求日本海上自衛隊出動保護。她平常總是批評自衛隊，但當自己遇到危難時還是喊著快來救援，不會太自我中心了嗎？在救災方面，自衛隊也扮演著重要的角色，因此自衛隊違憲的論點當然應該被駁斥。

——五月訪談後《讀賣新聞》立即進行的一項民調顯示，百分之五十三的民眾贊成追加自衛隊根據的相關條款，超過反對的百分之三十五。內閣支持率在四月為百分之六十，五月達到百分之六十一，可說是非常高的數字。推動修憲討論的環境儼然成形。

支持率之所以這麼高，是因為安倍經濟學出現成效、就業環境有所改善，還有大家一度擔心的日美首腦會談也順利落幕。不過，那之後的森友學園風波導致內閣支持率下滑，連帶影響了修憲日程。那些討厭我的左派人士，為了阻止修憲而刻意炒作森友問題，可能也是原

2　譯注：日本一個偏保守派在野黨，成立於二〇一二年，中間曾改名。

3　譯注：反對修憲的在野黨國會議員。

因之一。

加計學園新設獸醫學部的問題也浮出水面

——五月，學校法人「加計學園」的問題在國會引起關注。二〇一七年一月，該學園被國家戰略特區[4]選為可新設獸醫學部的學校。由於理事長加計孝太郎是首相的朋友，在野黨便提出質疑，政府是否給了該法人走後門的機會。內閣府宣稱是「首相的意願」；此外有消息指出，文部科學省的一份內部文件上顯示，文科省被要求優先處理此事。

我完全沒有介入新設獸醫學部一事。這是顯而易見的。文科省的公文非常草率，後來發布的文件上還這麼寫：「如果是經由國家戰略特區會議決定的形式，首相就是會議主席，因此看來就像是首相的指示。」總而言之，那絕非出於我的指示。

這件風波，起因於前文部科學省事務次官前川喜平發言指出，「政府的行政被扭曲了」，強調受到了不當的壓力而決定新設獸醫學部，引發軒然大波。但真實的情況，在七月份前愛媛縣知事加戶守行作為參考人出席國會時，就已經說的很清楚了。

加戶向國會陳述，他在知事的任期中，即截至二〇一〇年為止的三屆十二年期間，為了應對禽流感和狂牛症（BSE）等流行性疾病，一度嘗試在愛媛縣今治市設立獸醫學部，但向文部科學省提出的申請從未通過。他諷刺前川，「正是國家戰略特區在原本『堅若磐石』的規定上鑽出一個洞，修正了被扭曲的行政。」關於今治市的議員和加計學園事務局長是朋友的爭議，他也說：「難道只要是朋友，就什麼都做不了嗎？」這起事件的本質，就在於獸醫師會反對，以及基於其反對而出現的農水省與文科省「堅若磐石」的規定。

我身為國家戰略特區諮詢會議主席，當然不可能在國會答辯時說「不知道這件申請案」。但試想，那麼多申請案，首相怎麼可能每一件都看過？也只能形式上表示知道這件事吧。這麼一來，在野黨就會說：「既然安倍知道，那就是受他指示才決定的吧？」

——柳瀨唯夫首相祕書官在隔年，即二〇一八年，以參考人的身分到國會作證，表示二〇一五年曾經和加計學園相關人士三度會面，但並未向您報告。一般而言，這類個別案件不會向首相報告嗎？

不可能什麼事都來報告。首相必須應對國會的質詢事務，還要做出政策判斷。若是連個別案件都不交給祕書官處理，是忙不過來的。更何況，有些案件涉及跨部會的業務，像是文科省、農水省、內閣府都牽涉其中。由首相祕書官出面協調，哪裡不合理了呢？

4 譯注：安倍內閣經濟成長戰略的支柱之一，以振興地方經濟和提升國際競爭力為目的而設立的經濟特區。

——您和加計先生會相約吃飯、打高爾夫，被外界質疑也是情有可原。若是交情深的朋友，任誰都可能會懷疑，他曾向您提過新設獸醫學部的事。

加計先生可能是不想給我添麻煩，所以從來沒提過這件事。實際上他什麼都沒說過。但我想要是他拜託我，說不定更早就能設立獸醫學部。

——在野黨對「森友・加計學園問題」窮追不捨。

我們在官邸內討論了很多，最後決定低調回應。但是，在野黨和部分媒體反覆搬出籠池理事長和前川前事務次官的說詞來扯後腿。我後來也覺得應該下更多工夫回應這件事才對。

通過天皇退位的特例法

——六月九日，通過了天皇退位的特例法。從陛下表示想要退位的「發言」算起，大約花了十個月，終於完成制定這部特例法。聽說其中最傷腦筋的，是要避免牴觸憲法第四條中天皇不能干涉國政的規定？

為了釐清與憲法第四條的關係，我們特地在特例法第一條，清清楚楚地寫明立法理由，並且強調國人皆能「理解天皇陛下的心情，有所共鳴」。

特例法中，我們字斟句酌，極力避免開創退位的先例。我和官房副長官杉田和博、負責皇室事務的總務官山崎重孝和祕書官大石吉彥，還有政務祕書官今井尚哉討論了很久。最初我考慮設立攝政，是因為擔心一旦承認了退位制度，日後恐怕會出現強迫天皇退位的事態。到時不論是宮中、政界或輿論，都可能出現「應該繼續做下去」、「不，應該要換掉」這類的議論。

但是，陛下極力避免設置攝政。

這是我從一位皇室研究者口中聽來的。當年昭和天皇成為攝政之後，朝廷內就出現了「大正天皇派」和「攝政派」兩股勢力。據說昭和天皇身處其中相當辛苦。天皇陛下可能也很清楚當時的事。

退位雖與我最初的想法不同，但考慮到天皇陛下的發言，以及國人壓倒性的支持，我想，若真是這樣，也是保守派政權的命運，我內心油然升起一股要完成這件事的使命感。該法案為了強調退位只是特例，寫入了時任天皇陛下的年齡，還加上「今上天皇」的字眼。但最後在民進黨[5]的要求下被刪除了。

我很高興天皇陛下能夠在健康無虞的情況下完成退位。我們也順利完成了包括今上天皇即位、舉國上下慶祝與各種輝煌莊嚴的儀式。

5 譯注：當時日本的在野黨，存續期間為二〇一六至一八年。

——制定特例法前，還成立了專家小組，並舉辦聽證會，聽取眾參兩院議長、副議長的意見，採取了許多措施。

因為這是關係到國家根基的重大議題，必須盡可能慎重處理。所以我仔細思量，不只是首相，三權之中的國會也該負起一定的責任。

——當時，特例法得到除了自由黨以外所有黨派的支持，順利通過。為了不造成朝野對立，決定將民進黨提出的關於創設女性宮家[6]的內容放入附帶決議。您對於創設女性宮家有何看法？

女性宮家，也就是內親王在婚後，仍以皇女的身分留在皇室，我認為那是可能發生的。憲法上對於和一般人結婚的公主能否保留特殊地位，至今仍有爭議。但隨著皇族成員減少，皇室的負擔增加也是事實。倘若公主婚後仍保留公主等稱號，即可出席各種儀式典禮。英國王室也是採取這種做法，在女性成員婚後保留其公主稱號。

江戶時代末期，為了「公武合體」[7]，孝明天皇的妹妹和宮公主嫁給了第十四代將軍德川家茂。但在那之前她被授予內親王的地位，婚後並沒有成為德川和宮，而是使用和宮親子內親王的稱號。

不過，若是女性宮家，可能會因為母親是天皇的直系子孫，而出現「女系天皇」的危險性。我認為應該僅限於男系男子繼承皇位。此事不該受輿論左右。因為這必須從上百年、千年歷史的尺度來衡量。

我認為若想確保皇位穩定繼承，最好是讓擁有皇室血統的男系男性舊皇族成員，成為現在皇室成員的養子、恢復皇籍。但舊皇族成員恢復皇籍後，不賦予其皇位繼承權，到了下一代才賦予皇位繼承權。沒必要給太多人恢復皇籍，但是在悠仁親王殿下身邊，要是有像德川家御三卿[8]那樣的人，應該是比較理想的。

東京都議會選舉自民黨慘敗

——七月二日，東京都議會選舉（一百二十七席）結果出爐，東京都知事小池百合子領導的地方性政黨：都民第一會，獲得壓倒性勝利。自民黨僅拿下二十三席，遭逢前所未有的慘敗。這對您的執政是否造成巨大的打擊？

都議會選舉，往往能反映中央執政的狀況。我第二次執政後不久的二〇一三年都議會選

6 譯注：「宮家」指的是賦予宮號的皇族家庭，由親王（男性皇族）、內親王（女性皇族）與宮家當主的親王妃所組成。「女性宮家」指的就是以女性為當主的宮家。

7 譯注：聯合朝廷（公家）和幕府（武家）改造幕府的權力。

8 譯注：沒有子嗣的將軍去世後可以繼承大位的同族成員。

舉中，自民黨的五十九名候選人全部當選；但到了四年後的二〇一七年，受到「森友、加計學園問題」影響，再加上小池都知事本身的高人氣，結果自然不如預期。

——此時內閣的支持率持續下探。《讀賣新聞》的全國民調結果，五月是百分之六十一，六月是百分之四十九，七月是百分之三十六。僅僅兩個月，就掉了二十五個百分點。是您第二次執政以來的最低點。

那段期間爆出許多事件，包括發現了派往伊拉克的日本陸上自衛隊原先宣稱不存在的「伊拉克日誌」等等。但是，都議會選舉失利最大的因素，還是小池都知事。

民主黨政權很失敗，可能跟我常將這句話掛在嘴邊有關，這樣的印象似乎已在社會上根深柢固。可是在過去，當社會大眾投不下社會黨[9]或自民黨的時候，自民黨內就會出現幾個實力派成員出走，建立具清新形象的政黨，例如新自由俱樂部或日本新黨。民主黨政權的鳩山由紀夫、小澤一郎、岡田克也三人也曾是自民黨黨員。

小池就是站上了這樣的制高點而成功。她獲得了不喜歡民主黨、也不想投自民黨的民意支持。

小池百合子是「鬼牌」

——您怎麼評價身為從政者的東京都知事小池百合子？

小池總是扮演撲克牌中Joker（鬼牌）的角色。她不在一到十三這些牌中。沒有鬼牌，很多紙牌遊戲也能玩，但加進了鬼牌，就能發揮特殊效果。在某些紙牌遊戲裡，鬼牌擁有巨大的力量，甚至比黑桃A還要強。我認為她也意識到了自己是鬼牌。她知道鬼牌需要在什麼樣的政局下，才能發揮強大的力量。

——都議會選舉當晚，您與副首相麻生太郎、內閣官房長官菅義偉、前經濟再生大臣甘利明共進晚餐。當時是否感受到相當大的危機感？

我們四個人見面時，都很清楚地認識到，只要全黨團結起來，就可以克服當前的困局。能夠打倒安倍政府的不是敵人，而是自己人。小池再怎麼強，在國會並沒有什麼勢力。我們認為，眼下只要能穩住自民黨內部就好。其實，這場聚會也有給黨內人看的用意。「四人小

9 譯注：過去的主要在野黨（一九四五至一九九六年）。

組」叫起來不好聽，但這四人都沒有被打敗，我們要強調的就是這一點。支持率下滑，我當然有危機感，但一表現出來，黨內就會先亂了陣腳，所以我佯作泰然自若的樣子。

小池是個好人。不僅人好，還善於交際，容易和人打成一片。看對手勢頭好，她就會靠過來。二〇一六年她剛就任知事時，她一邊伸手揉著我的背一邊和我攀談，連下次眾議院選舉會幫自民黨站臺這種話，都說得出來。

但當她認為能擊倒對手時，就會突然衝上前，朝著你的側腹就是一刀。等你察覺「肚子怎麼這麼痛？」的時候，已經太晚了。

我認為背後支撐她的驅動力，是一股往上爬的欲望。當然，不論是誰，立志往上爬的信念很重要。但重要的是，爬上去之後，要做什麼？她想做什麼，我看不出來。會不會往上爬的欲望本身已經成了她的目的呢？

她在往上爬的過程中，徹底打壓一路上所有的關係人。在築地市場遷往豐洲的規畫中，爆出了土壤汙染等問題似乎處理不善的爭議，她隨即追究起前知事石原慎太郎的責任；她也和人稱「東京都議會大老」的自民黨都連幹事長內田茂對立，將內田逼到退出政壇。這麼一想，我過去的處境其實也很危險。

然而，小池有個弱點，她出乎意料地極度不擅長處理具體事務。二〇二〇年新冠疫情爆發，新宿歌舞伎町陸續出現確診者之後，保健所和警視廳隨即出動，四處巡邏牛郎店等風月場所。但最初中央聯絡小池，詢問「是否派警察和保健所職員前往巡視？」（保健所雖為區一級管轄，卻是由東京都決定內部人事。）小池考慮了片刻後，才說「請中央來處理」。於是，中央政府趕緊統籌協調。由於保健所人力不足，中央建議保健所臨時動用退休警力協助巡邏。在這期間，小池完全沒有幫一點忙。

不過，小池的表達能力令人驚嘆。尤其擅長命名事物和利用媒體。疫情蔓延期間，她在記者會上呼籲都民「Stay Home」（留在家裡）、「東京 Alert」（東京警報），予人正在採取行動的印象。當時我心想，「實際上落實所有措施的都是中央政府啊」，卻也不禁暗忖，她果然是個不好對付的對手。

——您在二〇一七年九月二十五日召開記者會，宣布解散眾議院。小池都知事也在同一天宣布成立希望之黨。她這番大動作是否引發您的焦慮？

感覺像被小池擺了一道。因為比起我宣布解散眾議院，大家更關注小池成立新黨。當下我就覺得情況不妙。

就在我要召開記者會宣布解散的前一刻，前文部科學大臣下村博文對我說：「首相，請不要宣布解散。」那時，我們已經往解散的方向做好了布局。於是我說：「現在沒辦法停下來了。」但下村說：「這樣下去大家都會落選的。」坦白說，當時我內心雖毫無把握，卻還是對他說：「沒問題的。相信我，你就跟上來吧！」堅決拒絕了他的請求，

當時我們被逼到了絕境。小池借用前ＪＲ西日本的廣告標題，拋出「三都物語」的口

號，呼籲大阪府知事松井一郎和愛知縣知事大村秀章與她結盟。我打電話給時任維新會黨首的松井，提醒他：「最好別參加什麼三都物語。獨自作戰，才有維新的氣勢。」松井說：「那我就不參加。」但最後，他還是選擇和小池站在一起。那時希望之黨的聲勢實在太大了，他沒辦法不被拉過去。

不過說真的，雖然處於劣勢，我還是認為能贏得選舉。也許是因為我原本就比較樂觀。你要不是樂觀主義者，是打不了選戰的。

後來，我觀察希望之黨提出的政策，根本談不上有何具體內容。他們提倡「電車零擁擠」，但那是東京人的觀點。在我的選區[10]，市民常想哪怕一次也好，希望體驗電車擠滿乘客是什麼樣的感覺。地方城市都是這樣想的吧？[11]希望之黨的政見過於淺薄。那時我就想，他們會犯錯。

——針對《安保法案》，希望之黨主張「適當地運用、支持現實的安保相關政策」，試圖挖走保守派的選票。

這意味著她是認真地想要奪取政權。倘若自民黨的首相是鴿派，保守票就可能流向希望之黨。但是，她面對的是高舉保守派旗幟的安倍政府，我們的基本盤是不會瓦解的。這一點，是小池失算了。最終，反對《安保法案》的選民都流向了立憲民主黨。

此外，她沒有辭去東京都知事的職務這一點影響很大。加上她又宣稱要「排除」民進黨[12]中理念不同的議員，給人不好的觀感。要是她改口說「非常感謝各位加入我們，關於安保政策，我們再來研究」，結果會全然不同。曾有那麼一瞬間，她迎來了人生的顛峰，可是她卻以居高臨下的態度壓制他人。

二度解散眾議院

——您決定在九月解散最重要的原因是什麼？

如果眾議員的任期還剩下兩年，我可能不會決定解散；但是任期只剩下一年多一點。八月，我們進行內閣改組後，支持率稍微回升。要是這個時候不解散，等秋天臨時國會，在野黨恐怕又要搬出「森友．加計學園問題」大肆抨擊。如果在野黨認為還有疑點，我倒希望他們拿出證據，好好說清楚。但因為他們也無法證明，就讓疑點懸在那裡，不斷攻擊。如此一來，政府疲於奔命，黨內也浮現批評的聲音。在此期間，小池做了很多為眾議院選舉鋪路的

10 譯注：山口縣下關市、長門市。
11 譯注：也和地方城市人口大幅流失有關。
12 譯注：當時的最大在野黨。

準備。她在不少選區推出候選人，讓自民黨倍感壓力。既然如此，我認為非得當機立斷先出手不可。

此外，在這一年內，北韓多次發射彈道飛彈；九月進行了第六次核試驗，又發射一枚飛越日本上空後落入太平洋的飛彈。為了與北韓抗衡，我試圖讓國際社會對制裁的討論更加積極，運用眼前的局勢找回政治主導力。

——您的意思是，北韓的野蠻行徑讓民眾提高危機意識、也順勢拉高了內閣支持率，反倒有助於安倍先生嗎？

自然也是考慮到當時的情況。黨內瀰漫著一股因「森友．加計學園問題」而無法出戰（打選戰）的氣氛，要是我打算解散眾議院的想法在黨內傳開，必然會遭到反對。所以，我只和二階幹事長與麻生副首相兩人稍作商量後，就做出了決定。

從權力鬥爭的權力遊戲觀點來看，我本來盤算著出其不意打出解散這張牌，讓對手措手不及。不料對面卻拋出了鬼牌小池。本來以為是一場沒有鬼牌的遊戲，可說出乎我意料之外。

於是，我選擇解散眾議院。要下這個判斷更多得憑直覺。再怎麼分析情勢，事態的發展都不可能完全按照計畫走。所以必須提前備妥戰術。但是判斷何時是出戰的時機點，還得靠直覺。

——解散前，您在八月三日進行內閣改組，任命野田聖子為總務大臣兼女性活躍大臣[13]，任命河野太郎為外務大臣。改組後，內閣支持率上升了，但野田聖子曾表示想角逐自民黨總裁，以及河野太郎在核能政策等方面的立場，都在黨內獲得褒貶不一的評價。

野田為出馬競選總裁而努力不懈這一點令人敬佩。距離二〇一八年總裁選舉還有一段時間，所以我請她出來協助。至於河野，我期待他發揮對外溝通的能力。二〇一六年的熊本地震，他在防災大臣任內做了不少事。曾任外相長達五年的岸田文雄，以冷靜沉著獲得好評。這次我想試試河野的對外溝通能力，因為河野擁有像母語人士一樣優秀的英語能力。

——河野太郎後來成為總裁候選人，和他曾擔任外相的經歷有很大的關係。

他的父親、自民黨前總裁河野洋平算是鴿派。但河野太郎對中國和韓國，卻意外敢言。在他就任外務大臣，召開第一次記者會前，我將他叫到我的辦公室，告訴他：「要採取和你父親完全不同的立場。河野談話一個字也別提。」河野談話，指的是當年內閣官房長官河野洋平發表的一段談話，承認舊日本軍曾涉及慰安婦問題並公開道歉。我對河野太郎說：「安倍政府並不打算重議當年的河野談話。但是，我完全不認同當中的內容都是恰當的。一切都寫在戰後七十年談話裡。（告訴記者）今後你將依照戰後七十年談話的內容來回應。」

13 譯注：負責促進女性就業，讓女性在社會上有更多機會、更好的發揮。

關於這個方針，他執行得很好，也沒再提起過去主張要達成的零核電目標。不過，要是有一天他成為首相，也許會再次呼籲零核電也說不定。

還有一點，在這次內閣改組中，我刻意安排林芳正接任文部科學大臣。因為文部科學省正面臨一道難題：是否要認可經營加計學園的岡山理科大學新設獸醫學部。我相信，林芳正上任之後，必定可以做出中立且合乎邏輯的決定。他從不會揣摩我的想法，又有滅火的能力，能夠冷靜地做出事務性答辯。他這個優點，無人能出其右。

透過解散國會讓財務省和財政健全派噤聲

——九月二十五日宣布解散時，您還特意命名為「國難突破解散」，主張調整二〇一九年新增消費稅的資金用途，承諾將財源用於各年齡層的社會保障（全世代社會保障制度）。您也表示要力抗北韓的威脅。但要是北韓情勢真如此緊迫，哪裡還能顧及解散國會。將北韓的威脅當作解散的理由，似乎有點不合情理。

增稅時的改變資金用途，讓解散師出有名。關於以北韓情勢作為解散理由，我也想過會遭到批評，但我想到時再強有力地反擊就好。不過，聯合國安理會已經發出了譴責聲明，要求成員國全面實施制裁，北韓在此氛圍下也不得不暫時克制軍事行動。假使在解散後沒有眾議院這段期間，北韓發射飛彈，可能就會被質疑「為什麼要解散？」最終，十月二十二日的眾議院選舉，自民黨獲得了壓倒性勝利。

——改變消費稅增加部分財源的用途，由國家統籌執行，是一項較具社會主義色彩的政策。因此被說是國家社會主義式政策也是無可奈何。

我舉個例子。當年岸信介內閣修訂了《日美安保條約》，並試圖修訂《警察官職務執行法》。但另一方面，我的外祖父岸信介有個對手，卻也是終生好友——社會黨的三輪壽壯。他從「何謂國家？」的觀點，建立了全民健保、全民年金制度，並制定最低薪資法。他是保守派，但以「為所應為」的態度，跨越了保守派和社運人士的藩籬。[14]

我也一樣，我認為鴿派和保守派的政策可以同時執行。一邊通過《特定祕密保護法》和《安保法案》，一邊著手於工作方式的改革。如有必要，我也覺得可以推行同工同酬。企業界並不是都站在反對的立場。

14 譯注：岸信介是右派保守主義者，但採用許多左派社會主義式的政策。

——全世代社會保障的主要方針，邁向由國家買單人民的育兒費用（幼兒教育無償化），被認為在選舉中得不到選票支持，所以自民黨一直以來持謹慎態度。您為什麼會轉換政策？

幼兒教育的無償化，曾被納入第一次安倍內閣參議院選舉的競選政見。那時是為了對抗民主黨拋出的「兒童津貼」。在那之後，民主黨的兒童津貼在第二次內閣後雖改了名稱[15]，但每年都是一筆龐大的支出，無論如何都需要財源來支撐。所以我們決定改變消費稅增收部分的用途，以確保財源。改變稅收增加部分的用途，要是在平常，財務省和財政健全派肯定會同聲反對，導致無法執行。當我在宣布解散眾議院的同時，做出了這個決定，一時間黨內不會出現異議。要是選舉贏了，也可以讓財務省說不出話來。所以，在某種意義上，那可說是一場「因小池之禍而得福」的解散。

過去的人壽命比較短，只要超過六十歲就有資格享受社會保障年金。但現在已經是「人生一百年」的時代，高齡者占人口總數達百分之三十，原來的制度承受不了了。

我有個更大的願景，就是建立一個與「人生一百年」時代相對應的社會保障體系。要建構出一個可持續的制度，就必須加強少子化對策。那就是全世代社會保障制度。具體的措施是，針對那些猶豫是否要生育孩子的人，免費提供幼兒教育和兒童保育。

要實現提供幼兒教育和兒童保育無償化，就要確保財源，也必須提高消費稅。為此，我們要推動產業政策，鼓勵投資、提高生產力，讓企業能夠獲利。如此一來，薪資上漲、消費增加，稅收才會上去。經濟成長和分配走入良性循環，社會保障的基盤才會更加牢固。這樣的想法，誰也不會有意見吧？

——您擴大政策彈性，是否意味著您納入更多自由主義（左派）的觀點？

與其說納入，不如說我認為這項政策其實滿好的。我擔任過黨的社會部會長，我認為完善社會保障是重要的根基。但是，我並不支持立憲民主黨所主張「以發錢為前提的社會福利」那種想法。因為單靠發福利不會讓經濟變好。不過，政府也不該吝於提供必要的福利。

若說二〇一五年《安保法案》的制定，是鷹派政策的頂峰，那麼，二〇一七至一八年推動的全世代社會保障和工作方式改革，可說是鴿派政策的頂峰。

全世代社會保障、貨幣寬鬆、擴大財政支出等等被說是鴿派政策，其實，這是日本自古以來「瑞穗之國」的理念。人們一起耕田，然後分配收成的稻米。戰後的自民黨提出了相當多屬於社會主義的政策。過去的保守派也提倡過那些政策。

我的祖父安倍寬，戰後不久就去世了，所以我從未見過他，但我周圍的每個人，包括我父親，都跟我說過安倍寬的故事。他是一位反戰的政治家，曾是「自由主義的象徵」那樣的人物。可能我在某些方面也受到了他的影響。

15 譯注：由「子ども手当」改為「児童手当」。

——人們常說，安倍政府執政期間，每次解散眾議院似乎都師出有名。

民主黨的野田佳彥首相在二〇一二年十一月宣布解散眾議院，而我是在二〇一四年十一月和二〇一七年九月宣布解散眾議院。我不認為我有在特別短期間內，就進行國會改選。你們應該沒有那樣的印象吧？在野黨批評我總是突然解散，但算起來是平均約每兩年半才解散。

我們還留著安倍寬在一九四二年，支持戰爭的「翼贊選舉」[16]中的競選傳單。其中批評了東條英機內閣，卻對解散眾議院持肯定態度。「既成政黨，說什麼突然解散國會違反憲法常理，說這是一種違憲的態度，說政府強行解散國會是不合理的，或者說這次大選沒有明確的政策目標，只不過是一場毫無意義的選舉等等暴論層出不窮」，安倍寬寫道，「原來，他們對緊急事態欠缺正確的認識，到現在還不明白是怎麼一回事，也不能說有什麼好不可思議的。但是，對於正確凝視這個時代真相的人來說，這場大選的重大意義是顯而易見的。」總之，對於在野黨來說，選舉正是翻身的機會。

我在二〇一二年當選自民黨總裁後，第二天就要求野田政府解散眾議院。但是，在我再次當上首相後宣布解散眾議院，民主黨或民進黨的人卻批評我「為什麼突然宣布解散？」聽到他們這麼表態的瞬間，我就確信，我們贏定了。

川普總統首度訪日

——十一月五日至七日，美國總統川普首次訪問日本，並與橫田早紀江女士等被北韓綁架的受害者家屬會面。相信這場會面是在日本方面的強烈要求下舉行，美方很快就答應了嗎？

二〇一四年歐巴馬總統執政期間，也曾與綁架受害者家屬會面。不過，歐巴馬政府雖在綁架問題上支持日本的立場，但是在核武、飛彈問題上，有不同的認識。他們認為綁架事件是日本自己的問題。因此應他們要求，會面的家屬人數只限定幾個人。感覺他（歐巴馬總統）好像不是很想來。

二〇一七年川普總統來到日本，美方對日本的願望照單全收。也同意拍照。先前歐巴馬總統是讓大家站著會面，這一次川普採取和大家坐在一起的形式。家屬人數也增加到十七人。川普對媒體表示：「我希望和Shinzo（晉三）一起努力，讓被害者回到所愛的人身邊。」

有人質疑綁架受害者家屬遭到政治利用。可完全不是那麼一回事。我們只想向北韓傳達一個訊息，就是美國和日本將共同解決綁架問題。考量到可能對北韓起到的作用，我們才安

16　譯注：第二十一屆眾議院選舉，只有大正翼贊會這個政黨的成員參選，故被稱為翼贊選舉。

排受害者家屬和總統見面。

——川普總統在任期間，與各國領導人多次進行電話會談。其中最頻繁的就是安倍首相，其次是英國首相梅伊和德國總理梅克爾。

川普的確和很多國家領導人頻繁進行電話會談。他是個健談的人。尤其和我通話的時間特別長，有時甚至會說上一個小時或一個半小時。若是和情人通電話還能理解。能聊這麼久實在讓人難以置信。他真的是一位超乎常人的總統。

第九章

動盪的外交

——美朝首腦會談、中國「一帶一路」構想、北方領土談判

2018

國際局勢出現巨大的動盪。

不久前還在推特上激烈地互相嘲諷的美國總統川普和北韓領導人金正恩，突然決定舉行首腦會談，此事震驚世界。日本國內，擔心美國在和北韓握手後可能將日本拋在腦後的焦躁感，正在發酵。

在亞洲，中國推動巨大的經濟圈構想「一帶一路」，擴大對發展中國家等沿線國的基礎設施建設。對中國霸權一向警戒的安倍政府，也應經濟界要求，以「確保透明度」等條件，透過在第三國進行經濟合作的形式，轉向與「一帶一路」合作。

在與周邊鄰國關係緊張之中，安倍政府的目標是與俄羅斯締結和平條約，試圖全面展開有關北方領土的談判……

改變社會認知的工作方式改革

——二〇一八年一月二十二日召開的例行國會中，您在施政方針演說中，將實施《工作方式改革關聯法案》列為最優先議題，並定位為一九四七年《勞動基準法》頒布以來「時隔七十年的重大改革」。目標是糾正長時間勞動、促進多元的工作方式。促使您著手進行工作方式改革的契機是什麼？

我第一次執政期間，曾應經濟界的要求，試圖導入「白領非按時計酬制度」，這是對白領上班族等腦力勞動者，根據工作績效而非工時來支付酬勞的制度。但是，該法案遭在野黨批評為「零加班費法案」，以至於無法提交國會審議。我決定再一次挑戰這項改革，將其改名為「高度專業制度」，希望這次可以順利通過。

然而，讓我們下定決心進行工作方式改革的契機，是二〇一五年電通1一名女性職員因過勞而自殺的事件。在那之後，糾正工時過長問題躍為重要的議題。加上我們本來就在想辦法緩和少子化及高齡化帶來的勞動力不足問題。一番思量後，我認為將工作方式改革的各個面向整合在一起推動，或許可行。

——糾正工時過長固然重要，但您是否覺得要打破日本人長期以來以勤勞為美德的價值觀很困難？

在歐美國家，工作就像亞當偷吃了知善惡樹上的蘋果後被罰做苦役，幾乎被視為一種懲罰。但是在日本，人們對勞動往往抱持著肯定的態度。因此在推動初期，連相對年輕一代的企業主也不免擔心，工作方式改革一旦上路，經濟可能會難以支撐，從而對改革表達出較消極的看法。不過，倘若考慮到維持工作與生活的平衡，並盡可能調和兩者，允許人們選擇更多元的工作方式，不僅能讓人生變得更豐富，同時也可能提高企業的生產力。要知道，任何改革都有人反對，所以我不太擔心這一點。

——二〇一六年九月，政府在首相官邸召集了包括日本經濟團體聯合會（經團聯）和日本勞動組合總聯合會[2]，召開工作方式改革實現會議，並於二〇一七年三月整合出實施計畫。實施計畫共提出四大支柱。二〇一八年向國會提交的法案中，也引用了該計畫的內容：（1）導入對違反加班上限規定的罰則；（2）改善非正式員工待遇、實現同工同酬；（3）高度專

1 譯注：日本規模最大的廣告行銷集團。
2 譯注：日文中簡稱為「聯合」，是日本最大的全國工會組織。

業人員適用非按時計酬制度；（4）擴大自由裁量勞動制度[3]適用對象的範圍，將預先確定的勞動時間視為自由裁量勞動。

我們邀請了經團聯的榊原定征會長和勞動組合總聯合會的神津里季生會長，前來參加工作方式改革會議，在糾正長時間工作問題上，進行了非常深入的討論。

政府的方案是，對實際上沒有上限的加班現狀，原則上規定「每月最多四十五小時，每年不得超過三百六十小時」；即使在旺季，勞資雙方達成特別協議，每個月的工時也要限制在一百小時以內。我向榊原先生等資方代表解釋，「糾正長時間工作，有助於在短時間內提高效率，並不見得是一件壞事。」加班附上罰則，資方得承擔起一定的風險，但榊原先生等人都同意配合。

不過，對於政府的方案，神津先生卻不明確表態是否贊成。這種只圖收穫好處而迴避評價政府和資方的態度，也未免太投機取巧了。所以我嚴肅地對神津先生說：「要是勞資雙方不能達成共識，這場討論就失去了意義。勞方不領情，方案就沒辦法通過。」最終，在神津先生也表示贊同下，我們決定導入違反加班上限規定的罰則。

我們社會上有句話叫做「殘業自慢」（以加班為榮）。當然，工作中一定會有忙得不可開交的時候，但也有比較清閒的空檔。事實上當年我還在企業任職時，也曾經五點下班時間到了還不回家，磨磨蹭蹭地留在公司加班。只是因為大家都還沒走，自己也就跟著留下來。如果能夠改變這樣的社會風氣，促使生產力提升，那麼即使是再困難的改革，我認為我們也應該積極介入推動。

厚生勞動省竄改資料

——二〇一八年二月十四日，您關於自由裁量勞動的答辯被發現有誤，而被迫撤回。二月二十八日，決定從《工作方式改革關聯法案》中，排除擴大自由裁量勞動制度的相關內容。

我的答辯是：「有數據資料顯示，在自由裁量勞動制度下工作的人的工時，比一般勞動者的工時更短。」正因如此，擴大自由裁量勞動制度適用範圍的意義是巨大的。這是我想說的。但問題是，作為其前提的勞動時間相關數據有誤。厚生勞動省那份「勞動時間等綜合實際狀況調查」的訪談調查報告中，居然出現了「一天加班時數四十五小時」、「一週加班三十五小時的人，一個月加班時數是兩個半小時」等多不勝數的離譜數據，簡直一塌糊塗。由於錯誤太多，我們只好將擴大自由裁量勞動制度從法案中刪除。

引入高度專業制度的對象，僅限於外匯行業交易員等為數不多的行業；但自由裁量勞動制度的擴大範圍，涵納了各種各樣的勞動者，對產業界來說，那可是非常重要的參考資料。

3 譯注：可以按照自己的計畫安排工作進行的方式和時間。

而我們沒辦法根據一份錯誤百出的調查報告來立法。

——您認為厚生勞動省調查失誤的原因是什麼？是不是也受到厚生省和勞動省合併以後，組織肥大化的影響？

我認為是公務員素質低落的原因。那份調查報告做的非常隨便。他們可能以為，把數據全兜在一起就可以了。也因為他們根本沒仔細看過，以至於出現一些很容易發現的錯誤。

二月二十八日，我宣布從法案中刪除擴大自由裁量勞動制度的部分時，也在國會表達了「必須調查錯誤發生的原因」的立場。聽說厚生勞動省官員還一臉困擾地說：「要調查什麼？要調查到什麼程度？」既然出了錯，理所當然要調查原因，並予以糾正。當然，厚生勞動省在合併後組織變得太龐大，存在一些不容易督察的隱蔽問題，但我感覺這當中還有更深層的原因。

事實上，國會在審議自由裁量勞動制度時，我手裡只有政府機關準備的答辯文件。都是一些整理得很漂亮，或是被「竄改」後的資料，並沒有那份「勞動時間等綜合實際狀況調查」的訪談調查報告。然而，在野黨議員手裡卻拿著那份錯誤的報告，不斷追問我：「和實際調查的數字內容不符。」但我無法回答，因為我手上沒有資料。

我請厚生勞動大臣加藤勝信回答，在野黨卻指名「請首相回答」。加藤才趕緊說：「我馬上聯繫厚生省（的負責官員）。」沒辦法，我只好先談工作方式改革的理念和意義，盡可能拖點時間。但在野黨就生氣了，宣稱「沒有問這些事」。那次國會預算委員會的答辯真的是場災難。我也很疑惑，為什麼我手上沒有的資料，在野黨議員手裡卻有？不禁教人懷疑，「厚生勞動省該不會和在野黨串通好了？」

過去，小泉純一郎內閣期間，少子化進程比預期得更快，實際總和生育率與預估值存在顯著的差異。後來，厚生勞動省官員在眾人面前拿出了「出生世代（cohort）的比較分析」，表示「（生育率實際值）跟預估值確實有一致性」。我從來沒聽過那種數據。當時我就暗忖，原來「高級公務員不會犯錯」這句話是這麼來的啊。

——經濟界擔心導入同工同酬會增加人事成本，態度上顯得很慎重。

確實如此。不過，我哥哥安倍寬信的岳父、前日本經濟同友會代表幹事牛尾治朗就認為，「從邏輯上來看，既然做的是同樣的工作，那麼同工同酬也是理所當然。」

起初我答辯時，對同工同酬的想法持謹慎態度。但在反對黨提出了「有些非正式員工實際上與正式員工做同樣的工作」的主張後，我開始去了解這個現象，並思考，若能同時提高非正式員工的待遇，消費也會隨之提高，促使企業收益增加，進而投資提高生產力，然後薪資又會上漲。這和安倍內閣所提出「經濟的良性循環」目標也是一致的。

此外，我們也使其擴大適用於兼職和副業。資方基於洩露商業機密的風險，認為可能會產生利益衝突，所以持反對立場。但是，現在社會上很多人沒有勇氣直接創業，卻也想兼差投入其他事業。我們為他們的起步加一把勁，也是順應時代潮流。

討論勞動法的立法時，我發現很多人會陷入一種固定思維。工會還是在論資排輩、應屆畢業生統一集體雇用的前提下，熱中於提高老員工的待遇。基本上，工作方式改革的概念現在已經廣為大家接受，社會上對於「長時間工作＝好員工」的既定印象正漸漸消失，對於黑心企業也逐漸敬而遠之。我們那麼辛苦推動是值得的。

森友問題再次被聚焦，財務省竄改批准文件

——關於向森友學園出售國有土地事件，《朝日新聞》於三月二日以獨家報導披露「財務省的批准文件疑似遭塗改」，財務省隨即承認竄改一事。財務省理財局局長佐川宣壽表示，二〇一七年森友風波爆發時，曾在國會答辯「沒有與森友的會面紀錄」、「也從未進行價格談判」。報導指出，為了確保與上述內容一致，財務省才著手竄改，還是由佐川局長主導。您沒有調查過他們是否曾進行價格談判嗎？

我完全沒想到文件可能被竄改。一般來說哪裡會想到呢。那是由佐川指使、課長以下人員共同參與的行為。首相官邸根本管不到那一層。

當時，每當高級公務員爆發醜聞，就會被批評「這是權力過度集中於首相官邸，過於傲

慢而衍生的弊病」，要不然就是「高級公務員揣摩首相的意思」。但即便是揣摩上意，被揣摩上意的一方又怎麼會知道呢？

我感到困惑的是，那些人批判首相官邸太強勢，要不然他們覺得該怎麼辦？難道寧願看到首相官邸的力量被弱化，執政發揮不了作用，那樣他們才高興嗎？這一點我完全不能理解。

在我身為自民黨總裁的二〇一二、一四、一七年的眾議院選舉，以及二〇一三、一六、一九年的參議院選舉等全國性選舉中，自民黨取得六連勝。在總裁選舉中，我在二〇一二、一五（無投票）、一八年獲勝。在這九次選舉當中，只要輸掉一次，就是安倍內閣的終結。即便不是決定政權的參議院選舉，一旦輸了，在黨內也會被迫引咎辭職。實際上我第一次執政時就發生過這種事。所以，為了勝選，由首相官邸主導並推進政策、全力以赴，不是理所當然的嗎？

——財務省在批准文件中載明了「本案件是參議院議員鴻池祥肇的請願案件」、「本案件的特殊性」，並刪除安倍昭惠首相夫人告知學園「這塊土地不錯，請跟進（談判）」的內容。所以首相理所當然會被質疑介入此案。

鴻池的確向財務省諮詢過此事，這才被註明為「鴻池案」。其實不只是鴻池，很多議員的名字也都出現在文件裡，只是被刪除了。整起事件很明顯就是森友方面，長期盤算著怎麼利用政治人物以便宜收購國有土地。

至於財務省刪除了森友方面提及昭惠名字的內容，要知道那上面可沒註明是「安倍昭惠案」。[4]

然而輿論一聽到「竄改」一詞，就好像是什麼深不見底的弊案一樣，無端騷動起來。

——在加計學園新設獸醫學部的事也有了新進展。二〇一五年四月，柳瀨唯夫首相祕書官與愛知縣職員等人會面時，曾說出「本案件是首相案件」的發言紀錄遭到公開。柳瀨在二〇一八年五月十日經傳喚到國會作證，雖承認曾與愛媛縣和今治市的公務員，以及加計學園的職員見面，卻否認了前述的發言。

所有的案件之所以會被說成「首相案件」，是因為大家內心往往認定，倘若強調是出於我的意思，事情就會進行得比較順利。留有便簽紀錄的愛媛縣或今治市想必也是這麼想的。

加計學園於二〇一七年一月獲准設立新的獸醫學部。這是時隔五十二年、日本好不容易才新設立的獸醫學部。還是利用國家戰略特區的制度，才終於獲得批准。過去，獸醫師會不希望增加競爭對手，便長年對政界施壓，不讓政府批准新設。

要新設醫學院也一樣很難。醫師會和獸醫師會的立場一樣，都不希望增加競爭對手，因此長期在政界遊說。這是結構性的問題，勢必要改革。但只要我一出手，就會被質疑「是在為加計關說嗎？」所以很難進一步找到著力點。

——正當森友．加計問題遭反對黨連番追擊之際，四月十八日，財務省事務次官福田淳一因性騷擾的報導而辭職了。他被揭露曾對數名女記者進行性騷擾。當時您是否感到被官員們扯了後腿？

長期執政會出現各種各樣的問題。你別無選擇，只能一一想辦法克服。

福田是個有趣的人。財務省官員大多嚴肅內斂，但他不一樣。我並不討厭他。

每當一群財務省官員來到官邸說明財政政策時，往往只有一名官員發言，其他人只專注記錄我說的話。就算我陷入思考不作聲，他們也沒有人開口。他們在我面前從來不討論。也就是說，來官邸只是要蒐集訊息。回去後才在財務省內召開作戰會議，討論對策。要是我當場對加稅持較保留的態度，他們就會想出各種方案試圖改變我的方針。

同樣是高級公務員，經濟產業省的官員來到辦公室，聽完我的想法後，反而會當場討論起來。幾位官員就曾在我面前沒完沒了地討論起來，場面熱烈到我甚至會納悶，「等等，你們怎麼無視於首相，就逕自討論起來了？」

外務省官員則依所駐在地區的政情局勢，在縱向分割的結構獨立負責特定的任務，每個人各有不同的主張。至於警察系統的官員，因為我相當關注組織犯罪的情勢，所以他們會來向我說明黑幫團體間的對抗狀態，除此之外很少來我的辦公室。官員們依其所屬單位不同，

4 譯注：相對於先前被標註的「鴻池案」，意指森友案和安倍夫人無關。

各有特點。

福田算是財務省官員中較為罕見、願意主動公開交換意見的類型。當我談到要避免加稅時，他也會無所畏懼地直言：「首相，那樣做可不行。您饒了我們吧！」不過當然，性騷擾是不能被允許的。

北韓情勢的轉折點是平昌冬季奧運

——外交上，二〇一八年北韓的局勢出現巨變。平昌冬季奧運（二月九日至二十五日）期間，二月十日，北韓國務委員會委員長金正恩的妹妹、黨中央委員會第一副部長金與正，在首爾和南韓總統文在寅展開會談，並邀請文在寅訪問北韓。您也出席了開幕式，您當時是否感覺到美朝關係將出現改善的機會？

的確，南北韓之間瀰漫著和解的氣氛。開幕式上，南韓和北韓帶著統一旗連袂入場；在女子冰球比賽，更以兩韓聯合隊的形式出場。但是這種和解的氣氛會上綱到美朝首腦會談，當時我怎麼也想不到。

美國副總統彭斯也參加了平昌冬奧的開幕式。他對北韓的立場，是典型共和黨人的嚴厲姿態。他似乎想向北韓和南韓展示日美關係的親密，在平昌一家飯店與我會晤後，建議我和他一同乘坐副總統專車前往歡迎會的會場。我猜他想讓南北韓看到我們一起進場。我和彭斯在車上討論了不少對北韓政策。

到了歡迎會的會場，北韓第二號領導人、最高人民會議常務委員會委員長金永南和我坐在同一桌。

——您和金永南委員長談話了嗎？

嗯。但金永南只是重複以前就說過的「綁架問題已經解決了」、「（日本）應該清算歷史問題」之類的話。我和他談話時，會場內所有的目光都集中在我們身上。

——您沒有和第一副部長金與正交談嗎？

雖然金與正就坐在附近，但她根本沒開口。她被一群祕密警察那類的特務人員團團包圍，倘若我想突破重圍去接近金與正，卻遭到阻止，反倒有損日本的顏面，所以我認為沒必要那麼做。

不過，重視施壓的彭斯或我個人的觀點是另一回事，平昌冬奧結束後，南北韓、美朝首腦會談的事前協商依然不斷向前推進。如今回想起來，川普總統可能在平昌冬奧期間，就考慮和北韓進行某種交易了。他可能想在美朝首腦會談上要求金正恩停止核開發，並提供金正恩發展經濟的機會。在交易過程中，可能還想讓日本在其中扮演重要角色，即提供經濟支援，而美國也打算在日後進行投資。

——二〇一七年，北韓多次發射短程和中程彈道飛彈，並持續在二〇一六年兩次和二〇一七年一次進行核試驗。然後在二〇一七年十一月成功發射了足以到達美國本土的洲際彈道飛彈。他們宣布「完成核武力建設的歷史大業」，將緊張局勢升級到臨界點，可到了二〇一八年，又峰迴路轉促成談判對話勢頭。是否可以說在金正恩的精心周旋下，日本和美國都被迫受到影響？

你可以那麼看。不過，美國在二〇一七年一度慎重考慮對北韓採取軍事行動，並將壓力升高到極限。畢竟北韓以美國本土為目標的態度，美國可不能等閒視之。那年秋天，美軍派三艘航空母艦組成打擊群，在西太平洋和日本海活動；考慮到空襲的可能性，B－52戰略轟炸機頻繁現身威懾，攜帶飛彈的美國潛艇也在日本海近海一帶活動。金正恩可能感受到國安危機而焦慮不已，從而在二〇一八年轉變了政策方針。

——韓國火速轉向對話路線。三月五日，韓國國家情報院院長徐薰和國家安保室室長鄭義溶訪問北韓，並在平壤和金正恩進行會談。這一次，他們確認了北韓對於和美國舉行首腦會談的積極意向。

韓國的訪朝團隨後向日本和美國匯報。三月十三日，徐薰向我詳細說明情況時，我感覺他的話有些誇大了。徐薰是這麼說的：「北韓會放棄核武和飛彈開發。我們終於可以結束停戰狀態的朝鮮戰爭，締結和平協議。金正恩是個了不起的人物。」

——南北韓首腦會談於四月二十七日舉行，在那兩天後，出席會談的徐薰再次拜會您。韓國是不是非常積極？

徐薰說：「金正恩曾在瑞士留學，很了解西方的情況。」又說金正恩表示，「自己的安全是由美國保證的。今後的目標是發展經濟和吸引海外投資。」徐薰認為，北韓將與日本實現邦交正常化，並選擇接受日本的經濟援助。儘管他這麼說，還是很難判斷有幾分是金正恩真正的意圖，以及話語間又有幾分是韓國自身的期待。總而言之，他們的確非常積極。

史上首次美朝首腦會談：動搖的施壓路線

——日本多年來都對北韓採取施壓路線，包括施行全面禁止進出口、禁止船隻入港等制裁措施；針對北韓發射飛彈，也在聯合國安理會請求各國通過譴責聲明。聽取韓國方面的說明後，您是否認為日本轉向對話路線會更好？

我認為我們應該繼續實施制裁。美國的軍事壓力對北韓是有用的，所以北韓才會回應韓國的居中斡旋。我還認為應該再繼續制裁一段時間，但川普並不這麼想。不久前，美朝才在推特上互相激烈對罵，冷不防就轉向了對話路線。三月，川普公開宣布「將與金正恩會面」。我當下就和川普通了電話，他那時已經滿腦子進入deal mode了。[5]

——您在四月十七日至十八日訪問美國佛州，並在川普總統的別墅舉行首腦會談。據報導，兩國領導人同意以「徹底、可核查和不可逆轉的方式」（Complete, Verifiable and Irreversible Denuclearization，簡稱CVID）推動北韓放棄核武與彈道飛彈項目為目標。

我對川普說：「不希望撤出駐韓美軍。如果要舉行美朝首腦會談，希望你能強調解決北韓綁架日本人問題的必要性。」我同時強調，CVID是日美的共同目標，也必須實現。事實上在會談前，美國的國家安全會議成員就已反覆拜託我，「請安倍先生對川普總統說，務必要遵守CVID。」但當時川普一心放在美朝首腦會談上，對於美國國安團隊的主張似乎沒怎麼聽進去。

在那次會談上，川普並沒有正面回應我。我感覺他正準備進行一場大談判，不希望我再給他增加負擔。

——史上首次美朝首腦會談於六月十二日在新加坡舉行。日美首腦事前即多次進行電話會談，六月七日，又再次於華盛頓當面會談。您頻繁聯繫川普總統，是因為擔心他會輕易妥

協、並與北韓改善關係嗎？

我希望川普採取由日本和美國帶頭向北韓施壓的政策。我反覆提醒川普，「金正恩最害怕的，就是戰斧飛彈突然朝北韓飛來，了結他和家人的性命。而眼下能夠對北韓在軍事上施加壓力的，就只有美國了。」

國際社會總是持警覺態度，以為川普是那種會斷然行使武力的領導人。但事實恰恰相反。川普打從本質上就是個商人，對於要花錢的事格外慎重。他會從帳面上的收支來思考外交和安保。例如他會說「美韓聯合軍演開銷太大，浪費錢，應該要廢止」這類的話。

二〇一七年，美軍派遣航母打擊群到日本海周邊時，川普劈頭就問我：「你知道移動一艘航母要花多少錢嗎？我不喜歡這樣，航母停在軍港裡就好。」確實，航母打擊群是由一艘航空母艦，加上神盾艦和補給艦等多艘艦艇與潛艦，以及約七十架飛機的航空聯隊組成，移動上的花費相當高昂。但我很快反駁：「你不能那麼算。讓一艘航空母艦一直停在珍珠港、聖地牙哥或橫須賀的港口裡，就失去了擁有航母的意義。因為航母打擊群的目的就是在海洋中活動。好比大西洋、太平洋、印度洋、阿拉伯海。應該前往最符合美國戰略利益的區域。現在只是恰好來到了日本海。」於是，川普轉向他的國家安全顧問麥馬斯特（H. R. McMaster），「麥馬斯特，你覺得呢？」麥馬斯特回答：「安倍先生是對的。」川普忍不住嘀

5 譯注：交易談判狀態。

咕著「我還是很難接受」。但無論如何，我們費了一番工夫，總算說服了川普。

然而，要是讓金正恩發現「川普實際上是個不願採取軍事行動的領導人」，那麼施壓就不再有效了。所以，絕對不能讓外界有所察覺。我們必須讓北韓認知到，「萬一出事，川普肯定會出手。」不光是我，美國的國家安全團隊也努力隱藏川普的真實本性。

我之所以在美朝首腦會談前反覆和川普對話，是為了堅持ＣＶＩＤ。但事情進展得並不順利。四月二十七日南北韓首腦會談，金正恩首次越過板門店的軍事分界線進入韓國。文在寅總統發表談話，表示「不會再發生戰爭了。我們的目標是結束朝鮮戰爭」，試圖為美朝首腦會談開啟對話空間。我告訴川普：「文在寅太樂觀了。」但他不能理解我的想法。

於是我在美朝會談前，精簡了我的論點。由於ＣＶＩＤ是世界共同的基本方針，所以我決定從向川普提出的要求清單中刪除這一項。我決定，日本要優先提出綁架問題。

我對川普說：「如果綁架問題無法獲得解決，即使（美國）要求日本提供資金支援北韓，日本也做不到。日本和北韓的邦交正常化，絕非一般國家之間的邦交問題。日本花的是國民的稅金，所以一定要先清算過去的帳。沒有國民的同意，日本不能提供金援。」我還說：「過去韓國得以實現被譽為『漢江奇蹟』的經濟成長，也要歸功於日本依據一九六五年所簽訂的『日韓請求權與經濟合作協定』，對韓國提供五億美元的援助。」聽完，川普對日本支援北韓的想法表示了興趣。

——在美朝會談上，CVID並未被納入聯合聲明裡。北韓承諾將致力於「完全無核化」，美國則承諾為北韓的體制提供「安全的保證」。飛彈議題實際上被擱置了。

我告訴川普，要讓北韓承諾廢棄核武，還有洲際彈道飛彈、中程飛彈和生化武器。但川普聽不進去。外交對他來說是個新領域，他也沒有長年參與北韓問題的經驗。當時想著要在歷史留名的川普，不論是美國國務院、白宮的國安團隊，還有我，都制止不了他。

——美朝首腦會談結束後，您表示將「就綁架問題直接面對北韓」，表達出與金正恩直接對話的想法。有些觀點認為，這是一種追隨美國、從屬美國的姿態，您怎麼看？

即使被批評從屬美國，可一旦美國決定舉行美朝首腦會談，我們也無力改變。川普和我們的邏輯不一樣，彼此就像平行線。倘若真的舉行美朝首腦會談，就只能在這個前提上，做出對我們最有利的選擇。再怎麼批評美國，也不會得到任何實際的好處。既然如此，我想，或許應該利用這個機會，讓綁架問題取得些許進展。二〇一九年二月，川普就在越南與金正恩再次進行會談時，提出了綁架問題。

文在寅在南北韓首腦會談上，還有二〇一九年六月中國國家主席習近平在中朝首腦會談上，都向金正恩提出要解決綁架問題。外交不是一對一。只仰賴美國，沒辦法解決所有問題，必須多管齊下，同步推進我們自身的議程。

有人會嘲諷：「安倍說再多，還不是要靠美國。」但美國畢竟擁有日本所沒有的軍事威懾力。我和扮演著國際保鑣角色的川普建立起良好關係，拜託他「萬一出事就靠你了！」這對北韓來說就是威脅。我當然也可以指著北韓的鼻子說：「你這個混蛋，開什麼玩笑」，但他們很清楚日本不能行使武力，拿他們沒轍，根本看不起日本。所以，我要讓川普替我們說話，從他的口中提出綁架問題很重要。那樣一來，北韓才會意識到有必要跟日本建立正常的關係。

——再有報導指出，二〇一八年的夏、秋時期，內閣情報官北村滋在蒙古和越南，與北韓情報機構朝鮮勞動黨統一戰線部的官員進行了接觸。我方是基於什麼樣的方針，與北韓進行談判？

北韓是獨裁國家，那種要先在外交部長與內閣層級多次討論，基於在會談中達成協議目的的尋常外交談判是行不通的。獨裁者往往一個人就做了決定。所以能夠接觸獨裁者身邊的人，並且正確傳達日本的想法很重要。

綁架是犯罪，基本上不屬於朝鮮外交部管轄的業務。我們必須和管理諜報人員和間諜情報的情治機構談判。然後從中找出和金正恩，以及他妹妹金與正親近的人物。

當然，北韓外交部內部也有人認為與日本談判很重要。比如負責邦交正常化談判的外交官宋日昊大使，他不會採取冒險的行動，卻展現出希望完成談判的態度。要是北韓能改善日朝關係，雙方履行二〇〇二年小泉純一郎首相和金正日國防委員會委員長達成的《日朝平壤宣言》，那麼，北韓就能得到巨大的經濟支持。因為宣言中包含了提供無償貸款等各種經濟合作項目。

我會打通一切可用的管道，蒐集所有談判資訊，然後做出決定。我是以這樣的心態來進行談判的。

然而，隨著日子一天天過去，我感到談判變得愈發困難。因為參與綁架的人也一個個死去了。我打從心底覺得遺憾，要是綁架事件發生之初，政治能更適當地介入處理就好了。

中國的「一帶一路」與亞洲基礎設施投資銀行構想

——中國國務院總理李克強於五月八日至十一日訪問日本，舉行日中韓峰會和日中首腦會談。與李克強的會談中，雙方在成立一個商議中國巨大經濟圈構想「一帶一路」的聯合委員會等議題上達成共識。儘管日中兩國在尖閣諸島等問題上存在分歧，但兩國之間的和睦氣氛正在醞釀成形。當時是在什麼樣的背景下展開會談？

我們對中方提出的要求，做出了回應。

習近平提倡、推動的「一帶一路」構想，是以中國為起點，沿著亞洲、中東、非洲東岸、歐洲，作為陸路的「一帶」（絲路經濟圈）和海路的「一路」（二十一世紀海上絲路）

連結構築經濟合作關係，是中國的國家戰略。目的在於透過（1）經濟政策、（2）基礎設施的連通、（3）貿易關係的暢通、（4）資金的融通、（5）人的交流這五大面向，擴大貿易與振興經濟。

在決定如何應對「一帶一路」倡議之前，我們必須先考慮如何回應由中國主導的亞洲基礎設施投資銀行（以下簡稱亞投行）。因為「一帶一路」和提供對外出口能力的亞投行，是表裡一體的關係。

當習近平在二〇一三年宣布亞投行構想時，我們也感到相當警惕，認為他有意要與日本主導的亞洲開發銀行競爭，試圖在亞洲建立一個足以與美國爭奪霸權的帝國。因此當時面對「一帶一路」，我以「決策過程不透明」來進行牽制。

然而，就在二〇一五年亞投行成立前夕，英國成為第一個宣布有意加入亞投行的西方國家。在那之後，法國、德國、義大利、韓國等國也表明加入意願，唯獨美國表示反對，但其盟國都被中國的倡議所吸引。美國的盟友英國率先加入亞投行，為其他國家創造了一個可參與其中、但不必屈服於中國的空間。

當然，要讓亞投行進行高度透明的投資，除了從外部批評，也可從內部監督。況且，亞投行正式成立並開始運作後，它的目的與其說是與世界銀行或亞洲開發銀行競爭，反而還要求希望亞洲開發銀行等機構參與其中。基於此，我對亞投行的警惕感逐漸減弱。

另一方面，經濟界也將「一帶一路」視為機會，對海外投資的意願大幅提升。「一帶一路」是以向國際信用評級較低的國家進行槓桿投資，以擴張中國的霸權。這一點是個問題，但協助新興國家建設港灣和道路本身並非壞事。何況似乎只是說說大話而已，還不到形成霸權的地步。若是這樣，我判斷可以在一定條件下進行合作。這些條件包括透過適當的融資來維持投資標的國的財政健全，同時確保項目的公開性、透明度和經濟效率。也就是呼籲他們要進行高品質的基礎設施建設。

所以，首先在二〇一七年五月，由在中國有人脈的二階俊博幹事長出訪中國，並將我的親筆信轉交給習近平。二階曾在二〇一五年率領三千人代表團訪中，是中方認可的一號實力人物，習近平也接見了他。與此同時，我讓他在經濟產業大臣時代，曾任經產省總務課長的首相祕書官今井尚哉隨同前往。

到了二〇一七年十一月，我在越南峴港和習近平會談時也表明合作方針：「日本將和中國合作，共同在第三國發展業務。」

中國官方的船隻曾反覆在尖閣諸島附近活動，但在二〇一七至一八年間數量驟減。這背後因素自然是我表明了將支持「一帶一路」，以及在二〇一八年訪問中國。

中國為了讓我們接受「一帶一路」，頻頻送來秋波。尤其是負責國內政務的李克強總理，在各種場合都試圖與我會談。

雖然他沒有直接談「一帶一路」，但我感覺到中方強烈希望與我們合作的意願。當時，我對「一帶一路」仍採取較為批判的態度。在東亞首腦峰會上，我正和各國領導人聊天時，李克強走到我面前，說想和我談談。我想就站著說幾句話也可以，畢竟雙方根本沒有準備首腦會談。但我才走過去，李克強就帶來了他的日語翻譯。

一般來說，我會說日語，由日本外務省官員翻譯成英文後，對方再將英文翻譯成中文。但李克強說「那樣太浪費時間了，所以我帶了日語翻譯人員過來」，還提議「我們一起從鏡頭前走過去」。中國的「一帶一路」因為得不到日本提供合作的承諾，在國際社會的信用始終上不去，他們似乎對此抱有危機感。

——這是否意味著我們與中國的關係「從對抗轉為包容」？

你可以稱作「戰略包容」。首先，我認為與其阻止中國行動，不如透過日本的參與，來確保高品質的基礎建設，那麼做既能幫助到新興國家，對日本經濟界也有利。

此外，我們的積極合作，將成為擁有共同民主基本價值的國家的標準，以國有企業為主的中國能否配合這個標準，對他們也是一種檢驗。中國真的有能力投入高水準的合作計畫嗎？我也打算將這個問題直接攤在中國面前。這正是一種互利即可合作的關係，亦即戰略互惠關係。順便提一句，我和二階幹事長之間，也可說是戰略互惠關係。

——五月九日與李克強會面時，雙方同意啟動「海空聯絡機制」，以防自衛隊和中國軍隊之間出現誤判及擦槍走火等突發狀況。其主軸包括在防衛部門之間建立熱線、建構艦艇和飛機

的直接通訊機制、定期召開會議。

日中兩國都不希望出現偶發衝突的事態，在這一點上，雙方的立場是一致的。一九六二年爆發古巴危機，美國和蘇聯之間由於缺乏溝通管道，陷入一觸即發的僵局。等到危機解除，美蘇隨即建立起緊密的溝通管道。今天，我們也難以保證尖閣諸島周邊地區不會陷入戰爭邊緣，因此這種機制對確保局勢安定至關重要。

奧姆真理教事件，十三人被執行死刑

——七月六日至二十六日，奧姆真理教事件的教祖、死囚麻原彰晃（本名松本智津夫）等十三名奧姆真理教事件涉案人員遭處決伏法。

奧姆真理教的一連串犯罪行為，可能是日本戰後最令人震驚的事件。每一件都發生在平成時代。坂本堤律師一家滅門事件發生在平成元年（一九八九年）；後來的松本沙林事件、地下鐵沙林事件分別是在一九九四、九五年。受害者感受到的恐懼和遺族的悲傷，是我們所難以想像的。一九九五年，大批警力和自衛隊湧入山梨縣上九一色村[6]進行搜查。那時我剛

6編注：位於富士山腳，為奧姆真理教總部所在地。

選上議員，那件事讓我感到非常震驚。

眼看二〇一九年，天皇陛下即將退位。既是平成時代的事件，那麼在平成時代將其劃下句點自有其意義。不過，死刑執行專屬法務大臣的權限，首相並不過問。

事實上，某位法務大臣倒是曾經在決定處決某一名死囚前，來找我說明情況。但我只對他說：「由你全權決定。」也許他想分散責任，但我可不能接受。

奧姆真理教走向過激的轉折點，源於一九九〇年眾議院選舉失利。雖說當時已發生了坂本律師事件，但選舉受到重挫，讓他們陷入日後將如何發揮影響力的焦慮中，最終轉向武力革命。

執行死刑，剝奪的是一個人的生命，這對法務大臣的心理負擔不可估量，餘生都將背負著這件事。我相信安倍內閣的每一位法務大臣，都是在認真讀過公判紀錄後，慎重地蓋下裁決印章。拍板處決奧姆真理教十三名成員的法務大臣上川陽子，相信也經歷過一番煎熬。儘管有人認為，松本智津夫伏法後，許多未判明的罪行再也無從得知真相。但要是我們仍將他視為教祖，模糊了事件的本質，那就永遠也沒辦法讓這名死囚伏法。

——上川大臣事前曾聯絡您嗎？

事前沒有聯絡。但是即將執行死刑前，她聯絡我，表示「現在要執行死刑了，目前依序前往刑場。」我也沒什麼好交代的，只能對她說「辛苦了」。

自民黨總裁選舉，與石破茂捉對廝殺

——時隔六年再次舉行的自民黨總裁選舉（九月七日公告、二十日投開票），您和石破茂幹事長捉對廝殺。您當時已有執政五年八個月的實績，是否有「現任一定贏」的自信？

二〇一八年，森友學園風波中出售國有地相關官方文件被竄改一事遭到披露，加計學園新設獸醫學部爭議在總裁選舉前後仍餘波蕩漾，金權政治的問題浮上檯面。縱觀七年九個月執政期間，二〇一六年是「森友．加計學園問題」的第一波，二〇一七年則是第二波，是安倍政府執政的低谷。

可惜我在「森友．加計學園問題」上拿不出可以排除自身爭議的證明。再加上相關人士淨是些個性特質上容易受到媒體關注的人物，所以被炒作起來。

——您當時是不是太小看「森友．加計學園問題」了？這畢竟攸關首相的名譽。比如說森友問題，應該可以將財務省理財局和近畿財務局、國土交通省大阪航空局相關人員全部叫來，進行內部調查吧？

我先前從來沒聽過與森友學園談判降低國有地售價這些事，所以，起初只認為是無中生有的血口噴人。你說的有道理，或許當時應該成立調查小組。

——似乎沒看到您企圖採取探究真相的進攻姿態。反倒給選民留下了逃避問題的印象。

基本上，我認為我們當時低估了問題的嚴重性。

——總裁選舉期間，石破茂緊抓著「森友．加計學園問題」不放，更打出「正直」、「公正」的口號，批評您「做錯了就是做錯了，應該要道歉。」

就像在和反對黨作戰一樣。看到哪裡有弱點，就朝那裡猛烈攻擊。

但是，石破不也涉入了新設獸醫學部的爭議嗎？二〇一五年，他在擔任地方創生大臣和國家戰略特區負責人時，定下了「石破四條件」（新領域的需求；既有大學已經不足以應對；教授師資、設備充裕；對獸醫師的需求平衡無負面影響），這在實務層面上，導致新設獸醫學部的申請更不易獲得批准。難道不正是因為受到獸醫師會施壓，而聽從了他們的要求嗎？所以，總裁選舉才跑到一半，他就不再喊什麼「公平」、「公正」了。

——總裁選舉開票結果，您獲得五百五十三票，得票率百分之六十八點五；石破茂獲得二百五十四票，得票率百分之三十一點五。選前也有預測指出，您因為具備現任優勢，應可獲得八成左右的選票。

坦白說，一定會贏的選舉，很難全力投入打選戰。連要維持高昂的鬥志也不容易。一邊要履行首相的職務，一邊還要投入總裁選舉，就像被賦予了多餘的工作。歐美國家的黨首選舉中，也有權挑戰現任者，但（競選活動）頂多進行一天左右。過程中，不少人受到「森友．加計學園問題」影響，不分是非對錯，光憑同情弱者的心情營造出支持石破的氣氛。

——總裁選舉期間，石破派的農林水產大臣齋藤健跳出來說，受到支持您的國會議員的壓力，要求他在支持石破前，先寫下辭職信。您得知後加以反駁，表示「倘若是真的，請說出施壓者的名字。我問了我方陣營的議員，大家聽了都感到很氣憤，紛紛反擊『怎麼可能會有這種事！』」像這樣，在攻防間出現了不夠成熟的批評論調。

的確，我本來也可以為齋藤辯護，表示「絕對不可原諒施壓情事。我相信齋藤。」但可能我的想法比較傳統。再怎麼說，自民黨的總裁選舉都是一場權力之爭，每個人一旦決定了支持的人選，就該有了相當的覺悟才對。這可不是在學校裡選班長，還在那裡哭訴受到不平的對待。我對此相當不以為然。

齋藤精通貿易和農業政策，我對他評價很高，為此感到很遺憾。不過，石破茂也好，支持石破的人也好，在總裁選舉中出馬挑戰現任首相，不就形同否定安倍內閣？若是這樣，辭去安倍內閣大臣的職務才合乎道理。不想辭職，又在總裁選舉中支持別人，這樣的做法令人難以理解。

有人嘲諷說我肚量小。但試想當年角福戰爭期間，前首相田中角榮和福田赳夫激烈角逐權力的政爭，可不像現在這麼溫和吧？

——十月二日總裁選舉後，第四次安倍改組內閣啟動，為安倍內閣有史以來最多、共十二位大臣首次入閣。這是否為總裁選舉的論功行賞？

一次就啟用十二位新閣員，似乎太多了一點。但總裁選舉後，不少人接連向我表達對人事的期待。個個都是自我評價很高的人。

不過，內閣沒有足夠的位子來滿足這麼多需求，所以我被迫不斷去協調人事。我實在很不喜歡安排人事。

——您任命平井卓也擔任負責IT和科學技術的數位大臣、茂木敏充擔任經濟再生大臣。後來，他們在各自的領域非常活躍。

這兩人的任命是根據我的想法，而不是出於他們對自己的評價。平井相當熟悉網路媒體。民主黨政權時代，我記得那時他還是在野黨自民黨任命的IT戰略特命委員長，曾指出政府的系統問題，於是我請他出任數位大臣。平井在後來的菅義偉內閣，也以數位大臣的身分主導成立數位廳。這是明智的人事任命。

與美方的「物品貿易協定」（TAG）協商即將展開，所以我邀請實務能力很強的茂木擔任經濟再生大臣。

——九月底內閣改組前，您訪問了美國，並在紐約與川普總統舉行首腦會談。雙方同意啟動新的談判，修改包括農產品在內一系列商品的關稅。不過，相關會談中，原本應該先由麻生太郎副首相和彭斯副總統進行貿易談判，但麻生和彭斯的框架似乎並未發揮作用？

彭斯很謹慎，不願意進行談判。也許因為這是個艱難的談判，他不想承擔責任。我們對於提高農產品與汽車關稅採取較警戒的立場。但對方跳過談判，對日本來說也是好事。表示美方覺得不能再等了，於是我們啟動了「物品貿易協定」。我認為茂木可以做的很好，我也很期待。

二〇一九年四月，茂木展開了與美國貿易代表賴海哲（Robert Lighthizer）的正式貿易談判。在他積極協商下，該年秋天就達成了堅實的協議。日本的市場開放，停留在包括ＴＰＰ等過去經濟合作協定的水準，可說非常成功。

最終，我在二〇一九年九月訪問美國，與川普達成了最終協議，並簽署一份聯合聲明。雙方會面時，川普說賴海哲「個性不好，但工作做得很好」。我則回應說茂木「個性很好，工作也很出色」，在場的日本代表團聽了之後哄堂大笑。

——內閣改組中，您提拔了僅當選三屆眾議院議員的石破派議員山下貴司為法務大臣。這項人事安排，被視為有意讓總裁選舉中挑戰您的石破茂難看。

總裁選舉期間，石破在日俄談判議題上表示「不認為領土問題會因經濟合作而取得進展」；對日朝關係則說：「將在平壤設立聯絡辦公室。」想法和我實在是南轅北轍。於是我決定逐一擊破石破派，給他來個措手不及。山下長年透過議會外交為綁架問題出力，我一直很欣賞他，選舉期間也曾為他站臺助選。

內閣改組前，我告訴他：「一旦你的名字被洩露出去，就會遭到阻撓。所以絕對不要讓任何人知道，也別告訴石破。」要是得知這件事，石破派肯定會反彈。山下確實遵守了約定。直到人事變動前一刻，媒體手中的名單都沒有法務大臣。

與意圖推翻安倍政府的財務省之間的暗鬥

——二〇一八年十月十五日召開的臨時內閣會議中，正式決定自隔年十月一日起，消費稅稅率從百分之八調高到百分之十。並表示將建立一個制度，將調漲的百分之二稅收轉為點數，返還給在中小型商店採非現金支付的消費者。消費稅的增稅經兩度延宕，終於走上了納入社會保障和稅收一體化改革的百分之十的道路。與財務省之間的暗鬥，是否大大消耗了內閣的

元氣？

消費稅的稅率在二〇一四年四月調升至百分之八，二〇一九年十月調升至百分之十，但上調至百分之十的計畫兩度延後實施。第一次延後，是在二〇一四年十一月的眾議院選舉；第二次延後，是在二〇一六年的參議院選舉。

二〇一四年之所以決定延後，是因為增稅到百分之八引發的景氣衰退過於嚴峻。儘管財務省出面解釋，認為就算上調至百分之八，經濟也很快就會復甦。然而，二〇一四年四月至六月、七月至九月國內生產毛額連續兩季負成長。財務省的官員在十一月我宣布延後增稅前，讓副首相兼財務大臣麻生太郎坐上我回國的政府專機，試圖說服我。但是，我們在飛機上看到了該財政年度七月至九月的初步數據。於是我向他解釋為何「現在說什麼也不能增稅」，並說服了他。

此時，財務省官員除了透過麻生進行勸說，還推出谷垣禎一幹事長，對安倍政府展開批評，並密謀拉我下馬。之前我也提過，他們為了財務省的利益，就算推翻政府也毫不猶豫。谷垣在二〇一二年擔任自民黨總裁時，曾同意一體化改革，所以他們試圖讓谷垣勸我「必須遵守協議」。谷垣擔任過財務大臣，主張的觀點與增稅派較接近，但是他並沒有加入財務省的倒閣計畫。我想那是因為他不願看到政局變得動盪。

二〇一五年，在第二次決定延後加稅前，財務省針對導入降低生活必需品等項目的減輕稅率制度，再次出招。

公明黨在二〇一四年眾議院的選舉政見中，曾主張導入減輕稅率制度。財務省雖判斷勢必得施行，卻試圖盡可能縮小減輕的金額。執政黨內部在秋冬兩季進行磋商[7]，公明黨考量到緩和納稅的痛苦和對景氣的影響，提出對「食品和飲料（不含酒精飲料）」等項目減輕一兆三千億日圓的稅收；另一方面，財務省和自民黨的財政重建派議員聯手，先提出縮小目標品項範圍、金額四千億日圓的方案，最終還打算以五千億日圓為目標來闖關。

財務省的手法激怒了內閣官房長官菅義偉。最終，（財務省）基本上吞下了公明黨的方案，將稅收減輕的規模提高到一兆日圓。當時財務省的抵抗相當驚人。

在官邸內部，由於財政部二〇一四年的陰謀是在夏天發動，所以大家把它稱之為「夏之陣」[8]；圍繞在二〇一五年減輕稅率的相關行動，則是在冬天才告一個段落，便稱之為「冬之陣」。大家都說，財務省太可怕了。到了二〇一六年參議院選舉，政府決定第二次推遲加稅，所以直到二〇一九年十月，才導入減輕稅率制度。

——田中角榮、竹下登等歷任首相都是透過和舊大藏省[9]建立良好關係來運作政府。到底是首相利用了大藏省、還是首相為大藏省所利用，實在難以界定。不過，安倍內閣和財務省的關係確實不太尋常。

小泉內閣同樣是由財務省主導。小泉內閣雖然承諾不提高消費稅，但取而代之的是大幅縮減開支。

我第一次執政時，相當尊重財務省官員的發言；但是到了第二次執政，我就認為沒必要照單全收。因為他們試圖在通貨緊縮下增稅，那是錯誤的政策。我無意在此批評財務省，但他們只關心稅收增減，並不關心實體經濟。

財務省一直是霞關各省廳中的翹楚。但在安倍政府時期，卻是由經濟產業省出身的今井政務祕書官掌握了權力。我認為看在財務省眼中，絕對不是滋味。

財務省官員經常拜訪被稱為「參議院大老」的前參議院幹事長青木幹雄，以及公明黨的最大支持者創價學會的管理層，討論安倍政府的未來。一旦內閣支持率下降，財務省官員就著手為即將主導的新政府做準備。也許他們認為，「只關心眼前執政的政治人物很愚蠢，還是主管國家財政的自己才是最了不起的。」就算國家滅亡了，只要政府遵守財政紀律，他們就滿足了。

不過，換個角度看，其實對財務省而言，可以說沒有比安倍政府更好的政府了。我們最終兩度提高消費稅，還創造經濟成長，也使稅收增加了。

7　譯注：指自民黨和公明黨組成的聯合內閣。
8　譯注：引自一六一五年德川家康消滅豐臣家的戰役。
9　譯注：即財務省的前身。

——這是否意味著安倍內閣七年九個月任期內，一直持續與財務省暗鬥？

我對於財務省和黨內財政重建派議員聯手「拉下安倍」的意圖，始終保持警覺。所以推遲增稅的決定，往往會和選舉同時推出。要不然，安倍內閣很可能早就被他們推翻了。

我也暗自懷疑，森友學園的出售國有土地問題，是財務省為了對付我而謀劃的伎倆。這一點不無可能。財務省想必打從一開始就很清楚和森友的土地交易會衍生出嚴重的後果，但是，土地交易的談判紀錄等文件卻始終沒有送到我手上。森友事件中的很多細節，我還是看了媒體報導後才知道。

自由開放的印度洋—太平洋

——二〇一六年八月，您在肯亞舉行的「第六屆東京非洲發展國際會議」中發表了主題演說，宣布日本的新外交指導方針「自由開放的印度洋—太平洋戰略」。為實現亞洲到非洲地區的成長，將擴大自由、法治和市場經濟。您為何選擇這個時機點、在非洲宣布自由開放的印太戰略？

要是在東南亞發布，可能會刺激到中國。換作在肯亞的演講中先試水溫，釋放這項訊息，就不會引來太多關注。只要之後再透過各種場合，慢慢在國際社會傳播開來就好。從這一點來看，在非洲宣布這項戰略是個好主意。

「自由開放的印太戰略」是我醞釀了很多年的構想。我在二〇〇六年第一次執政前出版的《邁向美麗之國》[10]一書中，率先提出了重視日印關係的方針，那正是這項戰略構想的開端。這也奠基在印度和日本之間不存在歷史認知的歧異，而且同樣擁有自由、民主等普世價值的前提上。如此一來，日印就可能深化彼此間的合作。

二〇〇七年八月，我就任首相後出訪印度，發表了題為「兩大洋的交匯」的演講，提到「太平洋和印度洋為自由的海洋、繁榮的海洋，帶來更多元的結合。日本和印度兩國肩負著拓展自由和繁榮的責任。」我的初衷是，日本身為海洋國家，發展外交時更要著眼於廣泛的印太區域，而不僅僅是亞太地區，這也符合國家的利益。這場演講是「自由開放的印度洋—太平洋」的原點。

從普世價值的角度來看，我們也可以與澳洲合作。其間還有日美同盟的外交基軸。所以，我進一步訴求，日美澳印四國將構成「印度洋—太平洋」的大經濟圈，這片海洋是公共財，我們有責任保護這片海洋的權益。

考量到日本、美國、澳洲、印度四國具體合作的戰略對話與聯合演習，我們還提出了四

10編注：原書名《美しい国へ》（文藝春秋，二〇〇六年）。臺灣前衛出版社於二〇〇七年翻譯出版為《邁向美麗之國》。

方安全對話（QUAD）的構想。該對話於二〇〇七年第一次內閣期間啟動。

其中經歷了一些試錯。後來，我希望重啟四方安全對話，於是在二〇一二年反對黨時期，以英文向國際非營利組織發表了一篇題為「亞洲民主安全之鑽倡議」（Asia's Democratic Security Diamond）的文章，串起日美澳印四國，就像一顆菱形的鑽石，由四個國家共同確保法律管轄及海上航線安全。不過，這個說法並沒有獲得太大的迴響。

「自由開放的印太戰略」和「四方安全對話」也在各種努力不懈之下，經由向各國領導人大聲疾呼，後來終於在國際社會上形成共識。

——基於對中國持續大舉進軍海洋，不斷擴張軍事實力的危機意識，「自由開放的印太戰略」最初被視為圍堵中國的包圍網。

人們對於中國試圖透過其龐大的經濟區概念「一帶一路」擴大霸權的擔憂，始終無法消除。另一方面，「自由開放的海洋」對擁有海上航線的中國來說也很重要。日本的立場是，與共享普世價值的國家進行戰略性合作，但也不排除中國。

日本在二戰期間，曾經提倡大東亞共榮圈的構想。雖然遭批評是在為侵略行為辯護，但試圖從西方帝國主義手中解放亞洲各國的理念本身，在某種意義上也可說合乎情理。

戰後，由於對日中戰爭和太平洋戰爭的過度反省，日本在外交上的挑戰被限制，基本上未曾提出任何理念或構想。較廣為人知的，應該就是福田赳夫首相向東南亞各國訴求合作的

「福田主義」（Fukuda Doctrine），以及橋本龍太郎首相呼籲與中亞、俄羅斯和中國建立信任關係的「歐亞大陸外交」（Eurasian diplomacy）。但這些訴求都沒有後續發展，想必也和倡議的政府未能長期執政有關。

——「自由開放的印太戰略」如今已是日本和美國之間的共識，您最初提出時，美國的反應如何？

歐巴馬政府將中國定位為「承擔更多責任的利害關係者」，這意味著他們將基於經濟利益迴避衝突。在歐巴馬總統任期後半，傾向和中國合作。我曾向歐巴馬闡述「自由開放的印太戰略」概念，但說實話，他似乎並不感興趣。

川普總統也對外交理念和構想興趣不大，於是我轉向和總統關係密切的國家安全官員，一再訴求「自由開放的印太戰略」的重要性。對象包括總統國家安全事務助理波頓（John Bolton）、國家安全顧問歐布萊恩（Robert C. O’Brien），以及白宮國家安全會議亞洲事務資深主任、後來擔任美國副國家安全顧問的博明（Matthew Pottinger）。波頓和歐布萊恩和我的意見完全一致。

——長年以來主張不結盟中立的印度，對您的構想有何反應？

印度對歐美來說是個棘手的國家。雖然宣稱不結盟中立，卻在冷戰時期為了牽制中國而親近蘇聯，隨後也向俄羅斯購買武器。可能出於印度長年以來，對以英國為首的歐洲盎格魯—撒克遜統治心存反感。歐美各國將印度視為一個不好對付的國家。

另一方面，在印度眼中，日本是一個特殊的國家。一九五七年，我的外祖父岸信介首相訪問印度。當時的隨行翻譯表示，首腦會談期間，新德里的官邸前擠滿了群眾。印度總理尼赫魯（Jawaharlal Nehru）結束了和外祖父的會談後，表示「我要到群眾面前演講，也要將你介紹給他們」，然後領著外祖父來到人群前，慷慨發言：「岸信介是個曾經戰勝俄羅斯帝國的一國首相，日本給了我們對抗英國、並贏得獨立的勇氣。」贏得了熱烈的掌聲。

日本在戰時曾經支持印度的獨立運動，儘管目的可能是為了削弱當時殖民印度的英國的影響力，但是，日本仍在印度獲得了普遍的尊重。戰後，印度對日本依舊保持相當友好的態度，也是因為日本透過政府開發援助支持了印度發展。

我第一次執政時期，曾向時任總理的辛格（Manmohan Singh）提及四方安全對話，可惜他比較慎重。我想他應該是擔心影響對中關係。到了我第二次執政，總理莫迪（Narendra Modi）就對我的構想表示了理解。莫迪說，如果是美國和澳洲提出的構想，他不會參加；但要是由日本主導，就願意參加。

——二〇一七年，「自由開放的印太戰略」中刪除了「戰略」一詞，是否出於中國方面的強烈反彈？

中國確實極度不樂見「自由開放的印太戰略」。他們雖展現出「你想做就去做」的態度，卻向東協施壓，要求這些國家不要支持。

「戰略」一詞讓人聯想到實質的國防安全合作。起初使用這個詞，似乎讓東協各國有點驚訝，並提出「日本這麼做會不會太刺激中國了？」的擔憂。確實，比起「戰略」，「構想」會是較為溫和的表達方式，這樣推廣到整個國際社會才能更容易獲得理解。

時隔七年訪中：和中國的相處之道

——十月二十五日至二十七日，您出訪中國北京。在出席國際會議以外，這也是繼二〇一一年野田佳彥首相訪中後，日本首相時隔七年的訪中行程。您表達了「從競爭到協商，將日中關係推向新時代」的訴求。之所以採取包括日中兩國企業經濟合作在內的協調路線，這其中的背景是什麼？

中國是一個極具外交戰略的國家。中國在與任何國家打交道時，都會制定一個博弈計畫。因此我們在對中外交上，也必須有一套縝密的盤算。

首先，對日本來說，二十一世紀外交、安保上最大的課題，就是如何應對中國崛起。面對中國軍事力量的擴張，我們雖在防衛白皮書上僅以「擔憂」兩字帶過，但平心而論，我得說這就是「威脅」。這也是日本何以要加強防衛能力、深化日美同盟，並促進多國間防衛合作的原因。為了實現這一點，我們在具體措施上提倡自由開放的印太構想、制定《安保法案》，並設法提高他國對日本的信任，通過讓日本更容易取得情報的《特定祕密保護法》、實現「恐怖攻擊等預備罪」等。

在經濟方面，隨著締結TPP，我們著手制定基於共同價值的貿易規則。但另一方面，我們的政治責任並不僅僅是和眼前的威脅對抗。中國是個巨大的消費市場。日本要促進經濟成長，也不能就此和中國切斷關係。我們需要做好安保課題方面的管理，同時在經濟上將中國市場的價值轉變為日本的機會。這才是政治的手腕。

——二〇一三年十二月，輿論指出因為您參拜了靖國神社，造成日中關係陷入決定性的低潮。您如何找到改善關係的方法？

打從二〇一二年民主黨執政，日本將尖閣諸島國有化那段時期，日中關係就已陷入低谷，關係急速惡化。後來，我參拜了靖國神社，終於盡到身為一國領導人的責任，並為此鬆了口氣之後，隨即就在思考如何改善日中關係。但要說起來，還是中國先改變了態度。

我和習近平主席曾在二〇一四年十一月於北京召開的亞太經濟合作會議，以及二〇一五年四月於雅加達召開的萬隆會議期間舉行會談。但是，當時會談的氣氛並不愉快，習主席臉上完全沒有一絲笑容。

然而到了二〇一六年九月，在中國杭州由二十個主要國家和地區領導人與會的二十國集團峰會上，日中之間的氣氛頓時輕鬆了起來。

二十國集團峰會結束後，西湖上辦了一場藝文晚會。中國在湖面鋪上類似透明板的東西，供人們在湖上行走，同時觀看表演。一群芭蕾舞者在湖上表演《天鵝湖》，此時，坐在我身旁的英國首相梅伊不住喊著「Wonderful」，並感嘆：「畢竟是獨裁國家，才可能舉辦這樣的盛典。換作民主國家，不可能花這麼多錢來宣揚國威。」

演出結束後，隨即舉行日中首腦會談。見到我望著湖面讚嘆「我從未見過如此精采的藝文展演」，習近平終於露出了笑容，對我說：「是吧。印象深刻嗎？」接著，我們進入正式談話。儘管在鏡頭前握手時，他的表情依然僵硬，但進入房間後的會談，是以笑臉開啟的。

——習近平是國家元首、李克強則是總理。您和他們分別舉行首腦會談時，是否感覺到兩人不同的作風？

習近平所展現的自然是元首風範。李克強則是具有淵博學識的行政官員，予人技術官僚的印象。想必李克強就是這樣爬上了黨內高位吧？在國際會議上，連外交部長王毅都要蹲下來、垂著頭將文件恭敬地呈給坐在椅子上的習近平。在日本，可沒有任何政治人物或官員會對我那麼做。那時我深深感覺到，我們與威權主義國家之間存在的巨大鴻溝。

我第一次執政時，面對的是胡錦濤國家主席和溫家寶總理，當時感覺兩人比較像是

「Two Top」（雙領袖）的關係。相比之下，習近平和李克強的地位明顯不同，習李的關係似乎更接近中國第一代領袖毛澤東和輔佐毛的周恩來總理。

我第二次執政後的七年九個月任期內，總共到海外出訪八十一次。不論和哪個國家的領導人會面，我都會提到中國的話題，說服他們警戒中國在軍備上的增強與海上擴權。其中有些領導人同意我的看法，但也有不同意的。要是和中國親近的國家，多半會去告狀，說安倍講中國的壞話。我當然心裡有數，因為我是故意說給中國聽的。

為什麼要這麼做？這只是出於我個人的直覺。中國這個國家，一旦對它發起挑戰，它可能會將日本視為對手，對我們的實力有一定程度的認可，進而提高警戒，採取反制措施。

對中外交就像下將棋。當對方準備吃掉你一個金將，你就必須下一手棋，去吃掉對方的飛車或角行。此外，要讓中國改變咄咄逼人的強勢作風，也必須不斷贏得選舉。這會讓中國覺得，很難對付的安倍將長期執政下去。我們長期推演著一場令中方神經緊張的心理戰。同樣是下將棋，中國和只會掀翻棋盤的韓國，是完全不同的。

——有些批評指出，不能行使武力的日本應該採取「量力而為的外交」。

那可不行。硬要說的話，我認為虛張聲勢的宣傳更好。好比法國的經濟實力，只看國內生產毛額不過才日本的六成左右。英國也好、俄羅斯也好，都比日本來得低。那麼法國賣的是什麼呢？除了文化和擁有核武之外，就是其壓倒性的大國意識。世界上有很多只靠著大國意識，就展露傲慢態度的國家。身為世界第三大經濟體的日本，沒必要太客氣。

——您作為時隔七年再次訪中的日本首相，與習近平主席的首腦會談氣氛融洽嗎？

不，倒也稱不上。儘管這一年（中國船）侵入尖閣諸島領海的次數減少，但我們無法確知中國是否會就此鬆手。我經常提醒他們，「不要誤判日方的決心」。萬一出現緊急情況，我們不怕武裝衝突。

首腦會談後的成果文件中，最重要的是讓「應將東中國海變為和平、合作、友誼之海」等措辭雙方態度達成一致。一旦日後中國持續強勢在海洋擴張，我們就可以加以指責，說「這不是違反協議了嗎？」

關於東中國海油氣田開發，雙方以日中兩國共同開發為基礎的二〇〇八年協議，達成了共識；並同意在防衛部門間盡早建立基於海空聯絡機制的熱線。在經濟方面，則是對日中兩國企業在第三國的經濟合作、放寬對日本農產品進口限制等項目上達成共識。不過，首腦會談之後，很遺憾中國只解除了對新潟縣產大米的禁令。我們還在半路上，有待繼續努力。

——在第三國經濟合作方面，政府支持日本和中國企業共同開發基礎設施。政府內部是如何決定轉向、支持「一帶一路」的政策？

訪中前，我們在國家安全保障會議上兩度討論合作的可能性。外務省一貫表示反對。我原本也懷有疑慮，但轉念又想，日本能在非洲修道路嗎？不行。既然如此，就應該考慮和中國聯手。中國為了拿下在非洲和其他國家的政府標案，做了不甚光彩的事。他們賄賂政府高官、贈送賓士車，還建造總統的宮殿。日本的援助是乾淨的。所以，日方在競標上絕對贏不了。曾經有位中東的高官對我說：「日本應該學習中國的援助方式，畢竟不取悅當權者是行不通的。」但我們不能那麼做。

向那些想要賄賂的人談道德是毫無意義的。那麼，我們該怎麼做？只要我們提出確保公開性、透明性和債務健全性等原則，並促使對方遵守，日本就能改變方針，與中國合作。

外交的基礎是現實主義。基於意識型態的外交手段是得不到共鳴的。世界各國都為了維護國家利益而相互競爭，一味固守僵化的思維，國家終會走向衰退。

「徵用工」判決

——韓國人前徵用工（舊朝鮮半島出身的勞動者）向新日鐵住金（現日本製鐵）索求賠償的訴訟案，二〇一八年十月三十日，韓國最高法院駁回了該公司上訴，並判令該公司支付賠償金。韓國最高法院也於十一月二十九日，對三菱重工做出類似的判決。對此您表示，「根據國際法，這是個不應該出現的判決。」對於老是將歷史問題搬出來炒作的韓國，日本這方無

計可施嗎？

隨著日韓邦交正常化[11]而簽訂的一九六五年「日韓請求權與經濟合作協定」，屬於國際法條約。當中明確記述索賠權問題「已得到徹底且最終的解決」。韓國還對當時的談判進行解釋，指出協議中包含對前徵用工的補償金，朴正熙政府更在那之後實行補償措施。因此否定該條約的判決，顯然不符國際社會的常情。

韓國最高法院的論點也令人費解。二〇〇五年，盧武鉉政府成立修訂日韓間協定的「官民共同委員會」，但委員會做出的結論是：給戰時勞工的補償，早已包含在向日本收取的賠償金裡了。此外，朴正熙政府過去把從日本獲得的資金大舉投入基礎設施建設，如今韓國政府改弦易轍，認定應將更多資金用於徵用工的遺族，（韓國政府）同時提供額外的補償。時任韓國總統府首席祕書官的文在寅總統，也曾以政府委員的身分參加委員會，肯定很清楚韓國最高法院的判決違反了國際法，卻仍想利用民眾的反日情緒作為支持政府的底氣。文在寅總統就是確信犯。[12]

11 譯注：一九六五年，日韓兩國在東京簽署《日韓基本條約》，建立正式外交關係。
12 譯注：確信某種價值係真理，國家法律才是錯誤。為了實現該價值所從事之犯罪。

關注。

——前徵用工問題判決出爐後，您和文在寅總統直到二〇一九年十二月中的日韓首腦會談，才進行直接會談。在那次會談中，決定就徵用工問題繼續協商。事實究竟為何？

在我面前，文在寅總統流露出一副對該判決很困擾的態度。他說「我會想辦法」。但是在我執政期間，他什麼也沒做。那之後二〇二一年六月另一件前徵用工的訴訟案，遭到韓國地方法院駁回。二〇一八年的最高法院判決也被否決了，但訴訟仍在繼續。我們必須密切關注。

——中韓兩國，尤其是韓國，總是在國際上採取拋出歷史爭議、貶低日本的外交手段。好比前慰安婦問題，在世界各地豎立了象徵慰安婦的少女雕像。為什麼日本在圍繞歷史問題的外交作戰上這麼疲軟？

事實上，外務省從未採取對抗的態勢。他們的態度是，歷史問題會隨著時間而逐漸被淡忘。但那樣一來，只是等著讓問題演變為既成事實。所以，安倍政府上臺後做了很大的改變，試圖扭轉劣勢，堅決守住邊境和國土，加強敦促中韓兩國遵守國際法。駐韓國大使就不用說了，對被設置象徵慰安婦少女雕像的駐德國大使等人，我也明確指示：「處於劣勢也要積極應戰。要上電視義正詞嚴地反駁！現在可不是在那裡悠閒喝紅酒的時候。」

展開北方領土談判：轉向二島返還

——二〇一八年秋天以降，北方領土談判成為關注的焦點。十一月十四日在新加坡舉行的日俄首腦會談中，以明確記述歸還齒舞群島、色丹島兩島的一九五六年《日蘇共同宣言》作為談判「基礎」，與俄羅斯普丁總統達成了協議。十二月於布宜諾斯艾利斯再次舉行會談，任命河野太郎外相和拉夫羅夫外長負責進行談判。此次談判方針，和多年以來要求歸還四島、締結和平條約大異其趣，予人稍顯唐突的印象。

這一切都始於九月十日在俄羅斯符拉迪沃斯托克（海參崴）舉行的東方經濟論壇上，普丁突然向我扔來的橄欖枝。他提議「在年底前，無前提條件締結和平條約。」起初我不明白他的意圖。論壇快結束時，我告訴普丁：「日本的立場是解決四島的歸屬問題，所以我不會接受。」

不過，在普丁積極表態後，我們也為十一月在新加坡舉行的會談著手制定計畫。既然被問到「欸，日本打算怎麼做？」我也想全力以赴。

《日蘇共同宣言》是一份經過兩國議會批准的正式文件，實際上是由雙方共同簽訂的條約。當時存在各種因素，導致日本後來不承認這份文件。但更中立地思考，就會發現日本無視於這項共同宣言反倒不合理。所以我們決定回到原點。

到了新加坡，在一場只有普丁、我和兩位翻譯在場的會談中，我率先提起父親的事。前蘇聯時期一九九一年四月，戈巴契夫總統出訪日本，當時患胰臟癌末期的安倍晉太郎，抱病前往眾議院議長官邸與戈巴契夫會面。普丁表示「我知道當時的情況」。

我對普丁說：「平時，我會推著父親的輪椅，但那一次他堅持自己走，一臉蒼白地和戈巴契夫進行短暫的會晤。父親說：『讓我們發展真正的友誼。多虧了你，才能奠下真正友誼的基礎』，表達對戈巴契夫首次來訪的感謝。」此外我也說：「我父親那一代人，在二戰期間大半都戰死了。父親背負著身為時代倖存者的責任，期盼解決遺留下來的和平條約問題，將日蘇關係正常化。而我贏得了選舉，擁有穩定的政治基礎，我想一鼓作氣開創一個新時代。」接著並提起了《日蘇共同宣言》。

這時普丁說：「締結和平條約是一項歷史性任務。解決領土問題，對日俄兩國人民都有好處。」接著，我們聊到森喜朗前首相。我說：「來新加坡前，我和森前首相見過面。他的健康情況正在好轉。」普丁非常高興，告訴我：「Yoshiro（喜朗）是我的朋友和前輩，我們是很好的同志。去年見面，他說他患了癌症，那時以為是今生的訣別了，覺得很感傷。聽你這麼說，真是太好了。」我和普丁共計進行了二十七場會談，卻似乎還是沒辦法建立如森前首相和普丁之間那樣的信賴關係。

後來，在一場日俄外交官員皆列席的擴大會議上，我說明了和普丁共同承諾啟動歸還二島的談判。

——「以《日蘇共同宣言》為基礎，加速和平條約談判」的報導發布前，日俄雙方是否曾就內容相互核實？

當然。起初，雙方在細節的措辭上有些分歧。事實上，我原本希望採用「為了完成《日蘇共同宣言》的過程」的說法，但普丁說：「俄語中不存在完成一個過程這樣的概念。」我擔心「普丁可能隱瞞某種意圖」，於是諮詢了長年擔任我的俄語翻譯、外務省俄羅斯課課長助理城野啟介。城野認為，「完成一個過程」這樣的說法確實有點怪，又說「要是用『基礎』，對日俄雙方是同義的」。日俄雙方再次進行核實，日方決定用「為基礎」，在俄語中也是「基於《日蘇共同宣言》，或是以宣言為基礎」的意思。

——在新加坡會談的協調階段，俄方是否願意以《日蘇共同宣言》為談判基礎向前推進？

外務省老是拘泥於過去四島歸屬等問題，俄羅斯外交部也對和日本的談判格外慎重。雙方原本該負責外交談判的部門之間，基本上沒發揮作用。

因此，我決定尋找與普丁關係密切的人物，最後找到了俄羅斯對外情報局（SVR）局長納雷什金（Sergei Naryshkin）。普丁曾是國家安全委員會成員，對外情報局則是國家安全委員會的後繼機構，因此普丁必定充分信任納雷什金。況且，納雷什金過去多次訪問日本，對日本有一定的了解。內閣情報官北村滋是這個領域的專家，我們便由北村透過納雷什金，向普丁詢問對《日蘇共同宣言》的想法。日方的想法，明確地傳達到普丁耳裡。

我們決定任命河野太郎和拉夫羅夫兩位外相，在布宜諾斯艾利斯負責談判。普丁提議「細節交給以副部長級官員為首的工作小組決定」，日本由森健良外務審議官、俄羅斯由莫爾古洛夫（Igor Morgulov）負責事務層級的協商。到這個階段，事情還進展得很順利。但當談判在二〇一九年啟動時，拉夫羅夫和莫爾古洛夫就開始破壞協商。

俄羅斯方面要求日本承認「作為談判的前提，必須先承認第二次世界大戰的結果，北方四島合法成為俄羅斯領土。」但日本是在表明接受《波茨坦宣言》後，蘇聯才奪走了北方四島，所以日方無法接受這點。此外，俄方也對《日美安保條約》和飛彈防禦系統提出質疑。

俄羅斯經常有所疑慮，「美軍可以在日本任何地方設立基地，要是歸還了北方領土，美軍很可能會在那裡設立飛彈基地。」

在新加坡會談期間，我告訴普丁：「確實可能作為模擬。但是，美蘇冷戰期間，美軍駐守在日本的哪裡呢？是距離北海道最遠、氣候溫暖的沖繩。北海道則由自衛隊戍守。美軍連北海道都不去了，又怎麼會去更寒冷的北方領土設立基地？」

《日美安保條約》中附帶的「駐日美軍地位協定」規定，「未經日本同意，美國不得設立軍事設施或區域」，但關於北方領土，外務省文件上也的確保有「如果不設立設施或區域，日本和蘇聯做出的承諾可能會帶來安保上的疑慮」等文字紀錄。

當時我誠實地提到了這項協定，並表示，「考慮到川普和我的關係非常好，即使讓他知道，我向弗拉基米爾（普丁）承諾『日方不會在北方領土設立美軍基地』，他應該也不會生氣。畢竟川普總是抱怨駐日美軍基地是個沉重的負擔。」我當場說服了普丁。普丁回我：「這樣說就很清楚了。沒問題。」

在十二月布宜諾斯艾利斯舉行的會談上，雙方同意以在隔年六月於大阪舉行的二十國集團峰會上達成協議為目標。普丁還說：「明天就讓雙方的外相展開談判也沒問題。」他轉向拉夫羅夫，笑著說：「這人因為沒什麼事做，老是喝威士忌，對身體不好。要喝也該喝伏特加才對吧！」此刻應該是安倍內閣執政期間，日俄關係最接近的時候了，也是二島歸還眼看就要達成協議唯一的時機點。但是到了二〇一九年，外相和次官（副部長）級展開協商時，俄羅斯又走回了老路。

——是否因為俄羅斯國內掀起反對歸還領土運動的聲浪，才讓普丁變得瞻前顧後？

普丁似乎也試圖確保談判不會遭到妨礙。但最後還是功虧一簣。

儘管我極力勸說，但或許還是無法排除俄羅斯對美國的不信任感。一九八九年東西德統一，東邊的波蘭、捷克、匈牙利並未加入北約，但是之後紛紛加入，現今美國甚至在波蘭和羅馬尼亞部署了陸基神盾彈道飛彈防衛系統。雖是為了應對伊朗的攻擊，但俄羅斯認為也有對付俄羅斯的考量。普丁也是這麼想的吧？

十九世紀統一德國的俾斯麥（Otto von Bismarck）曾說，解決問題只能用「鐵與血」，即兵器和兵力，並以此實現了統一。二〇〇四年中俄邊界劃定，也是源於一九六九年邊境一帶的河域發生軍事衝突，兩國才想方設法解決。所以，不論日本如何在談判桌上陳述法律的正當性，對俄羅斯來說，想必是不痛不癢。

從這個觀點來看，尖閣諸島絕對不能被奪走。一旦被占領，再怎麼談判都很難拿回來。

第十章

新元號「令和」

——川普來訪、與哈米尼會談、日韓關係持續惡化

2019

二〇一九年五月一日，元號從「平成」改為「令和」。這是自江戶時代後期光格天皇以來，時隔約二百年首次出現由退位而進行的皇位繼承。為了選定擁有近一千四百年歷史的元號，安倍首相費盡心思。美國總統川普以天皇陛下登基後第一位訪問日本的國賓之姿，讓國內的祝賀氣氛達到了高潮。十一月二十日，安倍首相的在任總天數超過桂太郎首相，創下日本憲政史上執政時間最長的紀錄。

日韓關係持續惡化，韓國最終宣布取消為兩國安全而簽署的「軍事情報保護協定」（General Security of Military Information Agreement，簡稱 GSOMIA）。在國會，圍繞「賞櫻會風波」的質疑不斷，對安倍的批評更加尖銳。

決定新元號為「令和」：如幻影般消失的「萬和」與「天翔」

——政府在二〇一九年四月一日的內閣協議中，拍板定案以「令和」接替「平成」作為新元號。這也是西元六四五年「大化」以來的第二百四十八個元號。令和引用自日本最早的歌集《萬葉集》中一節。到平成為止，可確認的七十七個元號皆出自中國古典（漢籍），還是頭一次選自日本古典（國書）。聽說您在選定新元號前各階段參與甚多，能否談談此次元號選定過程？

起初，我將選定新元號的任務交由負責元號事務的官房副長官杉田和博與官房副長官助理古谷一之。我告訴他們：「希望你們在考慮引用時，也將日本古典列入選項。」我當時樂觀地認為，他們在事務性層級就能研擬出一個好方案，到時可輕鬆選定。

然而，到了三月二十日，就要對外宣布天皇的新元號了，他們給我看了幾個元號的方案。我以為他們能提出讓我覺得不錯的方案，但很遺憾，其中能觸動我的一個也沒有。既沒能融入日本人的情感，也沒有凝聚全民一心的感受。

——**四月一日召開的「元號懇談會」上，您收到了「英弘」、「廣至」、「令和」、「久化」、「萬和」、「萬保」等六個方案，您在三月份的研議階段看到的也是這些方案嗎？**

首相官邸的一位高級官員向我推薦「這個不錯吧？」他說的是「萬和」。他們想讓我選「萬和」。但是有濁音，唸起來不響亮。我一點也不喜歡。

「英弘」唸起來響亮好聽，但是社會上取名「英弘」的人太多了，也有企業用這個名字。所以我想這個也不行。

古谷禮貌地請教了多位學者，請他們幫忙斟酌評估，收到建議後又篩選了一輪，才將他認為最好的幾個提交給我確認。但我還是覺得不行。他也感到很意外。

我對所有參與的學者和官員感到很抱歉，但是，元號一旦發表就不能收回。要是國人對元號不滿，質疑「安倍為什麼要選這個呢？」那麼，元號制度自身存續的意義也將受到撼動。到了那地步，就不是我辭去首相所能解決的了。得切腹吧？這就是我之所以請他們一再提出新方案的原因。

——**據說請學者在保密的情況下提出的元號方案就達一百多個，您沒再嘗試從中挑選嗎？**

在事務層級被篩選掉的方案都有其未能入選的原因，必須是全新的方案才行。

今井尚哉政務祕書官認為，新元號「要能讓大家在腦海裡湧現一個故事，或是浮上一幕場景」，於是我讓今井半途加入元號起草團隊，從旁協助杉田和古谷。

到了三月二十七日，新方案出爐。「令和」、「天翔」出現了。期間我一度覺得「天翔」也不錯。況且「天翔」也是引用自日本古典。但仔細調查後，發現已經有葬儀社用了這個名字，這違反了「不能為世俗所用」的元號選定標準。另一方面，「令和」這兩個字的組合，基本上在常用語中看不到。我凝視著這兩個字好一段時間，漸漸覺得「滿有味道的」。

——「令和」引用自《萬葉集》卷五〈梅花歌三十二首並序〉。據說描述了大宰帥（大宰府長官）大伴旅人宅邸舉辦宴會的光景。引用的是「初春令月，氣淑風和，梅披鏡前之粉，蘭薰珮後之香」的段落。

正如今井所指出「一個完整的故事」，透過這兩個字，腦海中似乎浮現了那幕場景。平時要寫這個「令」字，我們會將最後一筆垂直向下點，「令」的寫法，散發出凜然之氣；令室（尊夫人）、令嬢（令嬡）、令息（令郎）等尊稱則予人優雅的感覺；「令」（Rei）的發音聽起來也很優美。底下加上個「和」字，又透出幾分寧靜平穩之感。

元號必須象徵天皇。雖然這只是我個人的看法，但我覺得「令和」兩字很適合當時的皇太子夫婦。日本人在大正時代與大正天皇一起走過，昭和時代與昭和天皇一起走過。每個時代的元號都象徵當時的天皇。所以，最終我們選擇了「令和」，作為符合今上陛下、皇后陛下新時代的元號。

——據說令和的提議者，是研究《萬葉集》等日本文化和古典的學者，國際日本文化研究中心名譽教授中西進？

教授本人似乎也差不多承認了。部分媒體還猜測元號會使用安倍的「安」或諧音「案」，居然連這種傳言都出來了。怎麼可能呢。在事務層級的研議階段，好像也出現了包含「安」字的方案，我馬上就否決了，並指示絕對不能用「安」這個字。

——在四月一日的元號懇談會及隨後的內閣會議上，是否有人對「令和」提出異議？

我們在懇談會上，聽取了全部九位專家的意見，其中大多數都表達能理解選定令和的決定。我也在內閣會議中，請每位閣員表達自己的觀點。我並沒有打算採取多數決，但大多數都表示贊同。

——《讀賣新聞》在新元號公布後立即進行的全國民意調查結果顯示，對「令和」回答「有好感」的比例達到百分之六十二，回答「有點難適應」的為百分之三十一。

剛開始不太習慣也是沒辦法的事。不過看到各家民調顯示多數人有好感，我就放心了。

1 **——「令和」雖然引用自《萬葉集》，也有人指出更早的源頭可追溯到中國詩文集《文選》的詩句。關於這一點，您怎麼看？**

還有人說「令」是命令的「令」。不過，令也有「好」的意思，亦常見於敬稱。那些宣稱「就像安倍的命令」的人，只是想挑毛病罷了。

就算是日本的古典，也會有人跳出來說漢字發源自中國。那麼棄用漢字，全用平假名，那樣的元號更合適嗎？那些人究竟要自虐到什麼地步，實在讓人無語。

——一九八九年一月，元號從昭和改為平成，那是在竹下登首相的時代。不過，當時卻是由內閣官房長官小淵惠三舉起寫著「平成」的字板，宣讀竹下首相的談話。在那之後，小淵先生的照片和影片常被媒體拿出來用，以至於有些人誤以為改元是發生在小淵首相時代（一九九八至二〇〇〇年）。發表「令和」時，是由菅義偉官房長官舉起寫著元號的字板宣布，但首相談話和新元號的意義，則是由您在記者會上發表。那是為了不重蹈平成改元時的覆轍嗎？

是的。最初，我並不想召開記者會，要是我為了此事站到最前面，可能會招來批評「對改元的政治利用」，或是「舉止可疑」。但若日後被誤認為令和改元是發生在菅義偉首相的時代也不妥。當年在竹下登內閣擔任內閣內政審議室長的前官房副長官的場順三曾告訴我，竹下首相後來也感到後悔，直言當年如果由自己發表就好了。

——您可以選在二〇一九年元旦或年度開始的四月一日改元，後來為什麼選定五月一日？

我原以為元旦改元再正常不過，但是宮內廳反對，表示元旦前後「皇室已經安排很多活動」。既然是皇室內部的意見，我們只能說「知道了」。二〇一九年四月一日是四年一度的統一地方選舉日。全國各地正在選舉，似乎也不宜舉行退位或即位儀式。

——制定新元號的政令，由當時的天皇陛下於四月一日簽署後對外公布。政令的實施日，則為皇太子即位的五月一日。另一方面，自民黨的保守派國會議員十分重視定下了一代天皇一個元號的「一世一元」制度，認為「新元號應由新天皇簽署、公布」。當時，眼看皇太子即位後就要使用新元號，所以他們主張，皇太子未簽署政令一事有瑕疵。您後來如何說服他們？

保守派認為，新天皇將於五月一日誕生，其第一項工作應是簽署該政令。但是，因為已經是天皇了，若要以新天皇的身分簽署，政令中的元號也該是新的才對。這當中就有了矛盾。儘管存在程序上的瑕疵，反對聲浪卻遲遲不消退。

於是我遊說保守派的國會議員，以及和保守派持同樣主張的神社本廳。[2]我說：「簽署

---

1 編注：即《昭明文選》。
2 編注：以神宮（伊勢神宮）為本宗，統括各地神社之宗教法人，為日本最大神道界宗教團體。

政令，不過是公務員份內的事。[3]重要的是，身為天皇臣民的首相前往拜見天皇陛下和皇太子殿下，報告關於改元的情況。」

平成改元時，據說內閣官房長官小淵惠三在宣布前先致電宮內廳長官，再由宮內廳長官向現今的上皇陛下報告。我對保守派說：「竹下政府的平成改元僅以電話告知，我可是親自前往報告。」他們這才不再糾纏。

——您於二月二十二日和三月二十九日造訪東京元赤坂的東宮御所[4]，與當時的皇太子殿下會面，說明皇位繼承和元號選定進程。

倘若讓天皇陛下參與元號選定過程，有觀點指出其中存在違反憲法的風險。因為憲法禁止天皇行使政治權利。不過，元號也隱含著天皇陛下時代的象徵意義。所以，我想就算將元號的方案提交給天皇陛下和皇太子殿下，應該也無傷大雅。保守派也認同我的做法。況且在這個時代，像從前那樣為了與皇室保持距離，在最後一刻才打電話通知的做法並不妥當。

即便如此，因退位而改元本來就不在我們的預想之內。不論是退位的法律程序、涉及皇室的各種活動及改元手續等等，過程中遇到了重重困難。不過，我認為這樣的機遇，也是一個被時代選擇的保守政權的使命。

每月勞動統計的不當調查

——二〇一九年的例行國會上，厚生勞動省調查員工薪資變化的每月勞動統計數據，爆出了調查手法不適當的爭議。法令規定，員工人數在五百人以上的企業都是調查對象。但是，東京都在二〇〇四年以後僅進行抽樣調查，而非全面調查。因此，遭追查出失業保險和工傷保險少付保險金的情況，而後才追加給付。在安倍內閣前就存在的厚生勞動省爭議接連被爆出。您怎麼看？

我第一次執政期間，因年金繳納紀錄疏漏而掀起的「消失的年金」爭議遭到揭露。二〇一八年進行工作方式改革時，作為依據的裁量勞動制的數據也錯誤百出；二〇一九年，發生擱置每月勞動統計的不當調查問題的失職；二〇二〇年以後，又出現新型冠狀病毒應變措施上檢測與醫療問題。厚生勞動省一直在扯政府的後腿。

每月勞動統計存在各種問題，可他們無視全面普查規則，逕行採抽樣調查。就算要抽樣

3 譯注：意指非重點工作事項。

4 編注：皇太子殿下住居。

調查，明明也可以透過補足修正來保持準確性，他們卻仍沿襲先例，忽略了補足修正，還對外宣稱是全面普查云云。一旦統計粗糙不準確，民眾就會失去對政策的信賴。每月勞動統計持續做了七十多年，調查方法基本上從未改過，這樣其實也不妥。我指示他們要推動線上普查，情況正在逐步改善。

——在國會審議中，有人提出二〇一八年對中型企業（三十至四百九十九人）的抽樣方法變更有瑕疵。為糾正每隔幾年更換所有對象企業造成的數字大幅波動，二〇一八年起進行部分的替換。中江元哉首相祕書官在二〇一五年指示厚生勞動省官員，「應該考慮改善調查方法的可能性」，卻遭在野黨質疑是為了推動企業提高薪酬所施加的壓力，有那樣的可能嗎？

中江的指示，不是理所當然的嗎？要是每次調查都更換所有的對象企業，那麼調查結果就會全然不同。這樣一來該問的就是：「這個統計數據有什麼意義？」

在野黨在國會主張，如果完全不替換調查對象，只與前一年調查中同一批企業進行比較，那麼個人平均實質薪資為負增長。他們想藉此批評實質薪資沒有上漲，做出安倍經濟學失敗的結論。但是，當企業雇用較多年輕或非正規員工時，平均薪資就會下降。實際上，雇用者人數從二〇一二至一九年增加約五百萬人。從雇用型態來看，增加的雇用者中七成是非正規雇用。在這個意義上，僅看實際薪資，並不能反映經濟的實際狀況。

我認為，我們應該重視「總雇員所得」這項統計國內勞動者所得總和的經濟指標。也就是所有勞工的收入總額。扣除了名目、物價變動，實質上都是正增長。法人企業統計的從業員薪資與獎金，明顯都在改善。因此企業整體的成長，也是理所當然的。經濟團體聯合會也在這一點上給予我們很高的評價。所以在野黨沒有理由抱怨，那些不過是他們為了打擊安倍政府所喊出的主張罷了。

另一方面，統計數據過多的問題依然存在。政府的主要統計數據就達五十多種。在貧富差距與貧困率調查中，總務省的全國家庭收支調查和厚生勞動省的國民生活基礎調查，都面臨類似的狀況。很遺憾安倍內閣沒能解決這些問題。

櫻田奧運大臣、塚田國土交通副大臣的失言

——四月十日，奧運大臣櫻田義孝在盛岡市出身的自民黨眾議院議員高橋比奈子的餐會上，脫口說出「高橋議員比災區重建更重要」，隨後就提出辭呈，但事實上是被您換掉了。四月五日，國土交通副大臣塚田一郎也在提及您和麻生太郎副首相家鄉的道路建設時，因為「我非常善解人意。我會揣摩（首相和副首相的）上意」的發言而引咎辭職。大臣們接連失言，對內閣來說可能是致命的問題。是否很難避免內閣成員們失言？

如果內閣成員都是政治世家或官僚系統出身的人，那就失去了意義。最好能齊聚各方人

才。櫻田是農家子弟，就讀大學夜間部期間還一邊當木工賺取學費，後來白手起家創辦建設公司，並在當地人支持下選上地方議員，進而成為國會議員。櫻田曾經歷許多磨難，是個能同理他人感受、親和討喜的人。他在東京取得奧運舉辦權時任職文部科學副大臣，對奧運有一定的了解。但很遺憾，他不是個善於言詞的人。

塚田的失言，則出現在福岡縣知事選舉的助選演講場合上。競選知事的兩位候選人，一位是福岡出身、由麻生副首相推舉的新人，另一位是二階（俊博）派的武田良太眾議員等人支持的現任知事，是一場黨內分裂的選舉，也可說是麻生和武田的代理人戰爭。由於麻生派在此役絕不能輸，這時麻生派的塚田便被叫到北九州市助選。但他演講得太賣力，原本想表達幽默，卻不慎說過頭。表面上看來是閣員接二連三失言，但情況各不相同。

——您的在任總天數（包括第一次執政），截至二〇一九年二月二十三日，為二千六百一十七天，超過史上第四長的吉田茂首相（二千六百一十六天）。到了這一年六月超過伊藤博文首相（二千七百二十天）、八月超過佐藤榮作首相（二千七百九十八天）、十一月二十日又超越了桂太郎首相（二千八百八十六天），成為憲政史上執政時間最長的首相。您是否感覺到，「安倍一強」的政治格局出現了鬆懈或任何微妙變化？

當然，我並不會說「內閣沒有鬆懈」這種話。但既然在首相的位置上，就得預想到可能出現的失言或請辭，經常進行人事安排。倘若只任用那些辯才無礙的政策專家，或是資金財務極為乾淨的人，那麼用人的選擇就相當有限，黨內也無以為繼。正因為人才的多樣性，也才有其有趣的一面。事實上，並不存在一百分的人事安排。

川普總統以國賓的身分訪問日本

——美國總統川普於五月二十五日至二十八日以國賓身分訪問日本，是天皇陛下即位後第一位接見的外國元首。您從什麼時候開始考慮邀請川普總統來訪日本？

二〇一八年秋天，我和川普總統一同在紐約川普大廈用餐，那天正好剛過我的生日沒幾天。用餐到一半，川普突然關掉了客廳的燈，捧著一個插著蠟燭的蛋糕走過來，唱歌為我慶生。就是在那個時候，我表示希望他能成為新天皇陛下即位後迎接的第一位國賓，詢問他來訪的意願。

——二〇一九年四月，川普總統於媒體前談到受您邀請訪問日本與會面新天皇陛下，並說他當時問此事與美式足球聯盟NFL超級盃何者重要，您告訴他：「（天皇陛下）即位是比超級盃重要一百倍的儀式」，於是川普決定訪問日本。你真的是這麼說服他的嗎？

川普總統的發言稍顯誇大了。川普的確曾問我：「和超級盃相比，即位儀式更重要嗎？」

我告訴他：「超級盃每年都有，但即位不是。這是日本歷史上第一百二十六位天皇。」他接著問：「和英國王室相比，哪一個皇室歷史更悠久？」我說：「日本要長得多。日本是萬世一系，One Blood（同一個血統傳承下來的皇室）。」川普聽了很驚訝。畢竟美國沒有那樣的歷史和傳統。

——五月二十七日，在東京元赤坂的迎賓館舉行的日美首腦會談上，雙方一致同意貿易協定談判結果於八月敲定。然而實際上到了九月，雙方才取得共識，並於聯合聲明上署名。之所以原訂在八月公布談判成果，是因為考量到七月的參議院選舉嗎？

首腦會談一開始，川普就在電視鏡頭前說：「八月應該可以宣布一個非常好的消息。」若想在參議院選舉前敲定談判，日本也可以採取較為強硬的姿態。不過，我想最好還是心平氣和地達成共識，這才拜託了川普。

到了首腦會談的時間點，還剩下幾項艱難的談判。美國牛肉的關稅率是百分之三十八點五，就算降下來，也必須保持在和參加TPP的加拿大與紐西蘭等國家相同的百分之九的水準。廉價的商品增加了，消費者因而受惠，但是我們不能不考慮對農業或畜牧業造成的衝擊。此外，我也希望美國對日本汽車（乘用車徵收百分之二點五），不會追加額外關稅。由於還得進行這些談判，川普也理解需要花費一定的時間。

——在野黨在國會審議過程中，質疑日美之間是否簽署了祕密協議，並宣稱您考慮到協議內容會衝擊參議院的選舉，而隱瞞了該協議。

要是真能達成祕密協議，那可就輕鬆多了。經濟再生大臣茂木敏充和美國貿易代表賴海哲之間的談判是一場相當激烈的博弈。在野黨宣稱有密約，就應該拿出足以證明的文件，說明具體的談判內容，以及日本在多大程度上做出了妥協。我還真想向在野黨問個清楚呢。

——首腦會談前，天皇、皇后兩位陛下接見了川普總統伉儷，並在皇宮舉行了記者會。您是否在這之前，有對川普總統提出任何建議？

川普很尊重權威。這可能是因為他曾就讀陸軍體系的軍校。前往謁見天皇陛下之前，他問我：「Shinzo（晉三）和我見面時，總是扣上西裝所有的鈕釦。我是不是也都扣上比較好？」我說：「在我面前不必扣，但是在陛下面前請全部扣上。」他在謁見之初似乎忘了這件事，但後來都扣上了。

前一天二十六日，我們一起觀看了大相撲夏季錦標賽的千秋樂。[5]頒獎儀式上，川普宣讀表彰狀，並將特別製作的美國總統獎盃頒給優勝選手朝乃山關。[6]不過在這之前，川普認

5 譯注：最後一天的決賽日。
6 譯注：「關」是對相撲選手的敬稱。

真地在等候室裡反覆練習「Asanoyama Hiroki」（朝乃山廣暉）和「Reiwa One」（令和元年）的發音，讓我也感到非常吃驚。

——川普總統在迎賓館會見了綁架受害者家屬會，並在神奈川縣的海上自衛隊橫須賀基地登上護衛艦「加賀號」。他還和您打高爾夫球、吃爐端燒，展現日美關係的緊密。

這次是繼二〇一七年以來，川普第二次與綁架受害者家屬會的成員見面。這一次，由綁架受害者有本惠子的父親有本明弘先生代表發言。有本先生說了很久。總統身邊的人原本想以「總統還有下一個行程，時間差不多了」，試圖打斷家屬發言，卻被川普阻止。川普說：「有本先生所說的，是他認為非常重要的事。讓我們聽到最後。」並讓有本先生充分發言。之後，川普才前往下一個行程。後來，有本先生告訴我們「其實還有想說的話」，於是我們請他寫信給川普。

我在首腦會談上，將有本先生的信轉交給川普。聽說川普回到美國後，給有本先生寄來了一封親筆回信，信上以英文寫著：「我正在為你的事而努力，安倍首相也一樣。你一定會勝利的。」我從中感受到了川普為人的真誠。

川普是個不拘常規的人。我也是第一個在海外和美國總統共乘總統專車「The Beast」（野獸）的領導人。我和川普看完大相撲比賽，一起搭乘總統專車前往六本木的爐端燒餐廳。由於總統車隊就多達三十輛，要是我們分乘不同車，抵達餐廳的時間會不一致。於是，外務省官員拜託美方讓我一同乘坐總統專車。但是當天一早，收到特勤局反對的消息，表示「從來沒有外國領導人在海外一同乘坐總統專車的先例」。外務省官員通報後無奈地說：「請首相直接拜託川普總統看看。」我心想「這種事居然還要我親自協調」，不過，我還是趁中午打高爾夫球時拜託川普。川普爽快同意。

總統專車行駛期間，人行道上民眾紛紛向車子熱情揮手。川普看到了便問我：「好多人在揮手。他們是在向Shinzo（晉三）揮手？還是向我揮手？」我回答：「車上飄揚著星條旗，當然是在向你揮手啦！」於是，川普高興地向窗外揮手，又說：「可是，外面看不到車內吧？」順手就打開了車內的燈。此時前座的特勤人員喝斥道：「不行！快關上電燈！」之所以會安排兩輛一模一樣的總統專車，就是以防被看出總統實際上乘坐的車輛，來保障總統的安全。所以，一開燈可就破功了。

川普語帶自豪地說：「Shinzo（晉三），不要緊的。即使朝這輛車的同一處發射二百發子彈，也絕對打不透。」聽他這麼說，坐在旁邊的第一夫人梅蘭妮亞（Melania）打趣著說：「要是第二百零一發打過來，那怎麼辦？」大家都笑開了。我們共度了一段愉快的時光，這一點很重要。

——您雖精心籌劃，卻也有人批評款待得過分周到了。

他是天皇與皇后兩位陛下的重要賓客，政府本來就應該盡力接待。

與伊朗最高領袖哈米尼、總統羅哈尼的會談

——就在川普總統對日本進行國是訪問之前，媒體報導指出，您計畫於六月訪問伊朗，會見最高領袖哈米尼和總統羅哈尼（Hassan Rouhani），川普總統在日美首腦會談中，也對您的伊朗訪問表示理解。伊朗的情勢相當緊迫。二〇一五年七月簽訂了伊朗核協議，以限制伊朗核開發，換取歐美各國取消經濟制裁，但是二〇一八年五月，川普總統宣布退出核協議，發動制裁。此舉似乎有意向「親以色列」色彩鮮明的美國猶太勢力表態。伊朗反彈，並宣稱將開發高濃縮鈾。您為什麼認為自己足以負起擔當伊朗和美國之間橋梁的角色？

伊朗是世界主要產油國之一，也是日本重要的石油供應國。就像百田尚樹的暢銷書《名叫海賊的男人》中所描述的，戰後，日本不顧曾統治伊朗的英國反對，從伊朗進口原油，幫助了當地的貧困民眾。日本和伊朗的關係很好。全球最大油田之一伊朗阿扎德干油田（Azadegan）的開發，日本也保有權益；後來才在美國收緊了對伊朗的制裁下，被迫退出。然後，中國企業取代了日本，與伊朗簽訂共同開發合約。我認為，要是將原本互動良好的日伊關係就此束諸高閣，似乎太可惜了。

伊朗總統羅哈尼每次在聯合國大會看到我，都一定會要求與我舉行首腦會議。我曾在一

九八三年父親安倍晉太郎外相訪問伊朗時，陪同前往，當時的總統就是現在的最高領袖哈米尼。雖然當時沒能見到哈米尼，但我畢竟曾同行出訪，所以，我讓川普和羅哈尼留下了我也可以接觸到哈米尼的印象。哈米尼的地位在總統之上，掌握伊朗的最高統治權。是外國領導人也不容易見到的人物。

——日本並不在與伊朗締結核協議的聯合國安理會五個常任理事國加德國的框架內，要在伊朗問題上表態有其困難。對於日本和伊朗開啟對話一事，您是如何說服美國的？

美國從白宮、國務院、五角大廈到國會，對伊朗的態度都十分強硬。也絕不允許祕密研發核武器和彈道飛彈。但我想，川普重視deal（交易），也許他會不一樣。

二〇一八年四月，我訪美之際，第一次問川普：「你對伊朗有何看法？」要是在首腦會談的全體會議上提出，可能會被美方[7]發覺。所以先在一對一會談時探探他的口風。我表示「我可以接觸哈米尼，但想先了解對話的可能性」，川普聽了以後頗感興趣。他回我：「Shinzo（晉三）若能和伊朗說上話，我希望由你去和他們對話。」而且表現得相當積極。二〇一五年締結的伊朗核協議中，到了一定期限即解除核開發限制的日落條款[8]，成了令人頭

7 譯注：除了川普以外的相關單位人員。
8 譯注：在一定時限後自動失效。

痛的問題。川普自然很清楚這點。他問我：「是否可以做些什麼來改變日落條款？」

當然，即使川普同意我訪問伊朗，與伊朗對話也不容易。美國總統國家安全事務助理波頓就認為，「沒必要進行談判，要改變的是伊朗的體制」，以至於後來的協商困難重重。

不過，川普以國賓的身分訪問日本時表示，「我知道Shinzo（晉三）和伊朗的關係非常密切」，對此表達了期待。雖然說不上是特別密切的關係，但既然涉及日本龐大的國家利益，我決定放膽試試。

——六月十二日至十三日，您作為自一九七八年福田赳夫首相以來，時隔四十一年首次訪問伊朗的現任首相，並分別與伊朗總統羅哈尼和最高領袖哈米尼舉行會談。您敦促伊朗和美國進行對話，卻被哈米尼拒絕了，會談無疾而終。您和哈米尼會談的那天，一艘在伊朗沿海霍爾木茲海峽（Strait of Hormuz）附近航行的日本油輪遭到襲擊。美國認為伊朗應對此次攻擊負責，但真相尚不明朗，也難以判斷是伊朗對日本表示抗議的舉動。不過，仍引來國際間的關注。

談判結果令人非常失望。羅哈尼在首腦會談中，對我提出很多要求。但哈米尼依舊強硬，維持一貫「我只能採取強硬態度」的立場。遭到攻擊的日本油輪船籍是巴拿馬，由一家日本航運公司經營，但並未懸掛日本國旗。所以是否為針對日本的攻擊，我們無從得知。

二十國集團峰會

——六月二十八、二十九日，二十國集團領導人峰會在大阪召開，期間發表了包括減少塑膠垃圾、應對氣候變遷問題等措施的首腦宣言。但是在二〇一七年，美國宣布退出「巴黎氣候協定」，擺脫了關於氣候變遷問題的國際框架。要想總結出一份首腦宣言，恐怕是相當不容易的吧？

二〇一八年二月，決定在大阪舉行二十國集團領導人峰會。我身為峰會主席，許多國家首腦紛紛前來尋求合作。二十國集團的議題非常多元，包括自由貿易、加速數位化、高品質基礎設施投資和環境議題等。這次在大阪，我們將焦點放在數位化、海洋塑膠垃圾和氣候變遷問題上。

在加速數位化進程上，歐洲、美國、中國和俄羅斯一致同意以推動回收和技術創新來對抗海洋塑膠垃圾，並設下二〇五〇年海洋塑膠垃圾歸零的目標。

不過，關於氣候變遷問題始終僵持不下。美國完全拒絕做出任何讓步。

日本在首腦聲明中，試圖將氣候變遷問題分成兩部分：

一是針對巴黎協定的簽署國，寫入「確認該協定的不可逆轉性，決心執行該協定的簽署國重申其全面執行的承諾」等內容；二是在別項承認美國「再次確認退出巴黎協定」的條款中，明確記述「美國將持續減少碳排放，繼續提供更乾淨的環境。」

然而，美國並不同意這項提議，並堅決抗拒寫入相關內容。另一方面，法德表示，美國反對的條款未能放進去可能招致美國被批評，倒也無所謂。可是，我們又不能不將美國在氣候變遷問題上的立場，完全不寫入成果文件。

事實上峰會前兩週，在長野縣輕井澤召開的能源轉型與全球環境部長級會議上，美國已經同意了這項提議。但峰會的助理堅決反對。沒辦法，我只好拿著環境部長級會議文件，直接找川普交涉。我對川普說：「環境部長級會議文件中，也記述了美國的立場。」川普看完後說：「讓我稍微修改一下內容。」隨即拿起筆親自修改。我請人將川普修改後的文件交給峰會的助理，表示「你看，這是川普總統的字跡吧？」對方終於同意。

雖然最終首腦宣言中的措辭，與川普寫下的不盡相同，但我們還是順利整合完稿了。畢竟總統的簽名，就好像刻有德川家三葉葵家紋的印籠。[9]好比水戶黃門，任何人見其家紋都要俯首稱臣。

——在大阪舉行的日中首腦會談，您邀請習近平主席於二〇二〇年以國賓身分訪問日本，習近平也接受了。當時會談的氣氛融洽嗎？

當時，日本國內有一定歡迎中國的氣氛。習近平表示會就綁架問題，直接向北韓國務委員會委員長金正恩強調解決的必要性。中國和日本雖在人權議題上的看法大相逕庭，但這可以視為他們回應了日本的要求。

「老後二千萬日圓」問題

——根據金融廳專家小組會議和金融審議會工作會議於六月三日公布的報告，六十五歲退休並活到九十五歲的夫婦，倘若僅依賴政府現行年金制度，「每月的生活費赤字將達五萬日圓」；試算後也顯示，這三十年內恐面臨總計達二千萬日圓的年金缺口。這項調查似乎在呼籲運用資產等「自助」的重要。但是使用「赤字」這種有點刺激性的字眼，容易讓國人誤以為退休後都需要二千萬日圓才夠用。這是個敏感的問題，您是否覺得此次公布調查稍嫌考慮不周？

金融審議會是首相的顧問機構，但事前從未對我做過任何說明。當媒體報導引起軒然大波時，我感覺就像是經歷了一場突如其來的山洪暴發一樣。他們口中的試算，只是從總務省的家庭收支調查中，機械性地計算出赤字的部分而已。然而老後生活中有無儲蓄、是否與孩

9 譯注：原為收納印章的盒式漆器。江戶時代起演變為武士和服腰間配戴象徵地位的一種重要配件。

子同住等等，每個人的情況大不相同。而媒體也只報導了其中一部分。不過，那份報告的確做的太粗糙了。

——麻生太郎副首相（兼金融大臣）拒絕接受這份報告。這樣的應對態度似乎顯得有些幼稚。

要是接受了這份報告，就意味著政府接受了這樣的內容。麻生很生氣。畢竟金融廳若稍有政治敏感度，就會慎重考慮，避免在七月即將到來的參議院選舉前，提交可能引發軒然大波的報告。然而，金融廳處理得很粗糙，絲毫未顧及可能對政府造成的衝擊。

社會保障的話題對選舉影響很大，我只能拚了命澄清這一點。在野黨雖試圖煽動民眾對年金制度的不安，但是政府營運年金的基金投資收益每年都有盈餘。我們在選戰中的訴求，也是要讓國人放心，比起民主黨政權時期，年金和財政情況都在漸入佳境。

在參議院選舉中，將修憲爭議推上火線

——參議院選舉在七月四日公告、二十一日投開票。自民黨和公明黨勝選，獲得改選席次一百二十四席中過半數七十一席。包括非改選的議席，加起來共一百四十一席，超過參議院議員總體席位（二百四十五席）的過半數。根據選前媒體調查，顯示自民黨的確占上風，但您

是否已對勝選有一定的把握？

我的預計是差不多。關鍵是我們在競爭激烈的選區拿下了席次。

我原本樂觀地評估，自民黨、公明黨和日本維新會將在有三個改選席次的兵庫縣，分別拿下一席。沒想到自民黨最終內參民調顯示，立憲民主黨還領先自民黨。我急忙打電話給兵庫縣的縣黨部負責人。當時負責人表示人在東京。我隨即指示他：「很危險，馬上回去固票。」於是在眾人的努力下，自民黨的候選人好不容易保住了第三名。

在東京（改選六席）、北海道（改選三席）、千葉（改選三席），自民黨都拿下了相當關鍵的兩個席位。在改選一席的「一人區」中，我們取得了二十二勝十敗的成績。然而自二〇一六年，宮城、長野、新潟這三個縣的改選席位從「二席」改為「一席」後，自民黨卻分別在二〇一六和一九年的選舉中敗給了在野黨，這點必須深刻檢討。

——包括執政黨在內，以及對修憲持積極態度的日本維新會、無黨派人士等勢力，仍未能達到在國會提案所需的一百六十四席。您怎麼看？

公明黨主張在不改變憲法原則的前提下，順應時代增加條文的「加憲」。但倒也不能光憑這一點就將他們算入修憲勢力。即便在自民黨內部，要讓所有人都同意修憲內容也不容易。「三分之二的修憲勢力」這個說法實際上沒有什麼意義。

——麻生先生也於此時主張：「要是決心修憲，就應該在十月上調消費稅前解散眾議院。」您是否曾考慮將參、眾議院選舉安排在同一天舉行？

如果同天舉行選舉並拿下勝利，直接聯繫到修憲案通過與否，我就可能會那麼做；但現實是就算選贏了，事情也不見得會那麼順利。除非整合自民黨內部、說服公明黨，並得到包括維新會在內的在野黨合作，否則修憲無異緣木求魚。

當我們在二〇一四年的眾議院選舉、二〇一六年參議院選舉、二〇一七年眾議院選舉連下三城時，我對修憲燃起了一絲希望。不料，公明黨遲遲不願配合。於是我暗暗思忖，怎麼做才能喚起輿論的力量？二〇一九年的參議院選舉中，我們決定對在野黨不回應憲法審查委員會討論一事提出批判，並在選戰中向大眾訴求：「令和以後的日本要成為怎樣的國家？日本應該在憲法中寫入這樣的理想。但是在過去一年，國會的憲法審查委員會僅僅在眾議院用了兩個多小時、在參議院花了三分鐘進行討論，這樣是否真的盡到了對選民的責任？」總裁任期即將於二〇二一年屆滿，為此我在二〇一九年的參議院選舉投入很大的心力。但麻生對我說：「還不夠。你必須再做一屆總裁，完成修憲的任務。」當然，那時我也沒有繼棧下去的意思。

——參議院選舉勝利後，九月十一日安倍第四次內閣（第二度改組）就任。此時，自民黨高層的人事倍受關注。很多人推測您可能會撤換自二〇一六年八月起擔任幹事長已超過三年的

二階俊博，改由政調會長岸田文雄出任幹事長。不過，二階和岸田最終仍續任原來的職務，這是出於怎樣的考量？

二階是要為黨內選舉成敗負責的人。二〇一七年，我們贏得了眾議院選舉，他也在二〇一八年為我三度競選自民黨總裁排除了障礙，並對二〇一九年的參議院選舉勝選貢獻良多。我沒有理由更換幹事長。事實上，我在總裁任內從來沒有撤換他的想法。

——您長期以來對政調會長岸田文雄的能力評價很高。岸田先生本人似乎也希望擔任幹事長一職。

當時二階掌握了黨內的大權，岸田並沒有與二階匹敵的實力。我認為他還不適合出任幹事長。如果真讓他當上幹事長，可能會遭到黨內同志嫉妒眼紅而被拉下馬。

日美貿易談判塵埃落定

——日美貿易協定談判已塵埃落定。您在九月訪問美國，與川普總統確認最終協議並簽署聯合聲明。在農業領域，日本同意將對美國牛肉的百分之三十八點五的關稅，至二〇三三年度降至百分之九。高級豬肉產品的百分之四點三的關稅則預計在二〇二七年降至零關稅，大米

被排除在協定之外。另一方面，關於汽車及汽車零件，日本要求美國徹底取消百分之二點五的關稅這一項仍在談判中。協定履行期間，美國確認不會對日本的汽車和汽車零件徵收懲罰性關稅。最終協定於二〇二〇年一月生效，您認為談判進展順利嗎？

經濟再生大臣茂木敏充與美國貿易代表賴海哲於二〇一九年四月展開部長級協商，我們沒想到這麼快就達成了協議。美方想盡快達成協議。

高舉「美國第一」當選的川普總統強烈主張保護主義政策。美國於二〇一七年退出了促進自由貿易的TPP；日本、澳洲等國家則在二〇一八年推動TPP生效，成員國之間相互降低關稅。這麼一來，澳洲等TPP成員國的牛肉關稅稅率降低超過十個百分點，並且反映在店面的售價上。相比之下，美國牛肉進入日本的關稅仍為百分之三十八點五，高於澳洲牛肉，競爭條件趨於惡化。因此，美國政府要求日本「以TPP相同條件」盡快達成協議。這其中也受到美國農戶因美中貿易摩擦而對華出口減少的影響。此外，大米被排除在協定對象之外，對日本的大米農家沒有影響。

美國對日本汽車和汽車零件徵收百分之二點五的關稅，但透過匯率變動，影響可以被抑制。我們也迴避了對日本車的懲罰性關稅和進口車數量上限的設定。日本汽車工業會會長豐田章男[10]立即發表評論，表示「歡迎維護和加強自由公平的貿易環境」，業界對我們的談判結果給予了很高的評價。

整體來看，日本從該協議中受惠不少。但這些話不好在檯面上說。於是，我在記者會上只能表示「日美雙方達成雙贏（共存共榮）的結論」，以免讓美方不高興。也就是說，我必須公開強調日本也確實做出了不少讓步。

——八月，在法國比亞里茨舉行的七大工業國集團峰會期間，川普總統與您會談時，宣布日本除貿易協定外，還將購買美國的玉米。

在比亞里茨日美首腦會談後，川普要求再次與我會面。他問我是否可以購買一些玉米？於是我先調查了國內的狀況，發現玉米的產量因蟲害減少了。只不過，需要採購的不是政府，而是民間企業。因此我說：「可以購買玉米，但不是另行重新採購，而是讓日本企業依原定的數量提前採購如何？不過，量就請不要提了。」即便如此，川普還是很高興，臨時召開了一場聯合記者會，並在記者會上表示，「美國的玉米生產過剩，要是（美國的）農民聽到安倍首相要採購，肯定會很高興。希望日本能將已經生產的價值數億美元的玉米都買下來。」我也回應道：「從應對蟲害的角度來看，日本確實有採購的必要。」

美國的玉米農戶主要分布在俄亥俄州等大選搖擺州。川普想利用日本購買玉米，為二〇二〇年美國總統大選打出政績牌。這雖是日本做給川普的球，但提前採購玉米，換取了美國不對日本實施汽車懲罰性關稅，我認為對日本來說性價比還是不錯的。

10 譯注：豐田汽車社長。

超越桂太郎成為憲政史上在任天數最長的首相

——十一月二十日，**您的在任總天數達到二千八百八十七天，超過二戰前的首相桂太郎，成為日本憲政史上在任時間最長的首相。您是否特別留意在任天數？**

周圍的人提醒我，我才發現。但不像對「離奧運開幕還剩幾天」那樣關注。桂太郎是日俄戰爭大捷時的首相，可如今世人幾乎不知道這個名字了。我成為史上在任時間最長的首相時，桂太郎三個字又再一次受到大眾關注。所以我也一樣，哪一天在任天數被超越，媒體報導「超越安倍成為第一名」時，到時人們會問「安倍是誰？」我對這件事的關心僅止於此。

不過，要做到這一點，必須在自民黨總裁任內，贏得六次全國選舉和三次總裁選舉。我想，今後不論是誰當上了總裁或首相都不容易。就像讀賣巨人隊從一九六五到七三年，連續九年奪得日本職棒總冠軍「V9」，即便在這次眾議院選舉中大獲全勝，下次參議院選舉也很可能出現「鐘擺效應」。就算取得一次勝利，也沒時間喘口氣，要持續在兌現競選承諾的壓力下執政。

與此同時，還需要一定的運氣。為了不讓機會溜走，就要主動去抓住運氣，並且緊抓不放。只要後退一步，瞬間，這一切就結束了。

「賞櫻會」風波

——想請您談談，由首相主辦的「賞櫻會」所引來的風波。「賞櫻會」自一九五二年起原則上每年都會舉辦，旨在慰勞各界對社會有貢獻的人，經費由國家預算支出。然而，自第二次安倍內閣就任以來，參加人數和支出不斷擴增，出席者中不少是您家鄉的後援會相關人士，也因此招來公器私用的批評。共產黨的議員於二〇一九年十一月參議院預算委員會上提出質疑後，成為輿論與朝野間的攻防話題。首先，為什麼參加人數會不斷增加？

包括民主黨政權時代在內，歷任首相都曾邀請自己的後援會相關人士和國會議員等參加「賞櫻會」。內閣府主辦時，會按照往年慣例，請首相官邸或執政黨推薦受邀對象，並根據推薦來發出邀請。由於已是慣例了，我就沒有太過留意。但的確，邀請的標準很模糊也是事實。對於我在山口縣當地的服務處廣為招募想參加的人，以至於參加人數暴增，這一點我要反省。由於我的不慎，造成「賞櫻會」被取消，對此我感到很遺憾。

——「賞櫻會」活動前一天，您的後援會成員都會去參加「前夜祭」晚會，從二〇一三至一九年期間，都在東京的飯店舉辦。您的支持者每人繳納五千日圓會費，由飯店提供餐飲。截

至二〇一九年十一月，您表示「後援會沒有因為這項活動帶來任何收入、也沒有任何支出」，否認可能涉及違法情事。然而事實上，您的後援會為填補宴會費用差額，向飯店支付了款項。東京地方檢察廳特搜部在二〇二〇年十二月，對「安倍晉三後援會」的代表，也就是您的第一公務祕書，以違反《政治資金規正法》（不記載）提出簡易起訴。您因證據不足未被起訴。但這意味著旨在保障政治資金透明化的法律遭到踐踏。

當國會質詢提到「賞櫻會」時，我多次向服務處確認，並坦誠回答我所掌握到的資訊。但後來發現，實情並非如此。我的祕書遭到簡易起訴，儘管這是在我不知情的狀況下發生的，但我仍感到應負起責任。我們已經修正政治資金收支報告書，我也要為這件風波向大家致歉。

——您在二〇一九年十一月至二〇二〇年三月期間，對「未補足資金差額」、「服務處並未涉入此事」的質詢做出了一百一十八次與事實不符的陳述，因此被批評不尊重立法部門。

首相的答詢若不符事實，會嚴重影響國會的信用。我認為我應當承擔此重大政治責任。

——檢察審查會在二〇二一年七月裁定，不起訴您關於《政治資金規正法》（不記載）的指控。但根據部分參與者的證詞，會費補差額一事可能違反了《公職選舉法》（禁止捐款），爭議至今尚未完全解決。

東京地方檢察廳仍在調查，因此在這個時間點我不便發表任何評論。（此時為二〇二一年九月二十三日。同年十二月二十八日，東京地檢特搜部宣布，針對被指控違反《公職選舉法》和《政治資金規正法》的安倍首相，決定不起訴。）

韓國試圖毀棄軍事情報保護協定，日韓關係降至冰點

——關於對韓國實施更嚴格的出口管制措施，首先在七月一日，經濟產業省提出了廣泛用於清洗半導體的氟化氫等三種材料存在不適當的出口事由，應根據《外匯及對外貿易法》加強監管，並要求須個別申請和審批。實質上即出口管制。八月二日政府修改法令，將韓國排除在享有簡化出口手續優惠待遇的二十七個國家之外，並要求三種材料外的品項須個別申請。這一連串針對韓國的措施是基於什麼樣的理由？

因為韓國破壞了與日本關係的基礎。二〇一八年秋天，韓國法院做出了判決，命令日本企業須賠償前徵用工（舊朝鮮半島出身的勞動者），之後卻未採取進一步解決方案。對於接下來如何應對文在寅政府，我們決定加強出口管制。當然，韓國的半導體材料的確存在安保上的問題。但要是雙方存在信賴關係，我們可能會做出不同的回應。政府的立場是，加強出口管制和徵用工問題分屬「完全不同性質」。但我們有意連結這兩件事，讓韓國認真看待前

徵用工訴訟爭議。

——**八月二十二日，韓國政府決定毀棄日韓之間交換祕密情報的「日韓軍事情報保護協定」，作為回擊日本的反制措施。而後在美方強烈要求下，韓國於十一月該協定有效期限即將到期時撤回毀棄的決定。日方是否事先已預想到韓國可能毀棄軍事情報保護協定？**

沒有，我非常吃驚。日本以安保為由所採取的加強出口管制措施，得到基於自由貿易原則的世界貿易組織規則認可。但韓國只是基於情緒，就提出要毀棄軍事情報保護協定。就算要採取反制措施，也該想出一些更具建設性的對策。對美國來說，日韓之間共享情報是很重要的，但韓國未能認識到這一點，而讓美國產生了不信任感。

——**對美國來說，日本和韓國都是東亞的重要盟友，兩國間衝突升級可能會導致美國在亞太地區影響力下降。因此，美國派國防部長艾斯培（Mark Esper）訪問韓國，敦促文在寅總統維護軍事情報保護協定。**

對韓國來說，美國的壓力是巨大的，一旦日、美、韓三國之間的安保合作出現破口，就得重新思考對北韓的政策。要是日韓不能共享如飛彈發射等敏感情報，就可能需要美國介入協助交換情報。美軍是忙不過來的。

——是誰提出了加強出口管制的想法？

經濟產業省。經產省出身的政務祕書官今井尚哉和首相輔佐官長谷川榮一都參與了提案。過去，中國削減了混合動力汽車的馬達等所需的稀土出口配額，被認定違反世貿組織的規定。此次日本針對韓國的措施，只是將出口手續變得更嚴格，而非限制出口，所以沒有違反世貿組織規定的問題。今井和長谷川兩人能夠想出這個辦法，實在很厲害。

派遣自衛隊前往中東

——您六月出訪伊朗時，一艘日本油輪在中東霍爾木茲海峽附近遭到不明武裝分子襲擊，此時，伊朗的軍事組織「伊斯蘭革命衛隊」（IRGC）扣押了一艘英國油輪，局勢立時變得相當緊張。美國因而組成了一個確保霍爾木茲海峽等區域安全的志願者聯盟，到了十二月，日本卻決定不參與美國主導的行動，而是獨立派遣海上自衛隊前往阿曼灣等地區。政府在做出派遣自衛隊前往中東的決定之前，與美方的協調上遇到困難了嗎？

志願者聯盟的構想是由美國國務卿龐培歐（Mike Pompeo）於七月時提出的，川普總統也呼籲「自己的船要自己防衛」。因此，日本該採取何種立場，在國家安全保障會議上已經進行了充分的討論。

首先，安倍政府的原則是日美同盟。霍爾木茲海峽是原油和天然氣的海上航線要衝，日本進口的原油約八成會經過這一帶，日本有責任確保航行安全。倘若不採取任何行動，不僅僅是美國，世界各國也會以嚴厲的眼光看待我們。

然而，派遣自衛隊前往中東，實際上可能會升高緊張局勢。況且派遣自衛隊的門檻也很高。依據《安保法案》，在日本可能遭受直接武力攻擊威脅的嚴重事態下，可以行使後方支援活動。當日本的生存受到了明顯威脅，就可能行使集體自衛權。但是，霍爾木茲海峽遇襲事件遠遠不到緊急事態的門檻，要是志願者聯盟的活動得到聯合國安理會決議，就可以進行補給。但沒有得到決議。

二〇〇九年起，日本海上自衛隊就依據《反海盜法》，在霍爾木茲海峽附近的亞丁灣打擊海盜活動。但由於該法僅適用於海盜，因此無法保護一般船舶的安全。於是，我主動找上美國協商，決定在與我們關係良好的伊朗的理解下派遣自衛隊。不加入志願者聯盟，而是根據《防衛省設置法》第四條「調查．研究」項目著手蒐集情報，並在緊急情況下，轉向海上安全警備行動，動用武力保護船隻。

後來，志願者聯盟的構想因被認為可能加劇中東地區緊張局勢，僅零星國家參與，對採取獨立行動的日本來說也算幸運。

——情報蒐集範圍僅限於阿曼灣、阿拉伯海北部等公海海域，不包括涵蓋伊朗領海的霍爾木

茲海峽，應是顧慮到伊朗的立場？

經過多方情報蒐集和模擬研究，我們發現歐美各國正透過區域防禦，維護各自的海域主權，以確保航行安全。所以，我讓日本全力投入防衛霍爾木茲海峽外緣要道。這項任務，是我們務實判斷下的決策。

——川普總統是否了解日本的立場？

我事先向川普解釋這一點時，他告訴我：「日本不要切斷和伊朗的關係比較好。」他認為日本沒必要在中東進行大規模活動。

——在派遣自衛隊的布局上，您是否在十二月二十日與來訪的伊朗總統羅哈尼會談時，試圖請他理解日本為何派遣自衛隊？

伊朗是當時西方眼中的「敵對」國家，其總統訪問七大工業國集團的國家本身就是一條大新聞。羅哈尼總統雖未公開表示歡迎日本派遣海上自衛隊，但他表示理解這項決定。

——二〇二〇年一月十一日至十五日，您接連出訪與伊朗敵對的沙烏地阿拉伯、阿拉伯聯合大公國、阿曼三個國家。您造訪的目的是為了緩和中東地區的緊張局勢？

既為了緩和緊張局勢，也為了派遣自衛隊的行動取得諒解。但在二〇二〇年初，美軍擊斃了伊斯蘭革命衛隊指揮官蘇雷曼尼（Qasem Soleimani）。蘇雷曼尼是該組織在黎巴嫩、敘利亞、伊拉克及阿拉伯半島指揮軍事行動、襲擊美國士兵的靈魂人物，被稱為伊朗的國民英雄。當時我密切關注伊朗的報復行動。他們很快就朝美軍和志願者聯盟部隊駐留在伊拉克的基地發射彈道飛彈，但沒有造成人員傷亡。也就是說，他們非常克制，刻意針對無人區。我認為「這樣一來，很可能不會導致全面的軍事衝突」。所以，我在出訪前召開了國家安全保障會議，分析各種情報後，才決定進行訪問。在這三個國家中，阿拉伯聯合大公國和沙烏地阿拉伯對伊朗的核武器和飛彈開發格外警戒。不過，沙烏地阿拉伯實質上的國家領導人，王儲穆罕默德．本．沙爾曼（ＭＢＳ）原則上表示「希望日本與伊朗對話」。儘管沙烏地阿拉伯和伊朗已於二〇一六年斷交，但雙方希望在停止葉門內戰的態度上是一致的。

沙烏地阿拉伯人是貝都因人（Bedouin，沙漠居民），每個月都會找一天，在沙漠中搭起帳篷，過著舊時的生活。當時，王儲建議雙方在西北部一個叫歐拉的城市，搭起帳篷進行會談。於是我們花了約一個半小時前往。然而半途中，路消失了，我們的賓士ＳＵＶ在夜色漆黑的沙漠中前進時，車隊輪胎陷入了沙地，動彈不得。連我身旁的特勤人員都不斷唸著「該怎麼辦呢？」明顯慌了手腳。在沙漠裡受困約十分鐘後，我們看到遠處駛來一輛汽車。那是一部豐田「陸地巡洋艦」，我們便請求車主，讓我和幾位特勤人員換乘他的車前往歐拉。不料，翻譯人員也遲到了。所以會談之初，我只能竭盡全力以英語交談。直到翻譯抵達，我才大大鬆了一口氣。

——是警護的安排出了問題嗎？

不，先遣隊已經先到了。他們雖然表示在沙漠裡開會「是不可能的」。但我還是決定依約前往，他們別無選擇。聽說先遣隊的車上沒有載人，所以一路開過去很順暢。但我們車上載滿了人，輪胎這才陷入沙堆裡。然而，在那之後颳起了新冠風暴，我們再也騰不出手前往中東地區開展外交。

——您如何總結中東外交？

我和川普及羅哈尼兩位總統曾多次會面，並坦誠交談。就我的觀察，美國十分重視伊朗核協議的有效期限爭議，認為到期後伊朗重啟核開發是不合理的。因此，要是能再締結一項協議，雙方的關係應該會有所改善。另一方面，我認為伊朗可能想要像日本一樣。日本基於《不擴散核武器條約》（NPT），接受國際原子能總署的檢查後，獲得為和平目的使用核物質的許可。伊朗也是《不擴散核武器條約》的成員國，也希望以接受檢查交換使用核能的許可。但問題是，他們生產的是高濃縮鈾。若是要用於民生方面，生產低濃縮鈾也就夠了。所以國際社會投以懷疑的目光也是沒辦法的。這就是歐美國家何以對伊朗採取如此嚴厲的態度。

為了穩定中東局勢，我與以色列總理納坦雅胡、巴勒斯坦自治政府主席阿巴斯（Mahmoud Abbas）都曾進行會談；也曾在美國與提倡中東和平構想的總統高級顧問庫許納進行磋商。

我們默默地推展這項計畫，打算將三人請來東京，就締結和平協定進一步協商。阿巴斯對此表示感興趣，納坦雅胡也說：「既然美國同意，我們就去日本吧！」但很遺憾，計畫最終沒能實現。

終章

成為日本憲政史上在任時間最長的首相

為何安倍能夠連續執政長達七年九個月之久，縱橫政壇這麼多年？為何他的在任總天數能夠超越二戰前的桂太郎首相，成為日本憲政史上在任時間最長的首相？

安倍認為，他得以長期執政最大的原因，是他在第一次執政期間經歷了挫折。當第二次執政的機會來臨時，他和一同經歷磨難的夥伴將選民眼中迫切的經濟政策需求，作為優先考量，進而團結了黨內力量。他回顧政策決策幕後那些苦悶孤獨的日子，總結出了自己能夠實現長期執政的原因。

第一次執政時的挫折正是最大的養分

——您在首相任內連續執政七年九個月，創下日本憲政史上最長紀錄，我想這背後的原因很多。其中包括巧妙的人事安排、實現工作方式改革等在野黨所提出的政策，這些都有助於擴大支持基礎。此外，儘管在《特定祕密保護法》、《保安法案》和恐怖攻擊等預謀罪等法律的制定上受到批評，但您仍在必要時採取了堅定立場。您自認為能長期執政的最大原因是什麼？

我認為人事安排和擴大支持基礎的戰略都是重要因素。然而，我之所以能實現長期執政，主要還是拜我自二〇〇六年九月起那一年，第一次執政時期經歷的失敗所賜。

我第一次就任首相之前，已經擔任了三年多的內閣官房副長官和一年的內閣官房長官。因此，我自認為對於首相官邸的角色、與中央政府各部會的關係，以及政策制定的結構等都有一定的了解。以為有了首相官邸的經驗，擔任首相就不會有問題，如今回想起來實在太天真、也太過自負了。畢竟站在首相高度所看見的景色，與擔任官房長官或副長官時的視野完全不同。

首相的決定，就是國家的最終決定，這些決策將影響全體國民。不限於國防或防災方面，經濟或社會保障政策的失誤，也可能左右國人的生死。這是極其重大的責任。但我剛就任首相時並未充分理解這一點。長年擔任官房長官輔佐我的菅義偉前首相，也在其卸任記者會（二〇二一年九月二十八日）上表示，「做最終決定的首相，和不需做最終決定的官房長官的角色截然不同。」確實如此。首相和內閣官房長官所承受的壓力可謂天差地別。

第一次執政期間，我在承擔首相這個職務的重責大任上還不夠成熟。例如在人事方面，我任命未曾擔任過大臣的鹽崎恭久為內閣官房長官。由於我最初入閣就是擔任官房長官，所以認為鹽崎也能勝任。但這給他帶來了巨大的負擔。二〇〇六年自民黨總裁選舉中，我的競爭對手是持鴿派立場且主張財政重建的谷垣禎一前總裁，我後來既沒有安排他入閣，也沒有為谷垣派的成員安排閣員職務，完全按照自己的想法行事，忽略了黨內的需求。回顧當時，我實在是經驗不足，準備的也不夠。

此外，我當時急於求成，以至於用力過度。身為第一位二戰後出生的首相，五十二歲就任時又是戰後最年輕的首相，我總覺得要回應所有人的期待，給自己的壓力過大了。

第一次內閣在高支持率下於二〇〇六年九月二十六日華麗登板，但不斷受到嚴厲批評，僅一年就下臺。這次的失敗對我來說是個巨大的打擊。我感覺我在那一年所汲取的經驗，相當於尋常政治人物的十五年左右。

正是因為那段經歷，我在第二次執政後，才能讓政府的運作更加穩定。第二次內閣在二〇一二年十二月二十六日就任，當我再次踏入首相官邸時，我下定決心，絕不重蹈覆轍。

與曾經一起受挫的夥伴並肩作戰

——您的第二次內閣人事布局，強調的是穩定嗎？

經歷了第一次執政失敗的，還有當時安倍內閣的夥伴。因此，當我第二次組閣時，我請第一次內閣的成員再次支持我，因為我相信他們一定也能借鑑過去失敗和挫折的經驗，發揮更大的實力。

例如，菅義偉是第一次內閣的總務大臣；曾擔任經濟產業大臣的甘利明，在第二次內閣擔任經濟再生大臣和黨的稅調會長；麻生太郎副總裁兼財務大臣，也是當年的外務大臣；高村正彥前副總裁在二〇〇七年八月內閣改組後，曾短暫擔任防衛大臣；第一次內閣的下村博文官房副長官、世耕弘成首相輔佐官，都成為我第二次內閣的主要成員。他們都是曾在第一次內閣與我共患難的夥伴。

這些人事安排，在第二次內閣發揮了很好的作用。包括安倍經濟學的指揮官甘利明、內閣核心成員菅義偉與麻生太郎，還有鎮得住黨內的高村正彥。此次成功的人事布局，不僅穩定了政權，也讓許多戰略性政策得以順利實施。

我還找來第一次內閣期間的首相官邸成員，再次一同共事。今井尚哉首相輔佐官兼政務祕書官，是第一次內閣時負責公關事宜的祕書官；北村滋國家安全保障局長，則是之前負責危機管理和防衛事務的祕書官；長谷川榮一首相輔佐官兼內閣廣報官，也是當時的內閣廣報官；佐伯耕三、中江元哉、鈴木浩三位祕書官之前服務於首相官邸時，擔任的是官房長官祕書官和內閣副廣報官。

首相官邸的成員中，我想也會有一些只考慮出身省廳的利益、與首相保持距離的祕書官。但我的官邸團隊，所有人對於能夠參與和日本發展方針密切相關的工作，都覺得很有成就感。官邸團隊非常團結，每一名成員都全力支持我。我覺得非常幸運。我帶領著這支曾經歷嚴峻考驗的官邸團隊，決心再次推動政治變革。

——第二次內閣時期，首相官邸內很多工作人員都出身經濟產業省，所以也被揶揄是「經產政府」，其中的核心人物是今井政務祕書官。您為何任用今井先生為政務祕書官？

我在二〇〇七年卸任後，每年都會和今井祕書官相約吃幾次飯。第一次執政的那一年，我們密切共事，感覺很合得來。因此在二〇一二年九月再次挑戰總裁選舉時，我也向今井尋求政策上的建議。他在內政和外交上非常嫻熟，可說是個全能型選手。當然，他對政治也充滿了熱情。

二〇〇七年，第一次內閣時期爆發「消失的年金」風波時，今井冷不防拋出一句「首相應該被斬首」，我不禁大吃一驚，趕緊問他怎麼回事。今井表示去洗三溫暖的時候，聽見那裡的客人聚在一起討論「消失的年金」的話題，當時有人脫口說出「安倍應該被斬首」這句話，讓在場許多人聽了相當振奮。今井將當時的情況原原本本地轉述給我。他就是一個連刺耳的話也敢直言不諱的人。我認為，首相身邊必須有個這樣的人。

即使到了第二次內閣，今井依然不假辭色地給予我諸般建言。例如他會說：「首腦會談時，不該一直唸稿，而是要多觀察對方的反應。」

有時我也會煩，心想差不多就可以了吧。然而，以今井為首的官邸成員們，的確都是全心全意地為了我工作。

——儘管與第一次內閣相比，首相官邸的職能並沒有太大變化，但印象中，第二次內閣期間，首相官邸的工作人員非常團結。這是基於對第一次執政時期某些面向的反省嗎？

在第一次內閣期間，我們來不及從閣員的失言或服務處費用爭議等逆風中恢復元氣。我的健康狀況惡化也造成很大的影響。

橋本龍太郎首相雖在二〇〇一年推動行政改革，重組中央省廳[1]，又將內閣官房和內閣府定位為輔佐首相的機構，負責制定重要政策和統籌協調各省廳，有效強化了首相和官邸的權限。但是，無論創建出多麼強大的機制和組織，要是我不能與在那裡工作的公務員之間建立起信任關係，就無法順利運作。因此，我在第二次執政時，盡可能增加與官邸成員的交流，積極地交換想法。

例如在國會休會期間，我會撥出時間和祕書官或官邸的參事官們一起吃午餐。席間的話題很廣泛，有時會一邊看電視臺的綜藝節目，一邊討論不限於政治的各種話題；有時會互相開玩笑，閒聊官邸團隊間發生的事。我認為，這麼做讓所有人感受到團隊的一體感，營造出共同奮鬥的氛圍。

領導者不是培養出來的

——有人說因為您沒有培養出接任的領導者，「安倍的接班人」遲遲未能出現，這才得以延續這麼久的政權。

我想應該無關吧。下一代的領導者不是靠培育，而是自然養成的。

第二次執政後，我起用了很多新人擔任內閣閣員和黨的管理職。任命新人挑大梁，不僅會受到在野黨攻擊，黨內的反彈聲浪也很大。當然，其中很多人沒能通過這一關。但另一方面，二〇二一年九月投入自民黨總裁選舉的河野太郎、岸田文雄、高市早苗和野田聖子四個人，都曾在我的內閣擔綱要職。我認為，正是因為他們足以扛起那樣沉重的壓力，才在黨內

1 譯注：即中央行政機關組織。

角逐總裁時獲得了同志的肯定。

我在小泉純一郎前首相的內閣時期擔任過很多職務，但我並不認為那就叫做培養。起用我出任官房副長官的是森喜朗前首相。繼任的小泉先生只是延用我續任副長官。我認為小泉先生的主要考量，是希望避免我們同屬的派系「清和政策研究會」對他產生不滿情緒。清和研中包括過去的福田赳夫派和安倍晉太郎派。他為了平衡雙方的對立，便任命福田康夫為官房長官，我為官房副長官。

後來，小泉先生又任命我為幹事長。那是因為當時我在自民黨支持者中很受歡迎，他想利用我的人氣來選舉。試想，比我資深的議員那麼多，他卻提拔了才當選過三屆國會議員的我。倘若將這樣的布局視為培養，顯然不太恰當。況且，當時若不是副幹事長甘利明從旁協助我，我肯定難以勝任幹事長一職。

當然，對於那些打算扳倒我的人，我也是嚴陣以待，力求戰勝他們。這在政界是司空見慣的事。例如，我和前幹事長石破茂就在二〇一八年總裁選舉中相互競逐。我們之間就不存在所謂的培養關係。

保守派政治評論家的支持

——您是否認為得到了經濟學家和鷹派知識分子的支持？

是的，在政策上，絕對少不了支持安倍經濟學的經濟學家。耶魯大學名譽教授濱田宏一、靜岡縣立大學教授本田悅朗、嘉悅大學教授高橋洋一等所謂「再通膨學派」（Reflationist）的理論，成為我的後盾。在對抗財務省和財政重建派議員的過程中，高橋教授等人也起到了重要的作用。

此外，我還有一大優勢，那就是得到了保守派政治評論家的支持。包括資深媒體人櫻井良子女士與評論家金美齡女士，我會經常與他們會面、交換意見。

保守派評論家中，有些人對我要求極高。主張「每年春秋兩季的例大祭，首相都應該參拜靖國神社」，甚至要求「與韓國斷交」。但這些主張在現實政治中是難以實現的。

不過，二〇一五年與韓國就慰安婦問題簽署協議時，遭到了保守派嚴厲批判，有人質疑，「我們居然給韓國錢，安倍失去判斷能力了嗎？」在那種情況下，櫻井女士等人雖然感到為難，卻仍堅定地支持我。櫻井女士解釋，「這筆錢是和韓國的分手費」，以此來安撫保守派。我認為，保守派內部其實也會擔心，萬一扳倒了他們眼中六十、七十分的我，下次說不定會冒出一個零分的首相。

在娛樂圈和文化界，津川雅彥先生建立了一個以我為核心的圈子。我們經常舉辦晚宴，邀請數十名演藝人員與會。這對我來說也是相當寶貴的資產。

國民最關心的還是經濟

——您在第一次內閣以脫離戰後體制為目標，並致力於修訂《教育基本法》等制度，可說是優先施行以理念為導向的政策。但後來施政上遇到了困難。因此在第二次內閣任期，您才決定將經濟振興視為首要任務？

我深信第一次執政時倡導的政治理念是正確的。我在最初的施政演說中，提出要建構「一個充滿活力、機會與友善，重視自律精神，對世界開放的『美麗的國家，日本』。」「美麗的國家」指的是重視文化、傳統、自然和歷史，以自由社會為基礎，懂得紀律、捍衛尊嚴的國家。我認為在那次演講中，我清楚揭示了我的國家觀，以及我所認知的時代。

另一方面，第二次內閣啟動後，從二〇一二年底至二〇一三年，我們的首要任務是回應國人的需求，改善之前在民主黨政權下惡化的經濟狀況。

我再次就任首相時，當時日圓匯率過度升值，導致製造業紛紛將生產基地轉移到海外；

無法搬遷的中小企業則被迫關閉日本國內的工廠。二〇一二年，破產的企業數就多達一萬二千家，幾乎是二〇二〇年的一點五倍之多。

我們從宏觀經濟的角度來分析時下情勢，決定致力於提高企業的收益，同時創造就業機會。目標是擺脫通貨緊縮，這也就是所謂的安倍經濟學。

最終，我們成功創造出許多就業機會。政治在經濟領域的核心著眼點就是就業。民主黨執政期間，失業率超過百分之五，但第二次安倍內閣從二〇一六年度以來，實現了所謂「完全雇用」的充分就業率，將失業率壓在百分之三以下；從二〇一〇年僅零點五二倍的平均有效求職倍率[2]，到了二〇一八年提高到了一點六一倍。高中和大學畢業生的就業率也創下歷史新高。

安倍內閣在年輕人中的支持率非常高，我認為主要原因是我們改善了就業情況，尤其是提升就業環境。我們成功地改變了長期以來自民黨支持者偏向老年人為主的形象。

——也有觀點指出，年輕人是對您在安保政策上的重視、以及主張修憲的鷹派言行有所共鳴。但您還是認為，主因是經濟狀況獲得了改善嗎？

我也的確因為鷹派形象而獲得不少支持。現在，愈來愈多年輕人透過網路，掌握了世界

2 譯注：有效需求職缺與有效求職人數之比。

各國的政經局勢，並逐漸認知到，為了維護國家安全，必須提高軍事上的威懾力和外交應變能力。這在國際社會上是理所當然的態度。他們很清楚，有時為了維護國家利益，必須採取強硬路線。

當然，要是國人只看那些充滿褊狹資訊的網站，思維方式就會變得僵化，那是非常危險的。所以不能輕忽網路造成的影響。在日本的網路上，充斥著形形色色的意識型態。不過，我在接觸各種資訊的過程中，察覺到現今不少年輕人已經建立起了穩定的國家觀。

話雖如此，要是我們沒有腳踏實地致力於復甦經濟，再如何強力倡行鷹派政策，也不可能成為戰後執政時間最長的政府。

第二次內閣成立後的二〇一二年十二月開始，經濟持續蓬勃發展，直到新冠疫情爆發前，已經超越了經濟高度增長期的「伊奘諾景氣」（一九六五年十一月至一九七〇年七月，長達五十七個月），幾乎達到與二戰後最長經濟復甦期（二〇〇二年二月至二〇〇八年二月，長達七十三個月）相當的水準。

我承認，國民一般缺乏對景氣好轉的實際感受。不論是提高生產效率、或是提升薪資的目標，我們都還在半路上。儘管以實現經濟良性循環為目標的安倍經濟學，並非都一帆風順，但確實取得了一些成果，也得到國人的廣泛支持。

日本央行會發布一份俗稱「櫻花報告」的景氣調查。那是一份將全國分為九個地區，總結每個區域景氣趨勢的地域經濟報告。二〇〇二至二〇〇八年的小泉、第一次安倍、福田，三個內閣的景氣復甦程度雖被評為「景氣好」，卻是因為關東甲信越和東海地區，這幾個地區坐落著許多大企業和以出口產業為主的企業；與此相反，北海道和四國的出口產業少，景氣復甦狀況也較為嚴峻。

在我第二次執政後，我就立下了一個目標：讓北海道到沖繩所有九個地區的經濟全部都要成長。為此，我們致力發展觀光。就算境內沒有出口企業的工廠，也能靠優美的風景和文化資產發展觀光業。如今，愈來愈多外國人來到北海道和四國旅遊，對當地經濟和就業做出了巨大的貢獻。

儘管重建經濟是安倍政府的首要任務，我們同時也致力於執行我們認為屬於歷史使命的政策。

每屆內閣初登板都有一段蜜月期，這段時間會擁有較高的支持率。但是，假使在沒有清晰的國家戰略下，輕率推行模糊政策，很快就會失去大眾的支持。這就是為什麼我專注於推動符合國民需求的經濟政策，從未停止前進。一般來說，內閣的支持率會緩步下降，但從二〇一二年末至二〇一三年，我的支持率卻持續上升。這是非常罕見的。我認為，主要還是國人對經濟政策寄予了厚望。

政權不穩，就是失去自民黨內部信任的時刻

——您第二次執政後最大的目標是變更憲法解釋，允許有限行使集體自衛權。但直到二〇一四年七月、您再次執政約一年半後，才變更了解釋。是否因為在那之前，您考慮先加強經濟政策，讓支持率繼續上升？

關於憲法自衛權的變更解釋和《安保法案》制定，是在考量到日美關係可能發生變化的背景下進行的。

沖繩縣美軍普天間空軍基地遷往名護市邊野古的計畫，因為民主黨鳩山由紀夫政府主張「遷往縣外」，使該計畫陷入停滯。[3]這損害了日美之間的信任關係，我對此感到極大的危機感，並下定決心要設法改善這種情況。

我的外祖父岸信介認為，《舊日美安保條約》無法保障日本的安全，因此致力於修改該條約。他透過明確定義美國防衛日本的義務，並由日本提供基地，加強了雙方的合作。儘管外祖父的政府在安保鬥爭中被推翻，日美同盟卻因此得到了強化。歷史證明，修改條約是正確的決定。

為了修復陷入低迷的日美關係、應對中國加大發展軍備和北韓的核武及飛彈問題，我認

為我們需要在一定程度上加強防衛能力。因此，我們在實施經濟政策以提高人民生活水準的同時，也進行了安保政策的調整。

不過，還需要考慮政策的優先順序。二〇一三年，ＴＰＰ各國展開談判，日本必須盡快決定是否加入。如果要同時著手進行集體自衛權解釋變更和ＴＰＰ談判，就好比同時追兩隻兔子，對政府的負擔太大。因此，在同年夏天的參議院選舉前，我決定以加入ＴＰＰ談判為優先。

此外，二〇一三年參議院選舉後，我們制定了《特定祕密保護法》，並設立了國家安全保障會議和國家安全保障局。

《特定祕密保護法》是由當時的內閣情報官北村滋提出的，他認為該法「在與外國交換情報上絕對有其必要性」。我受到他的熱情感召，在參議院選舉後便立即著手制定該法案。

國家安全保障會議和國家安全保障局是第一次內閣遺留下來的課題，是旨在集中處理外交、軍事、情報，並就外交、安全保障政策做出決策的組織。在制定《安保法案》前設立這些機構是必要的，否則首相官邸的想法可能無法準確地傳達給美國等國家。

例如，美國的國家安全會議負責人來訪日本時，要是日本沒有對等的負責人，美方就必須同時與外交和防衛部門的官員協商，而這可能導致美方接收到不一致的訊息，為了避免這

3 譯注：基於一些因素，最後美軍基地仍留在沖繩縣，因而失信於美國。

種情況，在首相官邸內設立外交和安保的指揮部極為重要。當日美討論機密情報時，《特定祕密保護法》也能以保密義務來約束日方的負責人，讓美方放心與我方交流。這是我認同北村提案的原因。

——反對的意見質疑，《特定祕密保護法》可能使被指定為機密的範圍無限擴大解釋、進而威脅到言論自由。這也導致內閣支持率下降。

這讓我的支持率下降了約十個百分點。但我認為，《特定祕密保護法》的立法，對於杜絕官僚任意操作具有非常重要的意義。

過去官員們堅稱行政上從不失誤的「官僚無謬性」，實在令人震驚。他們聲稱為閣員提供的國會答辯內容從未出錯，並認定將來只會更好，坦白說，這番說法真的令人難以置信。因此，正是基於這點，我提出了《特定祕密保護法》的審議，做出重大政策方針的改變，也就是承認政府過去的確犯過錯誤。

「核武器密約」的問題正是這種情況。一九六九年十一月，日美首腦會談中達成了一項機密協議，即美軍在返還沖繩前須撤除所有原本配置在沖繩的核武器，但保留在東亞地區發生事態時重新引入核武器的權利。這是日方同意的內容。然而，這道密約卻由外務省官員把持、任意操作，有時會告知新任首相，有時卻不告知。這種做法顯然是錯誤的。事實上，在我第一次執政期間，我就未被告知過核武器密約的存在。這種事情不應該發生。因此，我在國會答辯時，就以核武器密約為例，闡述《特定祕密保護法》能夠明確定義與解除國家機密的基準，如此一來，就不會再出現類似的官僚任意操作。

二〇一〇年九月，一艘中國漁船在尖閣諸島附近與日本海上保安廳巡邏艇爆發衝突事件。民主黨首相菅直人雖決定將事件影片設定為非公開，但實際上，當時並無相應的法律依據。而《特定祕密保護法》即可作為是否判定該影片為機密的根據。

政權不穩，就是失去自民黨內部信任的時刻。我在第一次執政時深切體會到這點。因此，第二次執政以來，只要是攸關於那些受輿論反對的政策，我都會在黨內的演講中強調，「制定這部法律是我們的使命，有重大歷史意義。讓我們完成我們應該做的事。」不論在制定《安保法案》、增設「恐怖攻擊等預謀罪」等關於《組織犯罪處罰法》的修訂時，我都向黨員發出這樣的呼籲。黨內因此團結一致。即使內閣或黨的支持率下降，自民黨的議員和黨員也會意識到，這是我們作為一個保守政黨的責任，而這將支持我們持續前進。

——或許是因為您擔任首相的時間較長，似乎在外交上更能有所發揮。

的確，這一點大有關係。像是七大工業國集團峰會、二十國集團峰會、亞太經濟合作會議等各種外交場合，隨著網路資訊技術發達，國人都可以透過網路關心並了解「自己國家的領導人是否在努力做事」。

我在第一次執政期間曾與德國總理梅克爾、俄羅斯總統普丁打過交道，當我再次就任首相時，交往上就有了一定的基礎。在第二次執政後，隨著時間的推移，我對各種國際會議的場合已經非常熟悉。各國的新首腦也會主動來和我打招呼。日本原本就是一個大國，因此想和日本首相見面的外國首腦也很多。我在各種會議上逐漸取得更多的發言權，愈來愈多人聚集在我的周圍。隨著我在任時間愈長，那些畫面不斷透過網路傳回日本，從國際社會乃至於日本國內的影響力自然與日俱增。

影片、推特、ＩＧ

雖然只是個小細節，但安倍內閣特別重視公關工作。尤其是首相官邸主頁、ＩＧ影片觀看次數，以及推特的發文，都非常用心經營。我曾和負責公關的佐伯祕書官詳談，在發布影片和照片上下了很大的功夫。

例如，二〇一九年美國總統川普來訪，我們在千葉打高爾夫球，我在推特等社群媒體上發布了我和川普的自拍照。這是佐伯的建議。他說：「首相，拍紀念照，絕對不如自拍。」因此，我採納了他的建議。但實際操作起來並不簡單。首先，我必須獲得白宮的許可，然後和川普溝通「我們來自拍吧」，並得到他的同意。所幸最終，我們的自拍照獲得了非常多的好評。

政府官員們才不在乎有多少人觀看政府發布的影片或照片，只是默默地花掉預算。我告誡他們「那樣做不行」，並對許多影片親自指導細節。我個人非常喜歡看電影，所以對視覺效果相當挑剔。

我在防衛大學畢業典禮上的訓示影片，就經過了大幅修改。防衛省最初製作的影片中，整整十五分鐘畫面上都是我在說話。我說「這樣的影片，任誰看兩三分鐘就看不下去了，連我也不想看」，便要求他們修改。「可以將我的訓示說話聲當作背景，但不要只放我的畫面。訓示開頭要配上背景音樂，再加入自衛官和其他工作人員在現場活動的鏡頭。」我在訓示中提到留學生時，畫面就帶到留學生努力訓練的場景；提到訓練嚴格時，就配上訓練時的畫面；提到在國際間嶄露實力時，就展示自衛隊在海外的活動影像。

他們修改完影片再請我看時，我又指出「這裡要放大」、「放進聯合國維和行動中和各國孩童互動的畫面」，讓他們再行調整。後來，那場畢業典禮的訓示影片，觀看次數破了防衛省的紀錄。

之後，防衛省也努力留意保存各種影像。比起我獨自在臺上演說的影片，還是自衛隊員奮鬥不懈的英姿更加打動人心。

今天的資訊科技如此發達，沒有理由不充分運用。現代的政治人物僅僅埋頭於工作是難以獲得認同的。因此，用心展示自己的工作成果，並妥善管理自身形象是很有必要的。

謝詞

在這三十六個小時與安倍晉三先生的訪談中，我們刻意避開了所謂的「官方式提問」，例如「這個問題您怎麼看？」」這種採訪模式。而是盡可能直截了當地提出多數國人心中的疑問，或是對「安倍政治」的嚴厲批評。其中很多提問，可能會讓安倍先生感到不太愉快，但我們認為那樣一來會更貼近事實。安倍先生在回答我們的提問時，不僅僅仰賴個人記憶，還事先仔細核實了首腦會談的紀錄和相關新聞報導，才誠實地回答。

在此期間，前國家安全保障局局長北村滋先生提供了從第一次內閣起積累的各種資料，並陪同我們在訪談前與安倍先生開會，大力協助整個訪談過程。後續的校稿和選照片，我們也拜託他幫忙。要是少了他的協助，我們不可能完成這樣一部歷史性、實證性的回憶錄。還有將安倍先生手中三百多本筆記，煞費苦心製作成一本內容龐大繁雜的剪貼簿的小野寺章先生，以及整理出對應每個採訪主題資料的齊木章先生和鈴木由佳子女士，我們在此表達深深的感謝。

《安倍晉三回憶錄》出版幕後的最大功臣，安倍先生、北村先生和我們都一致同意，當屬中央公論新社的中西惠子女士。中西女士為我們描繪出整部作品的輪廓與意義：為何需要出版安倍先生的回憶錄？哪些是國人所關心的議題？這部回憶錄要如何成為今後政治人物的指南？她在中央公論的大前輩、已故的粕谷一希先生，也曾是出版了許多名著的編輯，被譽為「名伯樂」。看見中西女士對《安倍晉三回憶錄》一書所投入的熱情和努力，讓我們想起了當年的粕谷先生。

《安倍晉三回憶錄》就在前述各方的努力下完成了。我們相信，經由大眾廣泛閱讀、並接受大家毫無保留的批評指教後，《安倍晉三回憶錄》一定會「經過千錘百鍊，最終成為鍛造品」。

二〇二三年一月

橋本五郎

尾山宏

圖表資料

安倍政府的歷程

※參考《讀賣新聞》製表

第一次安倍內閣

2006年	9月20日	官房長官安倍晉三當選為第二十一代自民黨總裁。
	9月26日	在眾參兩院的聯席會議中，安倍總裁成為日本第九十代、第五十七位首相，隨後組成新內閣。
	9月29日	安倍首相在眾參兩院的聯席會議上發表施政理念演說，提出將著手進行開始行使集體自衛權之具體研究工作。
	12月15日	時隔五十九年修正《教育基本法》。
2007年	1月9日	防衛廳升格為防衛省，防衛廳長官久間章生成為初代防衛大臣。
	1月26日	安倍首相發表首次施政方針演說，對國民投票法案的通過寄予厚望。
	5月14日	參議院通過《國民投票法》，制定了憲法修正程序。完善修憲所需的法律環境。
	5月18日	為研究行使集體自衛權的個別案例，成立首次專家會議。
	5月28日	因「事務所費用」問題受到追究的農林水產大臣松岡利勝自殺。三十一日，眾議員赤城德彥接任。

2012年	7月29日	第二十一屆參議院選舉中，自民黨獲得三十七席、民主黨獲得六十席。新勢力分布為民主黨一百零九席、自民黨八十三席。自民黨首次從參議院第一大黨的地位跌落，眾參兩院出現「扭曲」狀態。
	8月1日	安倍首相撤換農林水產大臣赤城德彥。
	8月27日	安倍內閣改組。
	9月12日	安倍首相發表辭職意向。九月十三日，被診斷為「功能性胃腸症候群」住院。
	9月26日	參加自民黨總裁選舉，在第二輪投票中逆轉得勝，擊敗石破茂。
	12月16日	在第四十六屆眾議院選舉中，自民黨取得壓倒性勝利，獲得了二百九十四席，遠超過半數（二百四十一席），睽違三年三個月重新奪回政權。民主黨慘敗，僅獲五十七席。

第二次安倍內閣

2012年	12月26日	野田佳彥內閣總辭。自民黨總裁安倍晉三成為第九十六任首相，這是二戰後，自吉田茂以來時隔六十四年，第二位辭職後再度重返執政的首相。
2013年	1月16日	阿爾及利亞人質事件。

2013年

1月22日	政府和日本央行發表了載明目標為百分之二的通貨膨脹率（物價上漲率）的「聯合聲明」。
3月15日	安倍首相正式宣布，將參加TPP談判。
3月20日	日本央行的新總裁由前亞洲開發銀行總裁黑田東彥就任。
4月29日	安倍首相在俄羅斯與普丁總統會談，雙方同意重啟談判，加速尋求北方領土問題的解決方案。
7月21日	第二十三屆參議院選舉中，自民黨和公明黨共獲得七十六席，與非改選議席相加後，確保參議院的席位過半，解除了「扭曲國會」的狀況。民主黨遭遇成立以來最嚴重的挫敗，僅獲得十七席。
8月8日	內閣法制局局長由駐法大使小松一郎出任，他對於更改憲法對行使集體自衛權的態度積極。
9月7日	在國際奧委會總會的投票中，東京被選為二〇二〇年夏季奧運和帕運的主辦城市。在投票前的申辦說明中，安倍首相針對福島第一核電廠的情況表示「事態已經在我們的控制之中」，以消除外界的疑慮。
12月6日	參議院通過《特定祕密保護法》，加強對洩露國家安全機密情報公務員的懲處。

2014年	12月26日	安倍首相在上任一年之際參拜了靖國神社。
	1月7日	日本版國安會「國家安全保障局」正式成立，首任局長為前外務次官谷內正太郎。
	4月1日	消費稅上調至百分之八，這是時隔十七年的增稅。
	4月23～25日	美國總統歐巴馬以國賓身分訪日。兩國政府在TPP談判中實質上達成基本共識，並發表聯合聲明。聲明中包括尖閣諸島適用《日美安保條約》，以及美國「歡迎並支持」安倍內閣為行使集體自衛權所做的努力。
	5月30日	統一管理中央省廳幹部人事的「內閣人事局」成立。
	9月3日	第二次安倍內閣改組，十八位閣員中有十二位被更換，女性閣員人數和歷史最高紀錄相同，共有五位。
	11月18日	安倍首相宣布，將上調消費稅至百分之十的計畫，推遲一年半後至二〇一七年四月實施。
	12月14日	第四十七屆眾議院選舉中，自民黨和公明黨共獲得三百二十五席，超過總席次的三分之二（三百一十七席）。民主黨獲得七十三席，黨首海江田萬里落選。

第三次安倍內閣

2014年	12月24日	第三次安倍內閣成立。
2015年	1月〜2月1日	發生伊斯蘭國殺害日本人質事件。
	4月29日	安倍首相成為首位在美國國會參眾兩院聯席會議上發表演說的日本首相，他將日美同盟定位為「邁向希望的同盟」。
	8月14日	政府在內閣會議上通過了安倍首相的「戰後七十年談話」，強調維持歷屆內閣對二戰「深切反省和由衷道歉」的立場不變。
	9月8日	自民黨總裁選舉中，安倍首相在無對手的情況下自動連任。
	9月19日	參議院通過《安保法案》，取消了自衛隊對美軍支援的地理限制，全面承認自衛隊在公海等日本領域外的活動。然而，國會周遭連日出現抗議遊行。該法案於二〇一六年三月二十九日生效。
	10月7日	安倍內閣改組，定位為「向未來挑戰的內閣」，包括前內閣官房副長官加藤勝信在內，共九人首次入閣。加藤勝信被任命為新設的「一億總活躍」大臣。
	12月8日	成立國際恐怖主義情報蒐集單位。

	12月28日	日韓外相就慰安婦問題達成協議，日本政府向支持前慰安婦的財團提供約十億日圓的資金。兩國外相表明，就「最終且不可逆地解決慰安婦問題」達成協議。
2016年	1月28日	經濟再生大臣甘利明，因自身及祕書被週刊報導收受建設公司非法獻金而辭職。繼任者為自民黨前幹事長石原伸晃。
2016年	5月26～27日	七大工業國集團峰會在三重縣伊勢志摩市舉行。
	5月27日	歐巴馬成為首位訪問廣島的現任美國總統，他與原爆受害者對話，並強調追求「無核武世界」的必要性。
	6月1日	安倍首相宣布，原預計在二〇一七年四月上調消費稅至百分之十的計畫，將推遲兩年半至二〇一九年十月實施。
	6月2日	政府在內閣會議上通過了「日本一億總活躍社會計畫」和「日本再興戰略」（增長戰略）等政策。
	7月10日	第二十四屆參議院選舉中，自民黨和公明黨聯合執政獲六十九席，大獲全勝。包括非改選議席在內，支持修憲的總席次超過了參議院進行修憲提案所需的三分之二（一百六十二席）。此次選舉中，十八歲和十九歲的公民首次有了投票權。
	8月3日	安倍內閣第二次改組，安倍首相將其命名為「未來挑戰內閣」。

8月8日	天皇陛下向國民發表影音訊息，表達退位意願。政府於九月二十三日設立了專家會議，開始具體的討論。
8月21日	里約熱內盧夏季奧運閉幕式上，在介紹下一屆奧運主辦國日本的表演中，安倍首相以「超級瑪利歐兄弟」中的「瑪利歐」造型登場。
11月17日	安倍首相在紐約與美國下一任總統川普會談，並評價他為「值得信賴的領袖」。
12月15日	安倍首相在山口縣長門市與俄羅斯總統普丁會談，雙方同意就北方領土的「共同經濟活動」進行事務層級的磋商。
12月27日	安倍首相與美國總統歐巴馬一同訪問夏威夷珍珠港，追悼珍珠港事變中的犧牲者。安倍首相在追思的演說中發表了「不戰的誓言」。

2017年

2月17日	關於大阪府的國有土地以低於鑑價約八億日圓賣給「森友學園」一事，安倍首相在眾議院預算委員會上表示：「如果我有涉及此案，我將辭去首相和國會議員職務。」
5月3日	安倍首相以自民黨總裁的身分表明，他的施政目標是在二〇二〇年修憲。他表示會在維持憲法第九條第一項和第二項（放棄戰爭等規定）的基礎上，最優先考慮新增自衛隊的相關條文。
6月9日	參議院通過實現天皇陛下退位的特例法。

6月15日	參議院通過《組織犯罪處罰法》修正案，成立「恐怖攻擊等預謀罪」。
6月15日	關於「加計學園」在設立獸醫學部的過程中，內閣府被指控施壓一事，文部科學省公布了再次調查結果，確認有份內部文件聲稱是「首相的意願」。內閣府於十六日公布了調查報告，表示沒有職員曾經這樣說過。
8月3日	此次安倍內閣第三次改組，安倍首相將其命名為「實幹者內閣」。
9月25日	東京都知事小池百合子宣布成立新國政型政黨「希望之黨」，並就任黨首。
10月22日	第四十八屆眾議院選舉中，自民黨（包括追加認可的議席）共獲得二百八十四席，取得壓倒性勝利。自民黨和公明黨合計獲得三百一十三席，超過總席位的三分之二。立憲民主黨獲得五十五席，成為最大在野黨。

第四次安倍內閣

2017年	
11月1日	第四次安倍內閣成立。
11月5日	美國總統川普首次訪問日本，與安倍首相會談。雙方一致同意要對北韓施加最大限度的壓力。

	11月29日	北韓發射新型洲際彈道飛彈，其高度超過歷史最高的推算紀錄四千公里。
2018年	3月9日	國稅廳長官佐川宣壽在擔任財務省理財局長期間，於答辯森友學園的問題上導致國會混亂，因而引咎辭職。
	4月16日	防衛省公開了此前聲稱「不存在」的陸上自衛隊派遣伊拉克的日誌，日誌中也提到了「戰鬥擴大」等內容。
	6月4日	財務省因森友學園問題處分了佐川等人，認定他們在實質上指示了竄改行為。
	6月29日	參議院通過《工作方式改革關聯法案》，該法規定了附有罰則的加班時間上限，並為部分專業職位導入了非按時計酬制度。
	6月29日	參議院通過《TPP關聯法案》，國內的批准手續完成。
	7月20日	參議院通過包括設立賭場在內的《綜合度假區實施法》。
	9月12日	俄羅斯總統普丁在遠東舉行的東方經濟論壇上，向安倍首相提議擱置北方領土問題，先簽訂日俄和平條約。
	9月20日	自民黨總裁選舉中，安倍首相擊敗前幹事長石破茂，第三次連任。
	10月2日	安倍內閣第一次改組，有十二人是首次入閣，為歷屆最多。

	10月25～27日	安倍首相正式出訪中國並舉行首腦會談，雙方一致同意將日中關係提升至「從競爭轉向協調」的新階段。
	11月14日	安倍首相在新加坡與俄羅斯總統普丁會談，雙方同意以一九五六年的《日蘇共同宣言》為基礎，加速和平條約的談判。
2019年	1月8日	厚生勞動省宣布「每月勞動統計」的調查方法存在錯誤，導致雇傭保險等方面出現約五百六十四億日圓的給付短缺問題。二十二日，厚生勞動省次官等共二十二人被處分。
	4月1日	政府決定新元號為「令和」。
	4月30日	明仁天皇陛下（第一百二十五代）成為日本憲政史上首位退位的天皇，平成時代落幕。天皇發表講話，「對國民表示衷心感謝」。
	5月1日	皇太子德仁親王殿下即位，成為第一百二十六代天皇，令和時代開啟。
	5月25～28日	美國總統川普作為令和時代的首位國賓訪問日本，會見天皇和皇后陛下，並與安倍首相會談，此外還一起打高爾夫和觀看相撲比賽。
	6月12～14日	安倍首相成為四十一年來首次出訪伊朗的日本現任首相，與總統羅哈尼會談。在與最高領袖哈米尼的初次會談中，安倍首相要求伊朗與美國對話，但被哈米尼拒絕。

6月28～29日	日本首次主辦的二十國集團峰會在大阪舉行。
7月4日	政府加強了對韓國出口氟化氫等三種產品的管制。
7月21日	第二十五屆參議院選舉中，自民黨和公明黨獲得了七十一席，超過改選席次的一半，但未能維持國會發起修憲所需的三分之二（一百六十四席）以上席位。
9月11日	安倍內閣第二次改組。
10月1日	消費稅提高到百分之十，同時導入減輕稅率制度。
11月13日	原訂每年四月舉行的「賞櫻會」，二〇二〇年度的活動因安倍首相的後援會成員被質疑大量受邀而決定取消。
11月20日	安倍首相在任總天數達到了二千八百八十七天，成為日本憲政史上在任時間最長的首相，超越戰前政治家桂太郎。

2020年

1月15日	厚生勞動省確認了日本國內首例新型冠狀病毒感染者，該患者為居住在關東地區的中國籍男性，剛從中國武漢市回來。
2月3日	一艘載有新型冠狀病毒感染者的遊輪「鑽石公主號」返回橫濱港，厚生勞動省對約三千七百名乘客進行了檢疫。

2月27日	政府要求全日本的小學、中學和高中，三月二日起至春假期間臨時停課。
3月13日	政府公布《新型流感等對策特別措施法》。
3月24日	安倍首相與國際奧委會主席巴赫通電話，雙方同意將東京奧運和帕運推遲一年舉行。大會組織委員會也宣布火炬傳遞活動延期。
4月1日	安倍首相宣布向每個家庭發放兩枚布製口罩。
4月7日	安倍首相向東京都等七個都府縣發布緊急狀態。十六日，緊急狀態擴大到全國範圍。
5月18日	由於輿論反對「特別規定」，延長檢察官退休年齡的《檢察廳法》修正案未能通過。
8月24日	安倍首相連續在任天數達到二千七百九十九天，超越前首相佐藤榮作，成為連續在任時間最長的首相。
8月28日	安倍首相因潰瘍性大腸炎復發，表明辭職意向。
9月16日	安倍內閣總辭。安倍首相的連續在任天數為二千八百二十二天，累計在任天數為三千一百八十八天，均為日本史上最長。自民黨總裁菅義偉接受國會指名就任第九十九代首相赴任。

外事訪問地點一覽表

※參考外務省官方網站製表

第一次安倍內閣

年	日期	內容
2006年	10月8～9日	出訪中國和韓國。
	11月17～20日	出席亞太經濟合作會議（越南），以及正式訪問越南。
	12月8～10日	出訪菲律賓。
2007年	1月9～15日	出訪歐洲各國（英國、德國、比利時、法國），以及出席東亞峰會等（菲律賓）。
	4月26日～5月3日	出訪美國和中東各國（沙烏地阿拉伯、阿拉伯聯合大公國、科威特、卡達、埃及）。
	6月5～9日	出席日歐定期首腦協議及八大工業國集團峰會（德國海利根達姆）。
	8月19～25日	出訪印尼、印度和馬來西亞。
	9月7～10日	出席亞太經濟合作會議（澳洲）。

第二次～第四次安倍內閣

2013年	1月16～19日	出訪東南亞（越南、泰國、印尼）。
	2月21～24日	出訪美國。
	3月30～31日	出訪蒙古。
	4月28日～5月4日	出訪俄羅斯和中東各國（沙烏地阿拉伯、阿拉伯聯合大公國、土耳其）。
	5月24～26日	出訪緬甸。
	6月15～20日	出席八大工業國集團峰會（北愛爾蘭厄恩湖畔）及訪問歐洲各國（波蘭、愛爾蘭、英國）。
	7月25～27日	出訪馬來西亞、新加坡、菲律賓。
	8月24～29日	出訪中東和非洲各國（巴林、科威特、吉布地、卡達）。
	9月4～9日	出席二十國集團峰會（俄羅斯聖彼得堡）及國際奧委會總會（阿根廷）。
	9月23～28日	出訪加拿大及出席聯合國大會（美國）。
	10月6～10日	出席亞太經濟合作會議等（印尼）及東協峰會（汶萊）。

	10月28～30日	出訪土耳其。
	11月16～17日	出訪柬埔寨、寮國。
2014年	1月9～15日	出訪阿曼、象牙海岸、莫三比克和衣索比亞。
	1月21～23日	出席世界經濟論壇（瑞士達沃斯）。
	1月25～27日	出訪印度。
	2月7～9日	出席冬季奧運開幕式等（俄羅斯索契）。
	3月23～26日	出席核安全峰會等（荷蘭）。
	4月29日～5月8日	出訪德國、英國、葡萄牙、西班牙、法國和比利時。
	5月30～31日	出訪新加坡。
	6月3～7日	出席七大工業國集團峰會（比利時布魯塞爾），以及出訪義大利和梵諦岡。
	7月6～12日	出訪紐西蘭、澳洲和巴布亞紐幾內亞。
	7月25日～8月4日	出訪中南美洲（墨西哥、千里達及托巴哥、哥倫比亞、智利、巴西）。
	9月6～8日	出訪孟加拉和斯里蘭卡。

2015年	
9月22～27日	出席第六十九屆聯合國大會（美國）。
10月15～18日	出席第十屆亞歐領袖會議（義大利）。
11月9～17日	出席亞太經濟合作會議（中國）、東協會議（緬甸）及二十國集團峰會（澳洲）。
1月16～21日	出訪中東（埃及、約旦、以色列、巴勒斯坦）。
3月29～30日	出席新加坡前總理李光耀的國葬。
4月21～23日	出席亞非會議六十週年紀念領袖會議（印尼）。
4月26日～5月3日	出訪美國。
6月5～9日	出訪烏克蘭及出席七大工業國集團峰會（德國艾茂山莊）。
9月26日～10月2日	出席第七十屆聯合國大會（美國）以及出訪牙買加。
10月22～28日	出訪蒙古和中亞五國（土庫曼、塔吉克、烏茲別克、吉爾吉斯、哈薩克）。
11月1～2日	出席日中韓峰會（韓國）。
11月13～17日	出訪土耳其及出席二十國集團峰會（土耳其安塔利亞）。

11月18～23日	出席亞太經濟合作會議（菲律賓）和東協會議（馬來西亞）。
11月29日～12月2日	出席巴黎氣候大會（法國）以及出訪盧森堡。
12月11～13日	出訪印度。
2016年	
3月30日～4月3日	出席核安全峰會（美國）。
5月1～7日	出訪歐洲（義大利、法國、比利時、德國、英國）和俄羅斯。
7月14～16日	出訪蒙古以及出席第十一屆亞歐領袖會議。
8月20～23日	出席里約熱內盧夏季奧運閉幕式（巴西）。
8月25～29日	出席第六屆非洲開發會議，以及出訪肯亞和新加坡。
9月2～3日	出席東方經濟論壇（俄羅斯）。
9月4～9日	出席二十國集團峰會（中國杭州）及東協會議（寮國）。
9月18～24日	出席第七十一屆聯合國大會（美國）以及出訪古巴。
11月17～23日	出席亞太經濟合作會議（秘魯），正式訪問秘魯和阿根廷，並順道拜訪美國。
12月26～28日	出訪夏威夷（美國）。

2017年	1月12～17日	出訪東南亞（菲律賓、印尼、越南）和澳洲。
	2月9～13日	出訪美國。
	3月19～22日	出訪德國、法國、比利時和義大利。
	4月27～30日	出訪俄羅斯和英國。
	5月25～28日	出席七大工業國集團峰會（義大利陶爾米納）及出訪馬爾他。
	7月5～11日	出訪歐洲（比利時、瑞典、芬蘭、丹麥）以及出席二十國集團峰會（德國漢堡）。
	9月6～8日	出席第三屆東方經濟論壇（俄羅斯）。
	9月13～15日	出訪印度。
	9月18～22日	出席第七十二屆聯合國大會（美國）。
	11月9～15日	出席亞太經濟合作會議（越南）和東協會議（菲律賓）。
2018年	1月12～17日	出訪歐洲（愛沙尼亞、拉脫維亞、立陶宛、保加利亞、塞爾維亞、羅馬尼亞）。
	2月9～10日	出席冬季奧運開幕式（韓國平昌）。
	4月17～20日	出訪美國。

4月29日～5月3日	出訪中東（阿拉伯聯合大公國、約旦、以色列、巴勒斯坦）
5月24～27日	出訪俄羅斯。
6月6～11日	出訪美國及出席七大工業國集團峰會（加拿大沙勒瓦）。
9月10～13日	出席第四屆東方經濟論壇（俄羅斯）。
9月23～28日	出席第七十三屆聯合國大會（美國）。
10月16～20日	出訪歐洲（西班牙、法國、比利時），以及出席第十二屆亞歐領袖會議。
10月25～27日	出訪中國。
11月14～18日	出席東協會議（新加坡），出訪澳洲，以及出席亞太經濟合作會議（巴布亞紐幾內亞）。
11月29日～12月4日	出席二十國集團峰會（阿根廷布宜諾斯艾利斯），以及出訪烏拉圭和巴拉圭。
2019年	
1月9～11日	出訪荷蘭和英國。
1月21～24日	出訪俄羅斯，以及出席二〇一九年世界經濟論壇（瑞士達沃斯）。

	4月22～29日	出訪歐洲和北美洲（法國、義大利、斯洛伐克、比利時、美國、加拿大）。
	6月12～14日	出訪伊朗。
	8月23～27日	出席七大工業國集團峰會（法國比亞里茨）。
	9月4～6日	出席第五屆東方經濟論壇（俄羅斯）。
	9月23～28日	出席第七十四屆聯合國大會（美國）及歐亞連結論壇（比利時）。
	11月3～5日	出席東協會議（泰國）。
	12月23～25日	出席日中韓峰會（中國）。
2020年	1月11～15日	出訪中東各國（沙烏地阿拉伯、阿拉伯聯合大公國、阿曼）。

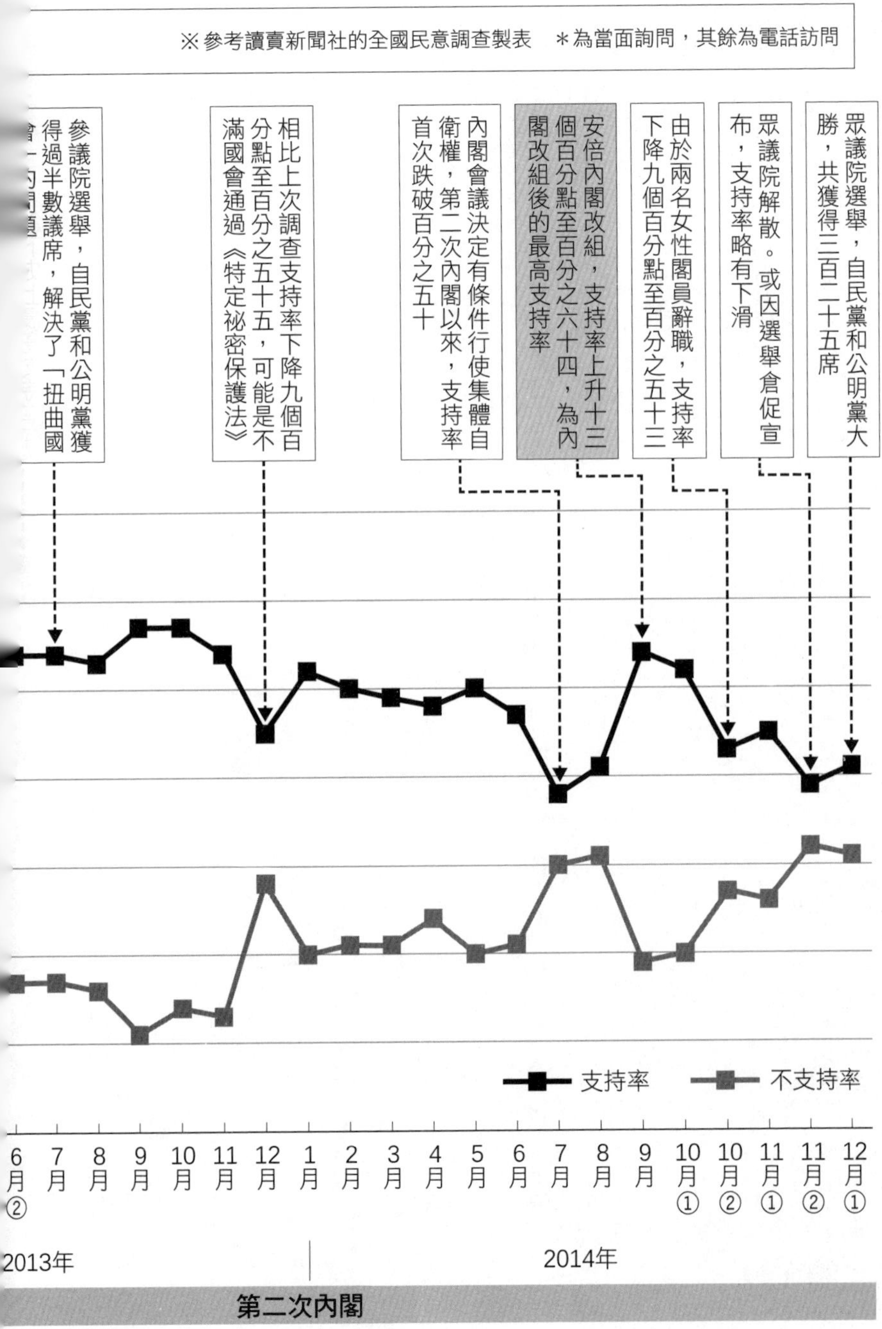
※參考讀賣新聞社的全國民意調查製表　＊為當面詢問，其餘為電話訪問
參議院選舉，自民黨和公明黨獲得過半數議席，解決了「扭曲國
相比上次調查支持率下降九個百分點至百分之五十五，可能是不滿國會通過《特定祕密保護法》
內閣會議決定有條件行使集體自衛權，第二次內閣以來，支持率首次跌破百分之五十
安倍內閣改組，支持率上升十三個百分點至百分之六十四，為內閣改組後的最高支持率
由於兩名女性閣員辭職，支持率下降九個百分點至百分之五十三
眾議院解散。或因選舉倉促宣布，支持率略有下滑
眾議院選舉，自民黨和公明黨大勝，共獲得三百二十五席
支持率
不支持率
6月②
7月
8月
9月
10月
11月
12月
1月
2月
3月
4月
5月
6月
7月
8月
9月
10月①
10月②
11月①
11月②
12月①
2013年
2014年
第二次內閣

安倍內閣支持率的變化（第一次、第二次）

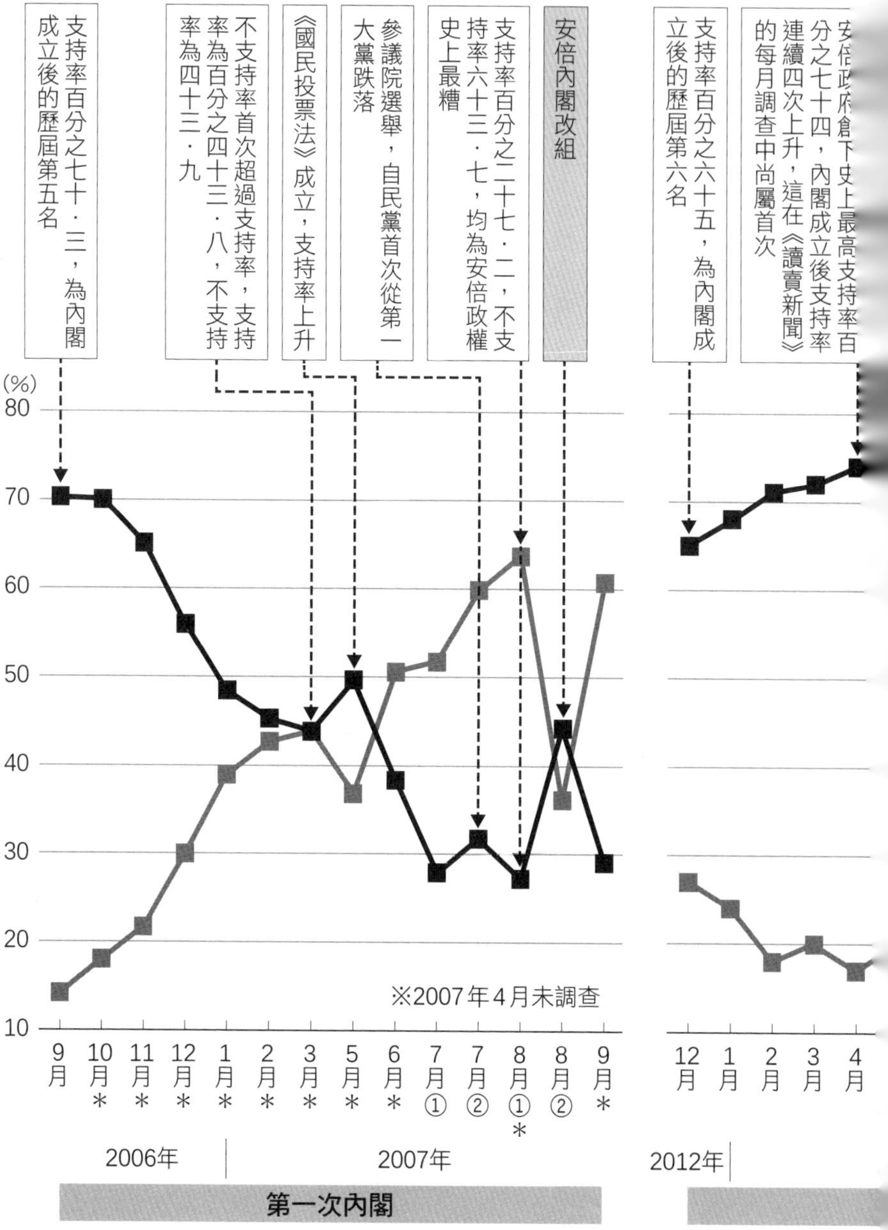
支持率百分之七十・三，為內閣成立後的歷屆第五名
不支持率首次超過支持率，支持率為百分之四十三・八，不支持率為四十三・九
《國民投票法》成立，支持率上升
參議院選舉，自民黨首次從第一大黨跌落
支持率百分之二十七・二，不支持率六十三・七，均為安倍政權史上最糟
安倍內閣改組
支持率百分之六十五，為內閣成立後的歷屆第六名
安倍政府創下史上最高支持率百分之七十四，內閣成立後支持率連續四次上升，這在《讀賣新聞》的每月調查中尚屬首次
(%)
80
70
60
50
40
30
20
10
※2007年4月未調查
9月
10月＊
11月＊
12月＊
1月＊
2月＊
3月＊
5月＊
6月＊
7月①
7月②
8月①＊
8月②
9月＊
12月
1月
2月
3月
4月
2006年
2007年
2012年
第一次內閣

※參考讀賣新聞社的全國民意調查製表，採電話訪問

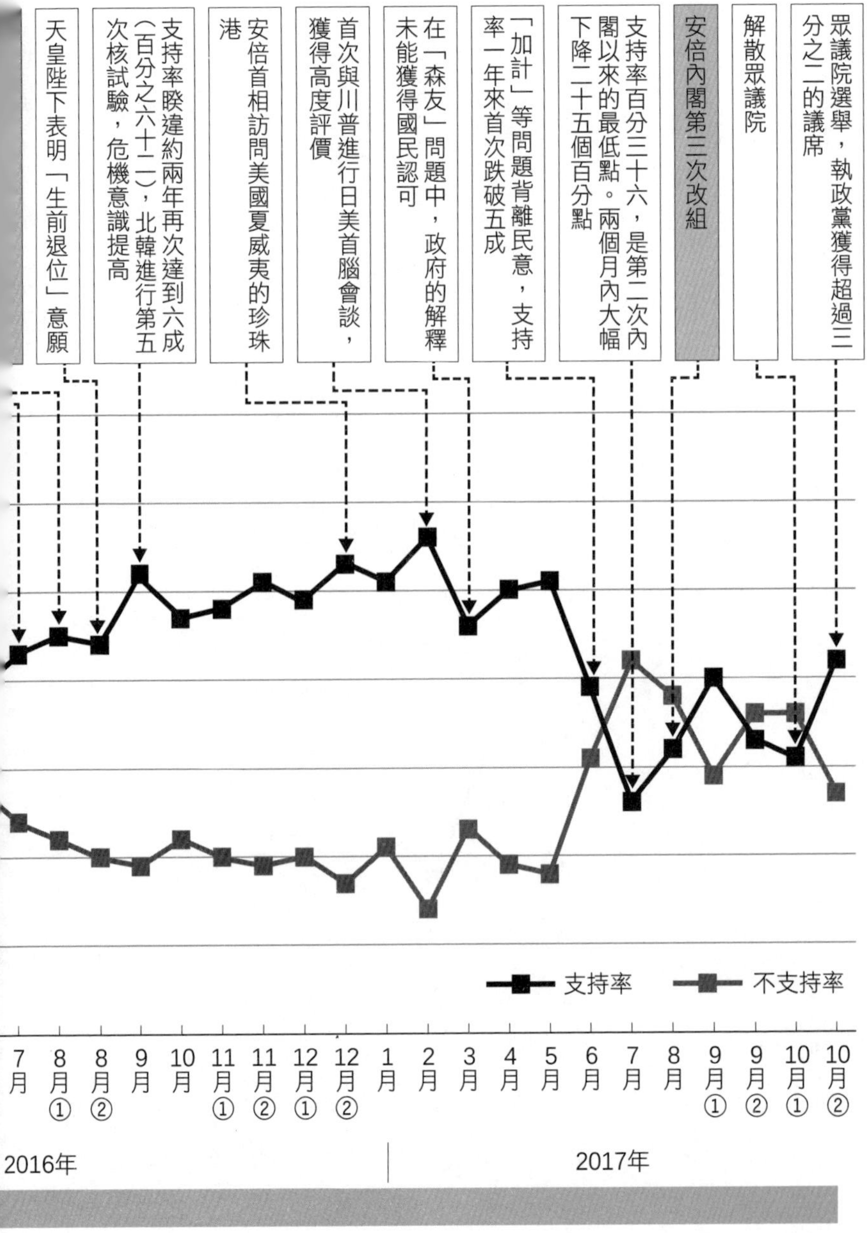
天皇陛下表明「生前退位」意願
支持率睽違約兩年再次達到六成（百分之六十二），北韓進行第五次核試驗，危機意識提高
安倍首相訪問美國夏威夷的珍珠港
首次與川普進行日美首腦會談，獲得高度評價
在「森友」問題中，政府的解釋未能獲得國民認可
「加計」等問題背離民意，支持率一年來首次跌破五成
支持率百分三十六，是第二次內閣以來的最低點。兩個月內大幅下降二十五個百分點
安倍內閣第三次改組
解散眾議院
眾議院選舉，執政黨獲得超過三分之二的議席
支持率
不支持率
7月
8月①
8月②
9月
10月
11月①
11月②
12月①
12月②
1月
2月
3月
4月
5月
6月
7月
8月
9月①
9月②
10月①
10月②
2016年
2017年

安倍內閣支持率的變化（第三次）

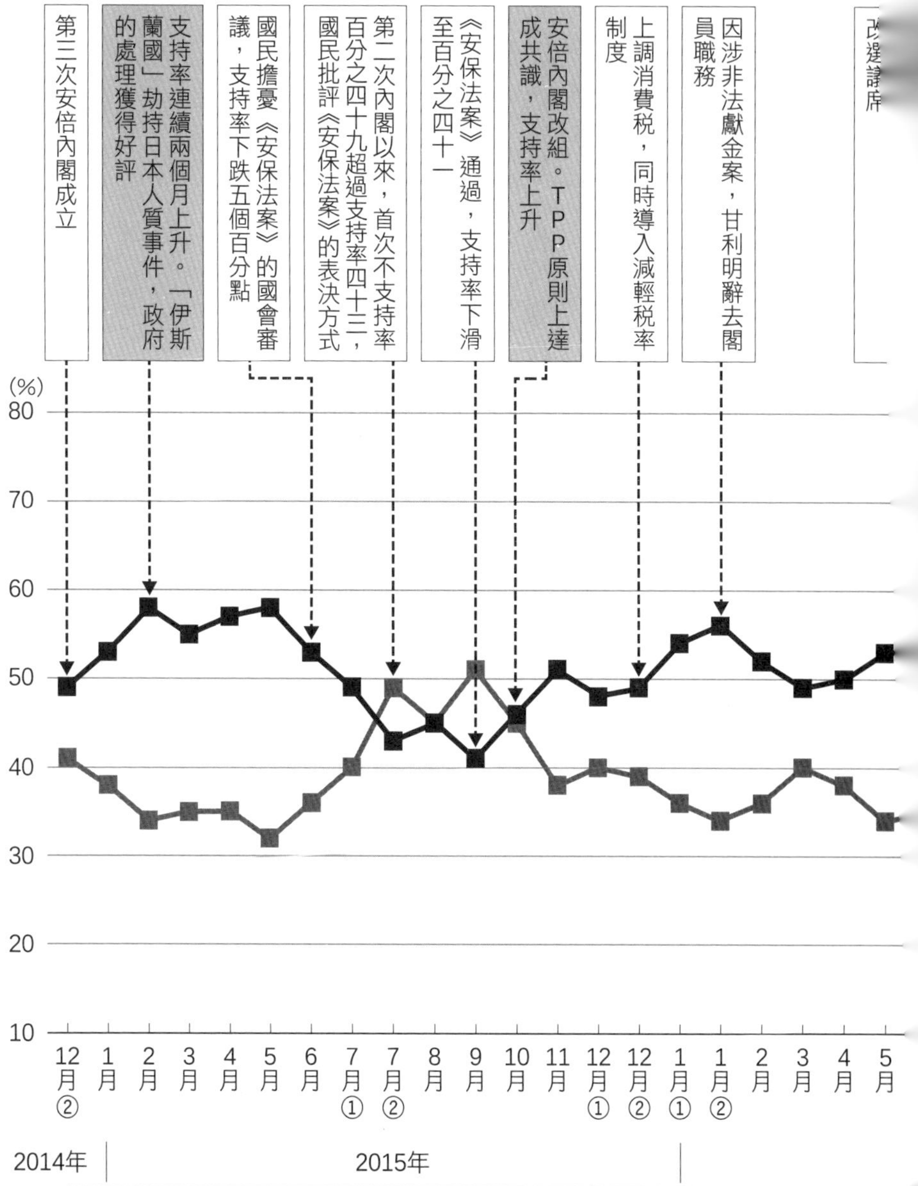

第三次內閣

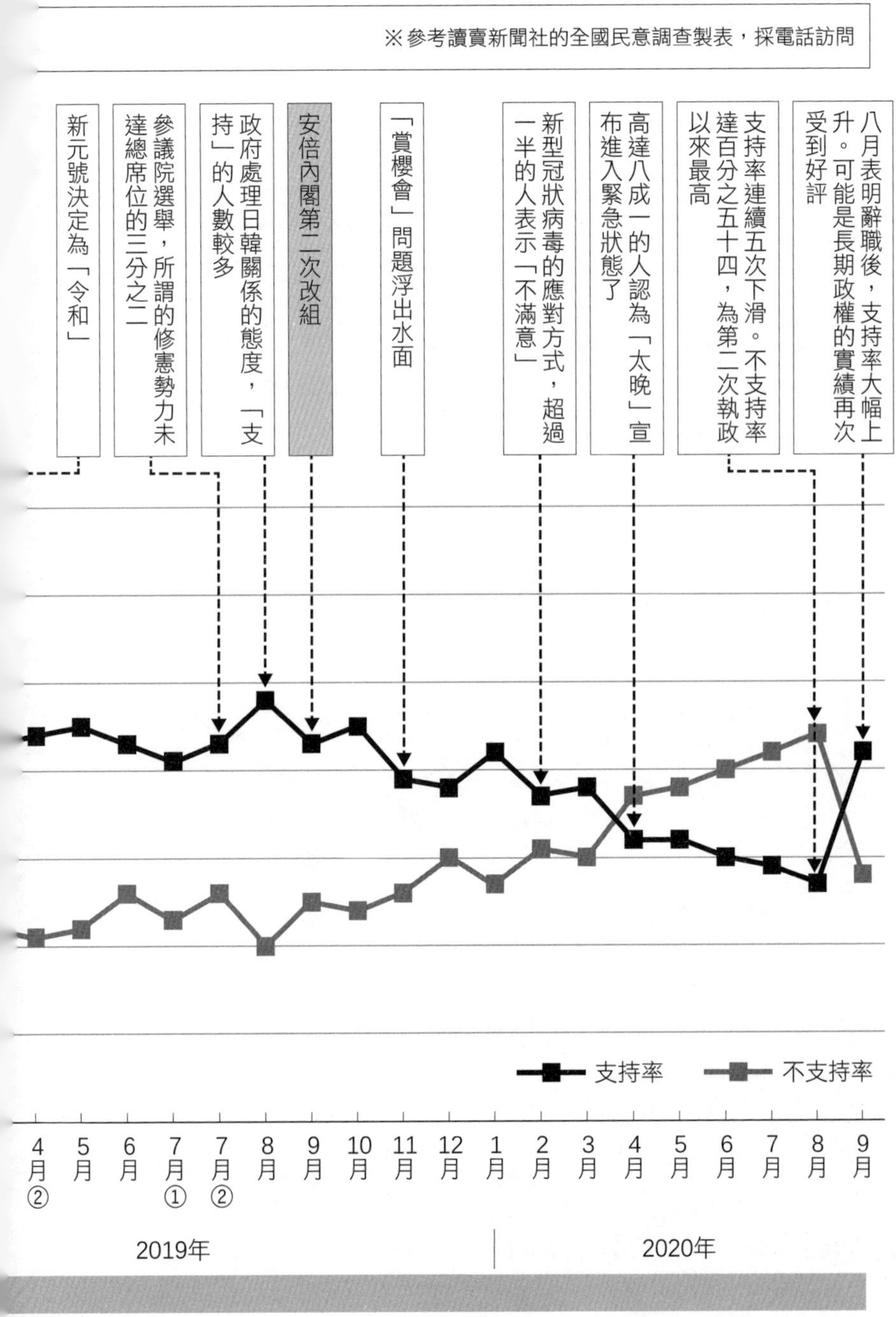
※參考讀賣新聞社的全國民意調查製表，採電話訪問
新元號決定為「令和」
參議院選舉，所謂的修憲勢力未達總席位的三分之二
政府處理日韓關係的態度，「支持」的人數較多
安倍內閣第二次改組
「賞櫻會」問題浮出水面
新型冠狀病毒的應對方式，超過一半的人表示「不滿意」
高達八成一的人認為「太晚」宣布進入緊急狀態了
支持率連續五次下滑。不支持率達百分之五十四，為第二次執政以來最高
八月表明辭職後，支持率大幅上升。可能是長期政權的實績再次受到好評
支持率
不支持率
4月②
5月
6月
7月①
7月②
8月
9月
10月
11月
12月
1月
2月
3月
4月
5月
6月
7月
8月
9月
2019年
2020年

安倍內閣支持率的變化（第四次）

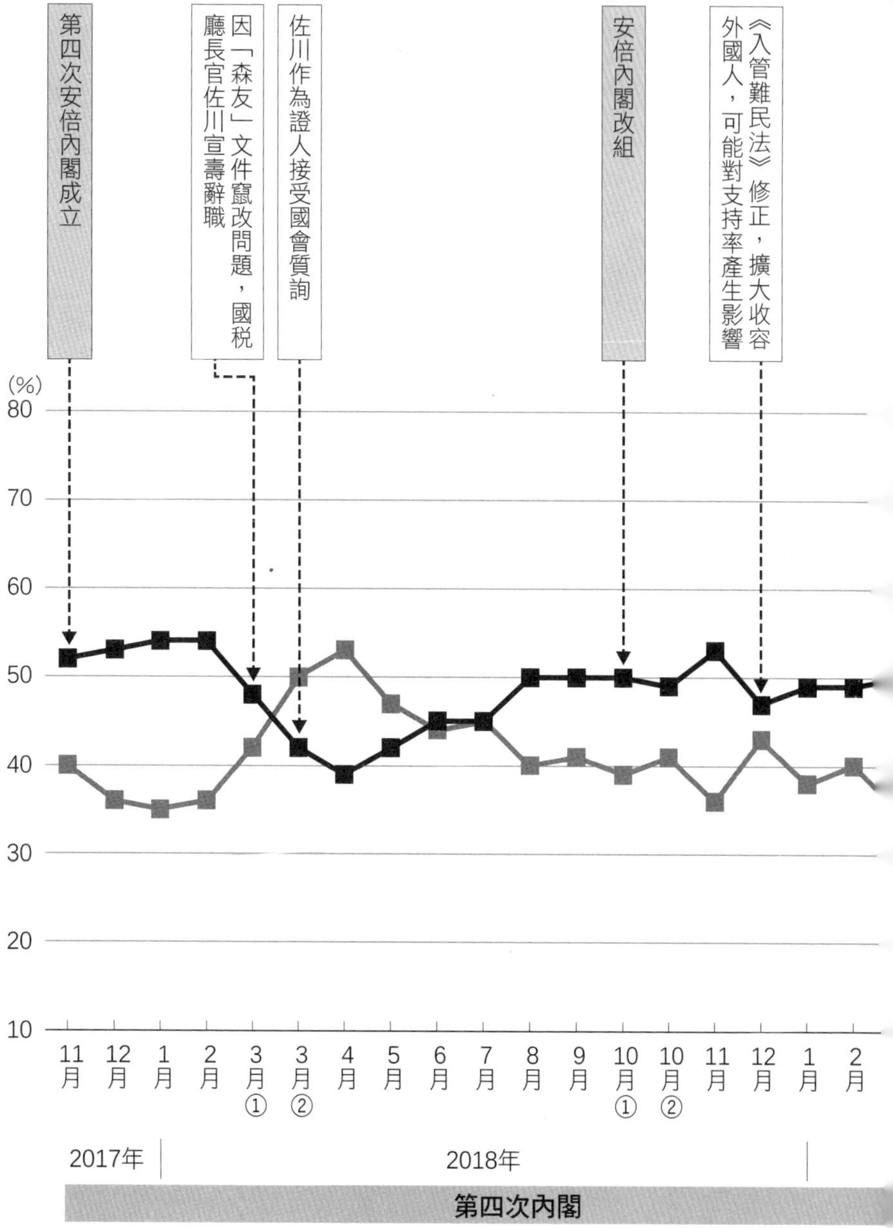
第四次安倍內閣成立
因「森友」文件竄改問題，國稅廳長官佐川宣壽辭職
佐川作為證人接受國會質詢
安倍內閣改組
《入管難民法》修正，擴大收容外國人，可能對支持率產生影響
(%)
80
70
60
50
40
30
20
10
11月
12月
1月
2月
3月①
3月②
4月
5月
6月
7月
8月
9月
10月①
10月②
11月
12月
1月
2月
2017年
2018年
第四次內閣

選舉結果（參議院）

※讀賣新聞社製表

2007年

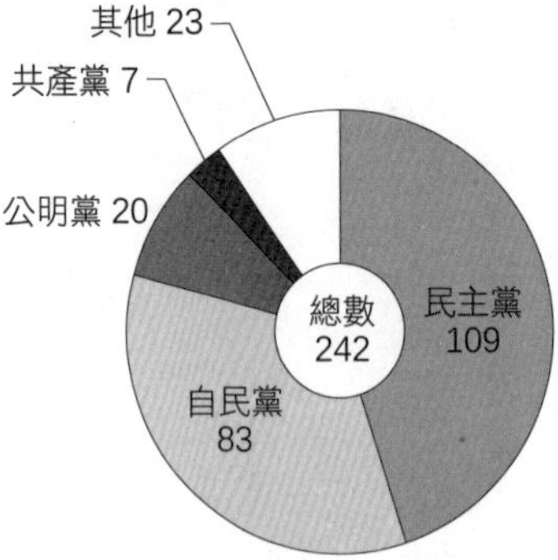

其他

社民黨	5
國民新黨	4
新黨日本	1
無黨籍	13

執政黨（自民黨和公明黨等）	105（−29）
在野黨	137（+29）

2013年

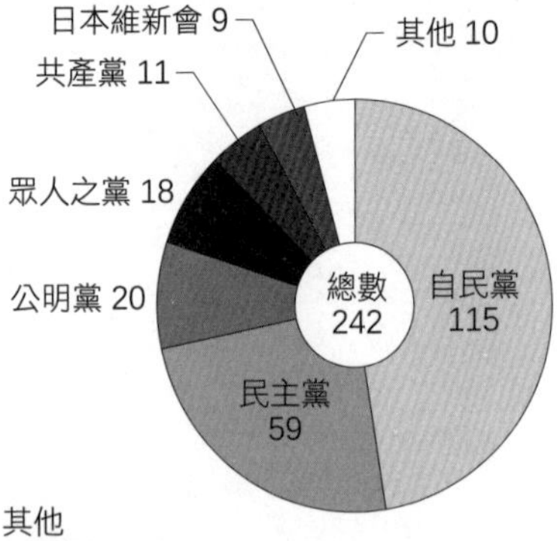

其他

社民黨	3
生活黨	2
新黨改革	1
其他小黨	1
無黨籍	3

執政黨（自民黨和公明黨）	135（+32）
在野黨	107（−27）

2016年

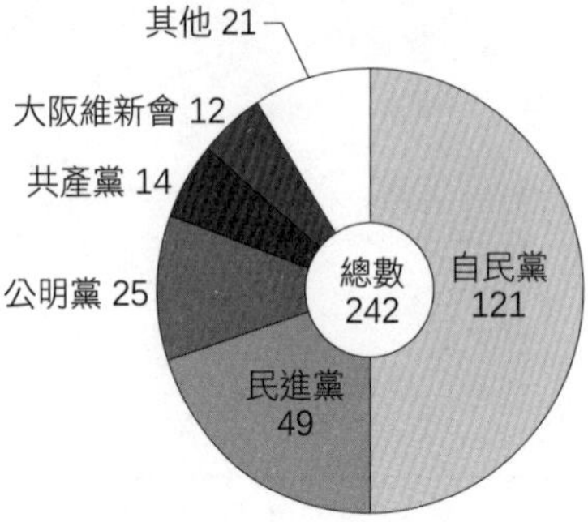

其他

日本之心黨	3
社民黨	2
生活黨	2
其他小黨	3
無黨籍	11

執政黨（自民黨和公明黨）	146（+11）
在野黨	96（−10）

2019年

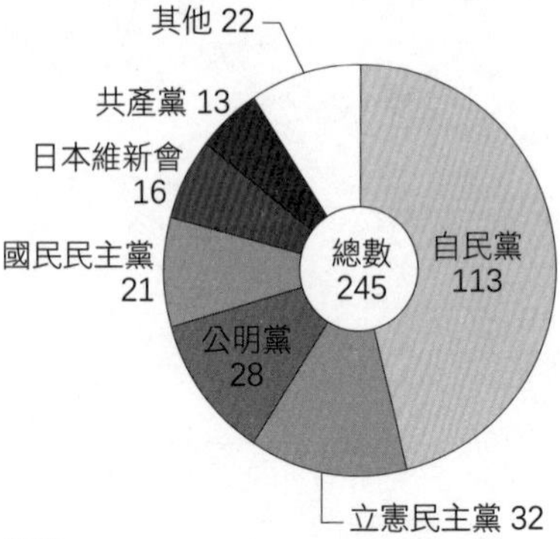

其他

社民黨	2
其他小黨	7
在野黨派之無黨籍	13

執政黨（自民黨和公明黨）	141（−6）
在野黨	97（+13）

選舉結果（眾議院）

※讀賣新聞社製表

2012年

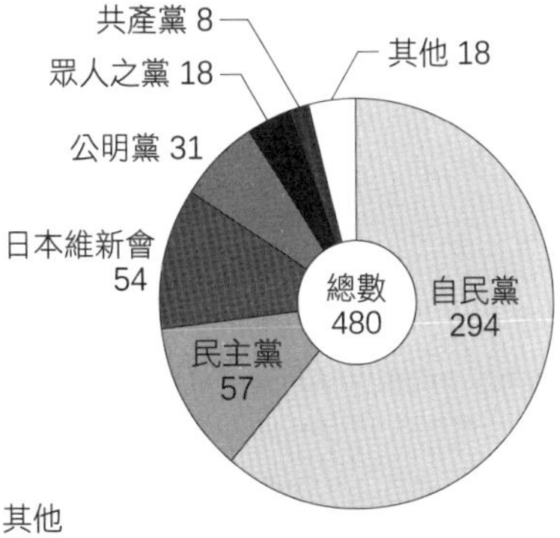

其他	
日本未來黨	9
社民黨	2
國民新黨	1
新黨大地	1
無黨籍	5

自公	325（+186）
民主／國民	58（−175）
維新會	54（+43）

2014年

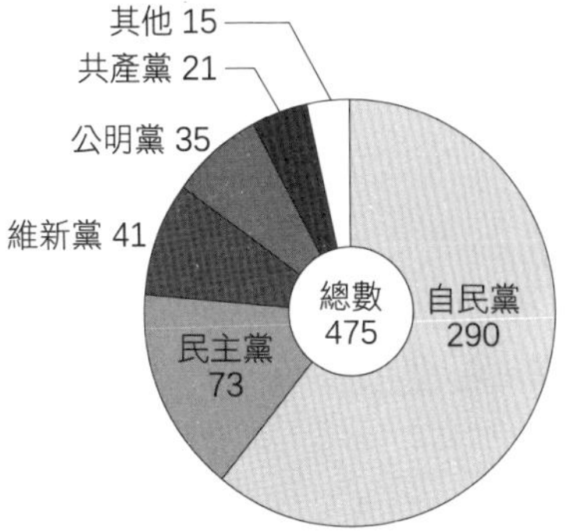

其他	
次世代黨	2
社民黨	2
生活黨	2
無黨籍	9

自公	325（+1）
在野黨等	150（−5）

2017年

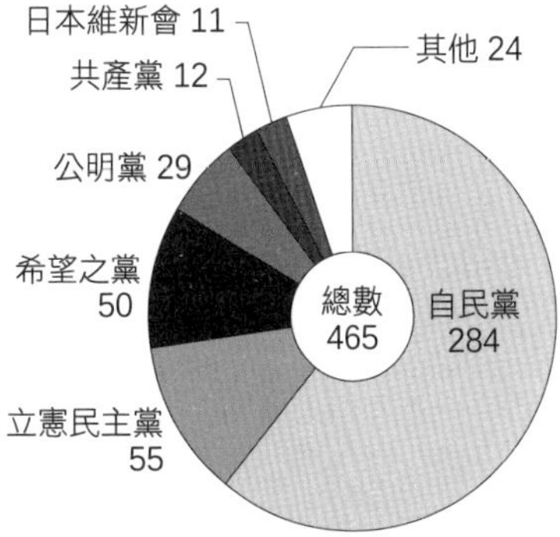

其他	
社民黨	2
無黨籍	22

自公	313（−5）
立憲民主黨	55（+40）
希望之黨	50（−7）

※（　）內為公告前的勢力比

演說與悼詞

安倍晉三首相施政方針演說

二〇一四年一月二十四日
第一百八十六回國會眾參兩院本會議

一、前言

首先，我對海上自衛隊運輸艦大隅號與一艘小型船相撞事故中的遇難者，表達最深切的哀悼。我們將全力查明事故原因，並採取措施防止類似事件再次發生。

「萬事在成功之前，一切皆看似不可能。」（It always seems impossible until it's done.）這是南非前總統曼德拉（Nelson Mandela）的名言，他的偉大事蹟，給予我們無限的勇氣。他堅韌不屈的精神，終結了曾被視為無法改變的種族隔離制度。

我相信，只要捨棄「不可能」的想法，哪怕是微小的「可能性」也值得我們採取行動。只要每個人滿懷自信地在各自的崗位上努力，就能匯聚成改變世界的巨大力量。

日本在一九六四年成功主辦東京奧運，邁向巨大的蛻變。那時，我們見證了新幹線誕生、首都高速公路的建設，以及潔淨無垃圾的街道。

事在人為。來到二〇二〇年，東京將再次舉辦奧運和帕運。其舞臺不限於東京，而將擴展為北海道至沖繩的全日本盛典。

展望二〇二〇年及未來，日本將迎來重生，這是一個重大機遇。安倍內閣的目標是喚醒國內所有沉睡的「可能性」，並使之開花結果，開啟日本的新時代國家建設。

二、創造與可能性之地——東北

「創造與可能性之地」。二〇二〇年，我們要向世界展現東北的新形象。

在福島近海，我們已經啟用了浮體式離岸風力發電機組；宮城縣的大型溫室則生產甘甜的草莓。我們要將地震重創的東北地區，打造成世界發展領先技術的「先驅之地」。

三月底前，岩手縣和宮城縣的廢棄物處理將全部完成。屆時，人們將看到重新耕作的稻田、滿載漁獲的漁港，以及洋溢著歡聲笑語的公營住宅。

不過一年半前，搬遷到高地和災害公營住宅的計畫尚不明朗，但如今已有超過六成項目啟動。預計明年三月前，將完成二百個地區的高地搬遷和超過一萬戶的住宅建設。

事在人為。我們正穩步執行「住房復興進度計畫」，全力加速住宅重建。

我們期望福島的居民能早日返回家園。除了強化清除汙染物並增強可能影響健康的防護，我們也將提供更便利的補助金（財政撥款），並推動產業與基礎建設的振興。對那些移居新地點生活的居民，我們也將提供充分的補償，同時協助完成社區據點的建設。

為了確保東京電力福島第一核電廠的廢爐和汙染水處理工作萬無一失，我們不會完全交由東京電力自行負責，而是由中央政府統籌管理，採取預防性的多重措施。

具強有力拱型設計的永代橋[1]是在關東大地震（一九二三年）後三年，採用國際最新工法建造而成。儘管當時因建設成本增加而遭到反對，但是引進的領先技術最終普及全國，顯著提升了日本的橋梁建設水準。

隨著三一一大地震三週年的到來，復興不僅是重建，更是一個創造新事物和挑戰全新可能性的機會。各位，讓我們樹立起「日本一定行」的信念，將東北建設成為「新的創造與可能性之地」。讓我們共同努力！

三、經濟的良性循環

（唯一的道路）

日本經濟正在透過三支箭，逐漸恢復因長期通貨緊縮而失去的「自信」。

連續四個季度實現正增長。國內生產毛額恢復到五百兆日圓的目標也指日可待。

雷曼風暴後，有效求職倍率一度降至零點四二倍，時隔六年一個月首次恢復到一倍。根據日本工會總聯合會的調查，今年冬季的獎金平均比去年增加了三萬九千日圓。

從北海道到沖繩，所有地區的消費比起去年都有所增長。上個月，中小企業的商業信心也出現了正面的變化，製造業睽違六年、非製造業相隔二十二年十個月之久首次轉為正成長。景氣復甦正在穩步擴大。我再次強調。

這是唯一的道路。各位，讓我們一起沿著這條路攜手邁進。

（實現良性循環的國會）

企業的盈利會帶動擴大就業和所得提升。透過消費提升，進一步帶動景氣的復甦。沒有「經濟的良性循環」，就不可能擺脫通貨緊縮。

政府、勞工團體和產業界正在共同努力，推動提高薪資和改善非正式雇用勞工的職涯發展。「政勞使」（政府、工會代表、企業團體代表）都已對此達成共識。

為實現經濟復興組成的「Team Japan」（日本隊），只要大家共同努力，一定能夠實現。政府也將持續推進包括放寬管制在內的成長戰略，積極向前邁進。

我們將在三月指定具體的地區，正式啟動國家戰略特區。同時，對於多年來未能實現的容積率、病床數限制，將實行放寬。企業實證特例制度將於本月開始實施，為前沿領域的企業清除障礙、擴展機會。政府也將擴大對設備投資和研究開發的稅收減免，支持企業以創新

1 譯注：跨越東京隅田川，連接深川與日本橋的橋梁。

精神開拓市場。

政府將在稅制上支持那些向員工返還利潤的企業。基於確保復興財源的基礎，從明年度起，政府將取消復興特別法人稅，將法人稅的實效稅率降低百分之二點四。擴大職業發展補助金，以促進非正式員工轉為正式員工。

本屆國會的關鍵，是實現「經濟的良性循環」。各位，讓我們將景氣復甦的真實感傳達到全國的每一個角落。

（財政健全化）

消費稅率將從四月起上調，在採取一切可能的價格轉嫁措施之外，還將透過經濟措施確保經濟可持續成長。

超過五兆五千億日圓的今年度補正預算的資金來源，包括稅收增加等過去一年的「成長的果實」。政府沒有追加發行國債。在明年度的預算中，基礎財政收支也將遠高於中期財政計畫的目標，預計將有五兆二千億元的改善。

沒有經濟振興，就沒有財政重建。創造經濟良性循環，關於國家和地方的基礎財政收支，力求到二〇一五年度為止，與二〇一〇年度相比，赤字相對於國內生產毛額的比率減半，到二〇二〇年度為止，實現盈餘和財政健全化的目標。

我們也將確實推進提高獨立行政法人的效率、公務員制度改革等行政改革。

四、社會保障的強化

社會保障相關費用首次突破三十兆日圓大關。面對少子高齡化的挑戰，我們將不斷推進社會保障制度的改革，實現受益與負擔的均衡。我們將推廣非專利藥（Generic Drug）的普及，同時進行生活習慣病的預防和健康管理，以合理控制每年超過一兆日圓的醫療費用。

此外，消費稅上調帶來的稅收收入，將全數用於充實和穩定社會保障。我們將確保享譽全球的全民保險和全民年金制度，能夠穩固地傳承給下一代。

我們將穩定年金財政，建立一個讓未來各世代均可依賴的年金制度。

我們還將降低低收入家庭的長期照護保險和全民健康保險的保費，並充實各地老年人所需的居家醫療和照護服務。

為實現全世代（全年齡層）的社會保障，我們將擴大對兒童和育兒的支持。為了確保每一位兒童都接受到照護，我們計畫在明年度增加二十萬個托兒名額，並在二〇二〇年度前擴大至四十萬個名額。

去年，有一位女孩寄給我一封信，這封信至今令我難忘。

她名叫小愛，現在是國中生，生來就患有一種難以治癒的小腸功能障礙疾病。她從小就沒吃過一般的飯菜，她對iPS細胞（人工多能性幹細胞）的研究寄予很高的期待，並在信中最後寫道：「如果能找到治療方法，我的未來會變得一片光明。希望有一天我能隨心所欲地吃東西。」

傾聽這些微弱的聲音，為他們的未來開創希望，正是政治的職責。作為一位曾大病一場後康復的前首相，我將這個目標視為我神聖的使命。

我們將大力加強對兒童慢性特定疾病等難治病症的應對，將醫療補助擴大至六百種兒童疾病和三百種成人疾病。同時，我們將加速這些疾病的治療方法和新藥的研究開發。

當我去醫院探望小愛時，她送給我一張她畫的可愛圖畫。她說：「我喜歡畫畫，希望將來能成為繪本作家，給孩子們帶來快樂。」

我們將創造一個讓每位受難治疾病折磨的人也擁有夢想的社會，讓他們能為實現夢想而努力奮鬥的社會。這是我由衷的願望。

到了二〇二〇年東京帕運，屆時，我們將讓日本成為世界上身心障礙者最活躍、最能揮灑實力的國家之一。

我們將創造一個讓每一位難治疾病的患者和身心障礙人士，都能找到充滿意義的工作環境，根據每個人的特質提供更完善的職業培訓和其他支援，並擴大他們的就業機會。

五、為每個人創造機會

身體健康、經驗豐富的老年人非常多，而且他們仍然充滿了「可能性」。我們要為所有人創造機會，讓他們都能在社會上發揮自己的潛力。這樣一來，即使面對少子高齡化的挑戰，日本也能保持強勁的發展。

（讓女性綻放光彩的日本）

我們致力於建立一個讓所有女性都能發揮才能的社會。這是安倍內閣成長戰略的核心。我們將創造一個讓女性容易兼顧工作與育兒的環境。要突破「小學一年級的高牆」[2]，積極落實我在第一次內閣時就著手實施的兒童課後計畫。

重視家庭紐帶的同時，我們也鼓勵並促使男性積極參與育兒。在育兒假的最初六個月內，每月提供的育兒假補貼將從休假前薪資的百分之五十提升至百分之六十七。如果夫妻各休六個月育兒假，實質上形同能享受一年的福利。

對於那些希望全心投入育兒的家庭，我們已向產業界提出允許最長三年育兒假的選項。政府也支持在育兒期間提供職業培訓，以利這些勞工在一兩年後能順利回到工作崗位。

一位母親利用養育孩子的經驗，開創了價值二十億日圓的市場。養育孩子本身也可視為一種事業。我們希望專注於家庭的人，也能在社會上找到活用自身經驗的機會。政府將積極支持他們實習或創業。

此外，我們也將積極提升女性的社會地位，目標是到二〇二〇年，實現社會各領域主管

2 譯注：指雙薪家庭或單親家庭中，小學一年級兒童放學時父母還沒下班，學校缺乏相應安親措施的問題。

職務中，女性占比達到至少三成。為此，我們將推動組織透明化措施，從政府自身做起。從後年起，國家公務員的女性錄取率將超過三成。

讓所有女性對自己的生活方式充滿自信與驕傲，讓她們的「可能性」之花綻放出美麗的光彩。各位，讓我們共創一個「讓女性綻放光彩的日本」吧。

（提升年輕人能力的教育振興）

年輕人們蘊藏著無窮的「可能性」。釋放潛力的關鍵，就在於教育振興。

保護受霸凌苦惱的孩子是我們成年人的責任。

我們將更精準、更迅速地應對教育現場的問題，從根本上改革目前職責不明確的教育委員會制度。

為了培養孩子們的公民意識和豐富的人文素養，我們決定將「道德」作為一門特別的學科，並正致力於培訓師資。

確保孩子能具備必要的知識與教養，也是公共教育應當扮演的重要角色。我們正在階段性推進幼兒教育無償化。並持續改善教材。

「世界第一的讀解能力」

一項針對十五歲兒童的國際學習能力調查顯示，日本孩童的學習能力達到歷史新高。此成就是在《教育基本法》修訂後，這一世代孩子接受全國學習能力測試的結果。這也證明了第一次安倍內閣實施的公共教育振興政策，確實取得了顯著成果。

事在人為。以二〇二〇年為目標，我們將加強中學階段的英語教育，包括以英語授課等。目的是培養孩子們的溝通能力，學習「實用型」英語。這項新措施將從明年度起試行。

「日本人應該更加自信地表達自己的意見」

這是立命館亞洲太平洋大學的緬甸留學生Min的看法。該校近一半的教授和學生來自海外，日本學生能與來自不同文化背景的人一起學習、交流，對他們是一大刺激。

以二〇二〇年為目標，我們計畫將接收的外國留學生人數增加至少兩倍，達到三十萬人。與此同時，八所國立大學的外籍教師人數也將在接下來三年內增加一倍。

我們將積極聘請外籍教師，加強英語授課，並將托福考試列為畢業條件，支持那些勇於進行國際化改革的大學。

我們將協助有意向且有能力的年輕人實現出國留學的夢想，建立減輕學生經濟負擔的機制。目標是到二〇二〇年，讓日本留學海外的人數增加一倍。

我們要培養擁有無窮「可能性」的年輕人，讓他們在全球舞臺上展現卓越才能。

六、在開放的世界發揮日本的可能性

放眼世界，我們才能真正認識到日本蘊藏的豐富「可能性」。面向開放的世界，是日本發展的巨大機遇。

（推銷日本）

飛速發展的新興國家迫切需要公路和鐵路。他們面臨的挑戰是如何透過提供水道和電力等基礎設施，來建設具抗災能力的城市。預計到二〇二〇年，亞洲地區在基礎設施方面的投資將達到八兆美圓。

日本擁有滿足世界需求的能力，這得益於我們處理能源不足和公害問題的豐富經驗。我們的先進環保技術能夠對全球暖化提供有效的應對方案。我們非常願意把長年積累的經驗和技術與世界各地分享。

為此，我們將成立基礎設施出口機構。支持那些進軍海外市場的企業，在交通和城市發展等領域取得訂單，經由官民合作加速此一進程。我們的目標是到二〇二〇年，將基礎設施銷售額從目前的十兆日圓增至三十兆日圓。

去年，新加坡開設了專門播放日本節目的頻道「Hello JAPAN」。在印尼，假面騎士成為孩子們心目中的英雄。

日本的內容產業、時尚、文化藝術與傳統的優勢，在全球享譽盛名，充滿各種「可能性」。運用酷日本（Cool Japan）機構，我們將支持內容產業向海外拓展，並在國際市場上推廣日本各地特產銷售。

（亞洲的橋梁）

我們要在身為全球經濟成長中心的亞太地區，建立一個新經濟圈。ＴＰＰ是個巨大的機會，也關乎國家長遠發展戰略。

我們要打破企業活動的國界限制，涵括關稅、智慧財產、投資、政府採購等領域，我們正進行一系列複雜的艱困談判。

我們將與同盟國兼經濟大國的美國共同主導談判，本於「該攻則攻，該守則守」的策略，做出最符合國家利益的決定。

沖繩是連結亞洲和日本的門戶。

「以舟楫為萬國之津梁」

萬國津梁之鐘[3]上刻著這樣的銘文。自古以來沖繩人民就自由地在海上航行，成為溝通亞洲各國的橋梁。如今，以自由的天空為舞臺，沖繩正迎來成為二十一世紀亞洲樞紐的時刻。

作為亞洲的物流中心和迎接遊客的門戶，那霸機場的第二跑道對於日本的發展至關重要。我們計畫提前開工，並力求縮短工期，在二〇一九年底前投入使用。

沖繩擁有高出生率和豐富的年輕勞動力，充滿成長的「可能性」，是二十一世紀的發展典範。到二〇二一年度為止，我們將確保每年三千多億日圓的預算，投入沖繩的長期發展。

---

3 編注：「萬國津梁」的意思是萬個國家的橋梁（世界的橋梁）。此鐘鑄造於一四五八年，當時琉球國為海上貿易的交通要道，繁榮興盛，故得此稱號。

沖繩科學技術大學研究所聚集了來自世界各地的優秀教授和學生。今後將進一步擴大，將沖繩建設為領先全球的創新基地。

七、透過創新，創造出新的可能性

資訊科技和機器人有足以大幅提升日本競爭力的潛力。甲烷水合物的開發有望將日本轉變為資源大國。同時，對海洋、太空、加速器技術的探索將引領未來創新。日本必須展現出創造新「可能性」的氣概。

為了吸引來自世界各地的頂尖研發人才，我們將建立新的研究開發法人制度，打造世界一流的工作環境，包括提供研發人才優渥待遇等。我們將大膽支持具變革經濟社會潛力的創新研發項目，確保所需資金不受年度預算限制，創造一個有利於長期研究的環境。

我們的目標是將日本建設成「世界上最適合創新的國家」。

（中小型企業的韌性與潛力）

「全球三成的市場占有率」

一家位於墨田區、僅九名員工的小工廠，製作出其他人無法模仿的薄型電鍍創新產品。

正是這些擁有高超技術的中小型企業，憑藉其韌性與潛力，滿足大企業的嚴格要求，一直支撐著日本的創新。

我們將大幅增加對製造業的補助。支持製造業投資設備，也支持發展新的商業及服務設備投資。此外，我們也將改革過去偏重「個人擔保」的貸款慣例。

索尼（Sony）和本田（Honda）都是從具創業精神的小規模企業起步。我們將制定基本法，創造一個讓小企業能充分發揮的環境，大力扶持小規模企業發展。

（發掘成長領域的可能性）

在包括iPS細胞在內的再生醫療和新藥開發領域，日本具有明顯的優勢。然而，面對未曾涉足的高風險技術開發，民營企業往往猶豫不前。

我們將在國內設立類似美國國家衛生院（NIH）的機構，作為醫療領域研究開發的指揮部。針對疑難病症，官民將進行從基礎研究到實際應用的全面合作，以領先世界獲得創新的治療方法、醫療產品和醫療設備。

我們將推動電力系統改革，實現電力零售的全面自由化，讓所有消費者可以自由選擇電力供應商，並鼓勵創業人士參與，以更多元的創意應對高電價和供應不穩定的問題。

我們將從頭檢視至今的能源戰略，制定一個負責任的能源政策來支撐國民生活和經濟活動。除非核電站符合核能管制委員會（NRA）設定的世界上最嚴格的安全標準，否則不允許重新啟動。我們致力於實現節能至上的社會，最大限度引進再生能源，盡可能減少對核能的依賴。

八、讓各地擁有的「可能性」之花盛開

今年，地方振興對安倍內閣來說是最重要的課題之一。我們要讓各地擁有的「可能性」之花盛開。

（農業政策的巨大改革）

農業、林業和漁業是地方經濟的核心。美味又安全的日本農漁產品，在世界各地大受歡迎，充分具有在世界舞臺大顯身手的潛力。

農地銀行將開始運作，進行農田整合並推進生產基地結構改革。此外，我們將重新檢視持續四十年以上的稻米生產調整政策，即廢止所謂的「減反政策」（減少耕地面積），全面活用農地，振興各類農作物。

隨著農地規模擴大，維持水路和農道等基礎設施的負擔也會增加，因此我們將創建新的日本式直接支付系統支持這些措施，守護美麗的鄉村。

積極進取的領導者將引領農業的未來。我相信唯有創造一個讓他們能安心並充滿希望地發揮潛力的環境，我們才能實現農業和農村全體所得倍增的目標。我們將重新檢討糧食、農業、農村的基本計畫，進行農業政策的巨大改革，使農漁業成為支撐農漁村成長的產業，同時也是吸引年輕人回流的產業。

（打造充滿活力的地方）

面對人口持續外流，打造充滿活力的地方是一項巨大的挑戰。

透過增強自主性和獨立性，我們將創造出地方的特色。這是第一次安倍內閣時期啟動的第二次地方分權改革高峰，包括地方的權限轉移和放寬管制。

為確保行政服務的質與量，我們要在人口超過二十萬的地方核心城市及其周邊地區之間建立靈活的協作機制，以及新的廣域合作系統。將生活功能集中在中心市區，連帶振興地方公共交通，促進城市整體繁榮。

居住在山地、農地混合區及離島地區的居民，正守護著擁有悠久傳統的家園，支撐著美麗的日本。振興地方的活力，將使日本變得更加充滿生氣。我們會要求各都道府縣建立支援系統，以維護這些地區的福利和基礎設施。同時改革偏向城市的地方法人稅制，建立重新分配機制，以確保人口稀少地區的財源。

地方擁有豐富的特色產品、傳統文化和觀光資源，這些都是擁有成長「可能性」的寶貴資源。我們也將支持那些能夠活用地方資源創新商業的中小型企業經營者。

（觀光立國）

去年，來訪日本的外國觀光客達到一千萬人次的里程碑。

北海道和沖繩去年夏天的外國旅客住宿人數增加了八成。這證明了觀光立國，是地方發展的絕佳機會。自從去年夏天對泰國開放免簽以來，泰國觀光客的訪日人數比前一年多出了一倍。

事在人為。我們的下一個目標是達到二千萬人次，並且將徹底排除對外國觀光客造成不便的法規和障礙。考量到法國每年接待的外國遊客就高達八千萬人次，日本完全有潛力做得到。面向二〇二〇年，我們將全力以赴為實現這個目標前進。

「日本人的服務世界第一」

這是去年第一千萬位訪日的外國觀光客，來自泰國的帕潘先生的心得。日本人展現出的誠心款待、賓至如歸精神，讓眾多外國旅客留下深刻的印象。去年，富士山與日本料理被聯合國教科文組織認定為世界遺產。日本品牌在海外贏得了極高的國際聲譽。

各位，讓我們共同推進觀光立國，打造充滿活力的地方吧。

九、找回安心感

損及日本品牌聲譽的情況正在發生。

關於一些飯店使用與宣傳不符的食材等虛假標示問題，我們將加強對虛假標示的監督和指導制度，防止高齡者受惡劣行銷手段欺騙，以確保消費安全，並提供安心消費的環境。

我們要讓日本成為「世界上最安全的國家」。面對近年來頻仍的跟騷案件，我們要建立由警方和女性相關諮詢機構的合作制度，全面落實對受害者的保護、防止加害者再犯的措施。同時，也要推動能對抗讓社會不安的組織犯罪、恐怖攻擊和網路安全威脅的措施，以確保公共安全。

去年，日本發生多起自然災害，並造成巨大的損失。為了在災害發生時保護人民的生命安全，同步維持社會功能運作，我們將徹底強化危機管理。這包括大型建築物的耐震加固、改善治水系統、制定避難計畫和落實防災教育等，從硬體和軟體兩方面全面提升防災和減災能力。此外，也要根據優先順序推進國土強韌化計畫。

在伊豆大島救災期間，一名自衛隊員發現了一塊覆滿泥濘的牌位，他用水壺裡的水將其清洗乾淨並仔細擦拭。這一幕在電視上播出後，一位觀眾感動地寫了封信給那名自衛隊員。信上寫道：「太感動了。在如此艱苦的條件下，自衛隊員的善良讓我感動得流下了眼淚。」還寫道：「我已經八十歲了，可能是最後一代經歷過戰爭的人。看到日本有如此堅強又善良的自衛隊員，我感到很安心。」

自衛隊的專業與良善贏得了國民的廣泛信賴，這是其他任何成就都難以比擬的。我對自衛隊員默默完成任務的專業精神感到驕傲。

十、積極和平主義

當我們的鄰國菲律賓遭受颱風襲擊時，我們派遣了約一千二百名自衛隊員提供緊急支援。當C－130運輸機載著避難民眾抵達馬尼拉時，（自衛隊員們）得到了乘客的熱烈掌聲。我還聽說孩子們一邊不停地說著：「謝謝！謝謝！」一邊爭相和自衛隊員握手。

這顯示出日本自衛隊不僅在國內受到信賴，其聲譽也被全世界所肯定。在全球高達兩成貨櫃船通過的亞丁灣，執行反海盜巡邏任務的自衛隊和海上保安廳，尤其受到來自全球的高度評價。

今年適逢ＯＤＡ（政府開發援助）創立六十週年。戰後不久，日本就向全世界伸出援手，為提高醫療和保健領域水準做出貢獻。未來也將繼續引領全球，在確保女性展現長才和人類安全方面發揮領導作用。

我們也正協助敘利亞銷毀化學武器；並透過自己的方式，致力於解決伊朗核問題，為實現和平而努力。

所有的努力都是我們對世界和平與穩定的貢獻，這就是我們所倡議的積極和平主義。這是日本貫徹國家安保戰略的核心思想，由國家安全保障會議指導。

日本堅定地走在戰後六十八年的和平道路上，未來也不會動搖。在集體自衛權和集體安全保障等問題上，我們將根據「重建安全保障法律基礎之懇談會」的報告，探討今後的應對方向。

上個月在東京舉辦的日本與東協特別首腦會議上，我們得到了許多國家對積極和平主義的支持。東協既是我們的繁榮夥伴，也是維護和平與穩定的重要夥伴。

對於中國單方面劃設「防空識別區」，以及在尖閣諸島周邊屢屢侵犯我國領海，我們堅決不接受任何試圖以武力改變現狀的企圖。今後在新的防衛大綱下，我們將堅定、冷靜應對，強化西南地區在內的海空安全，加強防禦態勢。

如果沒有自由的海洋和天空，就無法期待自由的人員往來與頻繁的貿易活動。自由民主的空氣將使人們的「可能性」之花綻放得更加繁盛，催生出各種創新。

我堅信，自由、民主、人權和法治才是為世界帶來繁榮的基石。面對未來的挑戰，日本必須與共享這些基本價值的國家加強合作，共同努力。

不容置疑，日美同盟正是這一切的核心。

「親愛的世界公民同胞，不要問美國能為你們做什麼，而要問我們能一起為人類自由做什麼。」

這是去年被任命為美國駐日大使卡洛琳．甘迺迪的父親，美國前總統甘迺迪，在其就任時向全世界所發出的呼籲。

半個多世紀過去了，日本決心響應這一呼籲。在國際協調主義和積極和平主義的框架下，日本將與美國攜手合作，進一步發揮積極的作用，促進世界的和平與穩定。

關於駐日美軍的調整，我們將在確保足夠威懾力的同時，全力減輕軍事基地的地區負擔。

特別是針對位於市中心且鄰近學校和住宅的普天間空軍基地，由於名護市邊野古海岸的填海申請已獲批准，我們將加速歸還工作。還有一項重點，我們將在完成搬遷前解決安全上的隱患，並計畫將魚鷹運輸機訓練基地遷移到沖繩縣以外的地區。

我們會充分考慮沖繩民眾的感受，本於「盡最大努力去做每一件事」的原則，全力以赴。

十一、以俯瞰地球儀的視角，啟動首腦外交

我在首相任內這一年多時間，已經十五度出訪，共訪問三十個國家，舉行超過一百五十場首腦會談。

包括與俄羅斯總統普丁的四次會談，以及外交和防衛的部長級協商。基於個人之間的互信，推動安全保障與經濟合作，同時也為締結和平條約展開談判，建構亞太地區夥伴的緊密關係。

與土耳其總理艾爾段（Recep Tayyip Erdogan）的三次會談中，我們同意在捷運、橋梁等交通系統、核電、科技領域的人力資源開發等廣泛領域展開合作，穩步深化戰略夥伴關係。

未來，我仍將透過首腦間的直接對話建立信賴關係，逐步推進各項工作。面對各種問題，只要首腦之間促膝交談，就必定有助於事態發展。去年的經驗再次讓我深刻感受到首腦外交的重要性。

今年，我也將以俯瞰地球儀的視角，啟動戰略性首腦外交。

儘管至今尚未實現與中國的首腦會談，但是，我始終將對話的大門敞開。我們的立場是，正因為存在問題，才更應該對話。

日本和中國是切也切不斷的關係。我們將呼籲回到「戰略互惠關係」的出發點，並持續致力於改善兩國關係。

韓國和我們擁有共同的基本價值和國家利益，是我們最重要的鄰國。日韓兩國的良好關係，對我們兩國乃至於東亞的和平與繁榮至關重要。我會從大局著眼，持續努力建立並加強合作關係。

北韓存在諸多懸而未決的問題，包括綁架、核武器和飛彈等。我們強烈敦促北韓採取具體行動，全面解決這些問題。

在綁架問題上，我們將持續對北韓實施「對話和施壓」策略，努力實現以下三個目標：確保所有綁架受害者安全歸國、調查綁架真相、引渡實行綁架的犯人。我不會放棄我的使命，我會奮戰到直到所有綁架受害者家屬都能返國擁抱親人的那一天為止。

十二、結語

這個月，我訪問了三個非洲國家。正處於強勁成長階段的非洲是日本外交的新疆域。日本將在基礎設施和人才培育等領域，為非洲做出更進一步的貢獻。

八十七年前，就有這樣一位日本人。他是野口英世博士。

「如果實現不了自己的抱負，就不會再踏上這片土地。」

他不顧身邊親友的反對，從家鄉福島飛向西非的黃金海岸，最終留在迦納研究黃熱病，而後不幸因感染黃熱病而死去。然而，直到人生的終點，他仍然保有對醫學的熱忱。

我相信，我們成為國會議員，也是為了「實現自己的抱負」。我們都懷有「讓國家變得更好」、「竭盡所能服務國民」的理念。在此，我要重申，作為國會議員的使命是為國家和國民服務，應透過包容且建設性的討論來取得成果。

一年前，我曾在此表達過同樣的觀點。即使現在自民黨和公明黨的執政聯盟在眾參兩院均為多數，我的信念依然堅定不移。

我們的執政聯盟，將與以實現政策為目標的「負責任的在野黨」進行靈活而真誠的政策協商。

我堅信，透過不懈的努力，無論是包括削減議席在內的選舉制度改革、國會改革和修憲，都將有所進展。

各位同僚，讓我們謹記初入國會時的熱忱，共同展開建設性的討論。這是我由衷的期盼。

以上是我的施政方針，感謝各位的聆聽。

安倍晉三首相辭職記者會談話

二〇二〇年八月二十八日　首相官邸

在連日的酷暑高溫中，期盼廣大國民都做好萬全的新冠疫情防疫對策，以及防暑降溫的措施，並感謝各位國民耐心配合中央與地方政府的種種要求。

關於新冠疫情的應對措施，從今年一月起，我們就與看不見的敵人陷入苦戰，盡力減少感染風險，並極力防範重症化。為了守護國民的生命安全，我們已在所能掌握的專業見解中盡了最大的努力。儘管如此，令人遺憾的是，仍有許多人被新冠病毒奪去了生命。在此，我要對逝者致上誠摯的哀悼。也對此時此刻正全力救治病患的所有醫療人員，表達衷心的感謝。

今天，我們定下了夏秋之交，與接下來冬季將採取的防疫對策。在過去半年，我們逐漸了解這種疾病，透過徹底執行避免「三密」（密閉空間、人群密集、密切接觸）等預防措施，也可能在防疫之際恢復社會經濟活動。瑞德西韋（Remdesivir）等藥物的治療方法也不斷改善，現在四十至四十九歲以下年輕世代的致死率已經低於百分之零點一；此外，病逝患者中超過一半為八十歲以上世代。重症化的高風險族群主要來自高齡者和慢性疾病患者，為了拯救更多國人的生命，最重要的關鍵就是對這些族群採取有效的防控措施。

愈接近冬季，除了新冠病毒外，流感等流行病以及發燒患者的數量預計將增加。為了減輕醫療體系的負擔，我們必須從現在開始將重點轉向重症化風險較高的族群。首先，徹底擴大檢測能量。我們的目標是在冬季到來前，實現新冠和流感同時檢測，建立每天可檢測二十萬件的機制。尤其是在高齡者設施和醫院等存在重症高風險族群的場所，結合當地感染情況，我們將定期對所有工作人員進行檢測，以防止集體感染。醫療支援也將偏重於高齡者等重症化高風險族群。

關於新冠病毒感染症，根據《傳染病法》，我們目前採取的處理級別已經高於第二類法定傳染病，即結核病、SARS（嚴重急性呼吸道症候群）、MERS（中東呼吸症候群）等。並將根據所掌握的知識和經驗，對相關政令進行修訂，重新調整實際運作。我們將透過讓輕症或無症狀者在住宿設施或居家療養，以減輕保健所和醫療機構的負擔。儘管醫療人員夜以繼日地忙碌救治病患，大學醫院等收治新冠肺炎患者的醫療機構收入卻面臨大幅縮減，經營上頓時陷入困境。政府將全力支持這些醫療機構，消除經營上的顧慮，確保流感流行期間也能提供充足的醫療保障。以上措施將運用預備金進行，並迅速落實。

在防疫的同時，對於我國所面臨的嚴峻國家安全環境，我們一刻也不能鬆懈。北韓的彈道飛彈能力有了顯著提升。面對這項挑戰，僅靠提高迎擊能力是否能有效守護國民的生命與和平生活？在前天的國家安全保障會議上，我們根據當前嚴峻的國家安全局勢，就遏止飛彈威脅的安全保障政策新方針展開討論。未來也將迅速與執政黨協調，具體化這些方針。

以上兩點是我對廣大國民的工作報告。接下來，我想談談自身的健康問題。

十三年前，由於舊疾潰瘍性大腸炎惡化，我就任首相僅一年就突然辭職，對廣大國民深感歉意。後來很幸運出現了新藥，我恢復了健康，並在廣大國民的支持下，再次肩負起首相的重任。在過去近八年的時間，我有效控制了舊疾，每天都健康地履行首相職責。

然而，今年六月的定期身體檢查中，醫師指出我的病情有復發的徵兆。此後，我一邊接受藥物治療，一邊竭盡全力工作。但是從上個月中旬開始，我的身體狀況出現異常，體力大幅消耗。八月上旬，確診潰瘍性大腸炎復發。未來的治療計畫是在目前用藥的基礎上加入新藥。本週初經複查確認新藥有效，但因需要長期服用，未來的情況仍不明朗。

政治最重要的就是拿出成果。在我執政的這七年八個月，為了拿出成果，我全心全意投入工作。因此我絕不允許自己因患病治療或體力不支等情況，致使重大的政治決策出現失誤，或是無法向國人交出成果。由於我目前的身體狀況已讓我無法肩負起廣大國民的託付，我認為自己不應繼續擔任首相這個職務。

因此，我決定辭去首相一職。

目前最重要的任務是確保防疫工作不受影響。過去這一個月，我一直在思考這個問題。經過深思熟慮，有鑑於七月以來確診者人數呈下降趨勢，況且冬季預定實施的防疫措施也已定案，我認為現在正是交接的合適時機。

在這七年八個月的任期內，我面對了無數挑戰。儘管許多問題尚待解決，但我們已經解決了許多問題，實現了許多目標。這一切都要歸功於每次國政（國會）選舉中，廣大國人給予我的強大支持與信任，是各位激勵著我不斷前進。我由衷感謝大家的支持。

然而，儘管得到了國人強大的支持，在任期還剩一年、許多政策尚在路上還未完成，我卻在新冠疫情期間提出了辭職，我對此深感抱歉。

綁架問題未能在我手中獲得解決，我感到非常痛心；與俄羅斯簽訂和平條約、修改憲法，壯志未酬就離開，對我來說是莫大的遺憾。但這些都是自民黨向國民做出的承諾。我堅信在強有力的新內閣下，必定會更強勁地推動，不斷朝目標前進。當然，在下一任首相就任前，我將堅守崗位，履行我的職責。同時，我也會努力治療，希望早日恢復健康，以國會議員的身分支持新政府的工作。

最後，對於廣大國人在過去近八年時間給予我的支持，我要致上我最深切的感謝。

岸田文雄首相悼詞

二〇二二年九月二十七日　國葬

從一位、大勳位菊花章頸飾之安倍晉三前首相的國葬典禮於今日舉行，本人在此謹代表政府獻上悼詞。

七月八日，正值選戰即將迎來尾聲之際，安倍先生您一如往常地向民眾熱切談論這個國家該走的路。

然而就在剎那間，一切被暴力所消音，絕不該容許的事發生了。

究竟誰能預料，這樣的一天居然就此降臨？安倍先生，您是應該要活得更久更久的人才對啊！

我曾經深信，您在未來的十年，甚至二十年，都會以引領日本和世界的羅盤之姿奮鬥下去。

絕不只有我懷著這個想法。今天，日本各界領域以及來自全世界惋惜您離去的人士，皆列席於此。我深信所有人都懷抱著與我同樣的心情，凝視著您的身影。

但這永遠無法實現了。我對此感到無比遺憾，心痛至極。

二十九年前，您和我在第四十屆眾議院議員總選舉中初次當選，一同踏入政壇。您除了鑽研安保、外交領域，還深入研究經濟及社會保障等議題。我身為同期議員，早將您孜孜不倦、毫不懈怠的態度全都看在眼裡。

我也很清楚，您早在成為國會議員之前，就對北韓綁架日本人事件感到忿忿不平，並以超群的正義感強烈關注此案進展。

我知道，您肯定對來不及接回受害者深感遺憾。我會繼承您的遺志，盡全力讓思念親人度日如年的家屬能夠早日與家人團聚。

平成十八年（二〇〇六年），五十二歲的您當上首相，成為第一位二戰後出生的首相。

我還記得當時您作為引領我們這個世代的旗手，內心滿懷著期待與興奮，準備著手處理種種戰後被擱置許久、攸關國家根基議題的模樣。

「我們的國家日本是受惠於美麗的大自然、擁有悠久歷史與獨特文化的國家，至今也蘊含著無窮的可能性。」

「憑藉我們的勇氣、睿智與努力，就能夠充分發揮這份潛力。讓我們以身為日本人為傲，一起討論為了明天的日本能夠付出什麼樣的努力吧！」

二戰後最年輕的首相對國民傳達的訊息，就是這麼簡單明快。

為了擺脫戰後體制，您將防衛廳升格成能夠獨自編列預算的防衛省，並制定《國民投票法》，為修改憲法之路搭起一座大橋。

時隔六十年的《教育基本法》修訂，為新的日本認同播下種子。

您在印度國會演講時，曾提出「兩洋交匯」，並首次提出了「印度洋—太平洋」的概念。

這些無不是成就今日的基石。

當時您在國會被問及「何謂首相？」您回答，所謂首相「不是將熔化的鐵倒進模具裡就完成的鑄造品，而是經過千錘百鍊才能成形的鍛造品。」

這個比喻出自曾在鋼鐵業磨練過的您，實在太貼切了。

然而，當年您卻在短短一年後，不得不主動卸下首相一職，相信對您來說，應該沒有比這更痛苦的事了。

不過我們都很清楚。在平成二十四年（二〇一二年）年底，當您再度回到首相這個職位上時，已將自己冶煉成更加強韌的鍛造品了。

您延伸曾提出的「兩洋交匯」的概念，打造出涵蓋眾多國家與人們的願景架構：「自由開放的印度洋—太平洋」。

強化與美國的關係，讓日美的威懾力有了顯著增強，並依循多年來的主張，加強與印度、澳洲的合作，架構出「四方安全對話」。

您的多層次外交，讓日本與世界各地建立起良好的關係。

與歐洲簽訂經濟夥伴關係協定與戰略夥伴關係協定，另外與亞洲地區、歐亞地區、中東、非洲、中南美地區等地都展開有別於以往的果斷且直率的外交形式，一步步樹立深厚的合作關係。

和平安全法制、《特定祕密保護法》等都是您歷經千辛萬苦才通過的法案，也因此讓我們國家的安全獲得了加倍的保障。

為日本、各區域、乃至世界的安全搭建起可靠的屋頂，維護並推進以自由、民主、人權、法治為重，具有開放性的國際秩序。這世界上，為此盡最大力量的就是您安倍晉三了。

我能夠以外務大臣的身分加入您的內閣，成為在同一片天空下共同打拚的盟友，一心一意專注於拓展日本外交的工作，是我這一輩子的榮幸。

在內政上您鼓勵年輕人，尤其期待女性的活躍發展。並努力降低國人育兒的負擔，致力於實現達成理想生育率的目標。

您提高了消費稅，並將增加的稅收用於減免育兒費與學費。您會做出這樣的決策，想必是因為深信在這個決策的另一端將會出現一群重拾自信的日本青年，創造出新的價值，帶領日本向前邁進。

您是我國憲政史上執政最久的首相，但是歷史將會更加久遠地記住您的事蹟。

您曾在防衛大學的畢業典禮上，引用新渡戶稻造的名言：「勇氣就是堅持做正確的事。」

Courage is doing what is right.

安倍先生，您就是這樣一個充滿勇氣的人。

您是個無比真誠、滿懷熱血、珍視朋友之人，同時也是深愛昭惠夫人的好丈夫，我會永遠懷念您。

我深信，日本和世界各地肯定會有許多人不時懷念起「安倍首相那個時候」、「安倍首相的時代」。

我承諾在您所奠定的基礎之上，建立一個可持續的、包容的、讓所有人都能綻放光芒的日本、區域與世界。以上是我的追悼詞。

安倍先生、安倍首相。

這一路上您辛苦了。我們真心感謝您。願您安息。

菅義偉前首相悼詞

二〇二二年九月二十七日　國葬

一切停止在七月八日那一天。

當我收到那難以置信的消息後，只求您能活下來。當下我想立刻見到您，與您待在同一個空間，呼吸同樣的空氣。

我抱著這樣的念頭火速趕往當地。抵達後，竟有幸見到了您最後一眼，當時您正露出令人熟悉的溫暖微笑。

自從那命運之日以來，八十天又瞬息而過。

那之後的每一天，早晨依舊來臨、夕陽依舊西下。喧鬧的蟬鳴聲不知何時悄然止息，秋日的雲彩漸漸掛上高空。

季節從未停下變換的腳步。即便您不在了，時間卻持續流逝，我無法原諒，世界竟能如此無情地運轉著。

上天為何要讓這樣的悲劇發生，為何偏偏要奪走不該失去生命的人？

除了悔恨還是悔恨。我懷著悲憤交織的心情，迎來了這一天。

但是，安倍首相……今天且讓我這麼稱呼您吧。您看見了、聽見了嗎？

在這座武道館的周圍，聚集非常多想向您獻花、想出席國葬典禮的人們。

其中，二十、三十歲的人不在少數，許多肩負未來的青年也景仰著您，特地來送您最後一程。

首相，您始終秉持著強烈的信念，每天、每天都在向國人訴求，要創造一個明天比今天更好的日本，讓年輕人心懷希望。

「日本啊、日本人啊，在世界的中心盛放吧！」這是您的口頭禪。您說，當肩負著下一個世代的人們，都能夠描繪光明的未來時，經濟才會真正好起來。

我作為一路上與您並肩走來的人，如今見到這麼多年輕人前來緬懷您，實在倍感欣慰。我想，這是您的努力得到了回報。

平成十二年（二〇〇〇年），日本計畫向北韓捐贈白米。

當時，我還只是個僅當選過兩屆的資淺議員。但我在自民黨總務會議上極力反對，我說：「要是能保證送到需要的老百姓手裡還好；但若無法保證，我們就不該做出可能讓軍方在其間中飽私囊的事。」後來媒體也報導了此事。

您讀了報導後，馬上打電話給我，表示想見我一面。

您告訴我：「菅先生您說的完全正確。您若能助我一臂之力，救回遭北韓綁架的日本人，我會非常感激。」

那時您充滿信念與魄力的話語，就此成為我從事政治活動的精神食糧。

您那誠摯的眼神與渴望貫徹信念的態度，深深打動了我。當時我就確信，這個人有朝一日會當上首相，不，是必須成為首相的人。

在那之後我從未改變過想法。能夠如此確信此事，可說是我這輩子的驕傲。

首相，您曾經一度因為舊疾惡化而辭去首相一職。也因為心懷內疚，後來對於是否第二次出馬競選自民黨總裁而躊躇不前。

最後，我們兩人一起去了銀座的烤雞肉串店，我使出渾身解數來說服您。因為我覺得，這就是我的使命。

我們整整談了三個小時，您終於點頭。這是我菅義偉一生最大的成就，我永遠都會為此感到自豪。

您在首相官邸時，每一天我們總會輕鬆地閒聊幾句。直到現在每當我獨處時，也會驀然回想起當時一幕幕情景。

在進行TPP談判時，我曾建議，應該再花點時間慢慢談比較好。但您認為「不能錯失時機，早一點展開談判才好。」誰的看法是對的，歷史已經給出了答案。

後退一步就會失去勢頭，唯有前進方能打開出路。首相，您總是做出正確的判斷。

安倍首相，日本因為有了您這位歷史上不可替代的領導人，才能陸續通過《特定祕密保護法》、一系列和平安全法制、《組織犯罪處罰法》修正案等艱困的法案。

不論少了哪一項法案，我國的安全都難以稱得上穩健。對於您的信念和決心，我們永懷感念。

突破國難，創建一個強大的日本。努力讓日本成為真正的和平國家，並在各領域為世界貢獻。

即使在懷著如此高度覺悟，時刻須做出決斷的每一天，首相，您也不曾失去笑容。您總是細心而溫柔地關懷周圍的人。

與您在首相官邸共同度過、苦樂相伴的七年八個月，我真的非常幸福。

不只是我，包括首相官邸的所有成員也都記得在那些嚴峻的日子裡，大家仍充滿朝氣地努力工作著。不論重複幾次我還是要說，安倍首相，您是我們日本這個國家真正的領導人。

在眾議院第一議員會館一二一二號室，您的辦公桌上還放著讀到一半的書，是岡義武所著的《山縣有朋》。

書中有一頁被您摺了一角，您應該是讀到了這裡吧？在這一頁，有一段以螢光筆畫線的內容。

您標記的地方，似是冥冥之中的巧合，是山縣有朋在多年的盟友伊藤博文遇刺後，為哀悼故人而詠唱的詩歌。

首相，如今，沒有什麼能比這首詩歌更貼切訴說我的心情。

與君敞胸襟／談遍天下事／摯友身先去／世事將何如
與君敞胸襟／談遍天下事／摯友身先去／世事將何如

我感到深深的哀傷與孤寂。首相，真的非常感謝您。願您安息。

麻生太郎前首相悼詞

二〇二二年七月十二日　葬儀

安倍先生，今天，我實在不知道該說什麼才好。一直找不到合適的話語，就這麼迎來了為您送行的這一天。您在參議院選舉的街頭助講中遇刺身亡。無論如何，這都是不應該發生的事。對我而言，也根本無法接受。廣大的國人也沉浸在難以宣洩的憤怒與悲傷之中。沒有人知道該怎麼表達這令人心痛的悼念，連話都說不出來。只能默默地為您祈禱冥福。

回首過往，您和我相交多年。有時是官房副長官和政調會長、有時是首相和幹事長、有時是首相和副首相，我們一同面對政策推行及政局中的各種課題。得以做到這一點，則有賴於我和安倍先生之間的信任關係。不論處在什麼樣的局勢，我確信以日本和日本的國家利益為優先的信念，是連結您和我最重要的紐帶。

也許我這麼說會顯得太過冷淡。可現在，只要我閉上眼，浮現的就是我倆一同飲酒暢談、在高爾夫球場邊走邊開玩笑，那樣在尋常的日子裡所見到的安倍先生的笑容。

您作為首相的功績已無須贅述，大家都很清楚。不光是內政，包括在外交事務上，您無疑是戰後日本最優秀的政治家。

您在戰後最長的首相任期內，積極推動安倍外交，以與生俱來的外交能力、守住底線不妥協的罕見魄力，博得各國領導人的好感與尊敬，讓日本在國際社會的地位與能見度都大幅提升。

您卸任首相職務後，每逢外國領導人私下探詢：「安倍怎麼說？」我都會以身為日本人為榮。

當今世界處在巨大的變革中，各國皆迷失了應走的王道。在需要一道指南針來指引我們前行的此時此刻，我們卻失去了您，這是日本這個國家的莫大損失，令人痛心至極。

您和（令尊）晉太郎先生相會時，定能自豪地報告您迄今為止取得的成就。再加上（令外祖父）岸信介先生。我想三位討論起政治肯定很熱鬧。

身為與您一家交往多年的友人之一，我謹向您誠摯請求，希望您在天之靈守護同甘共苦、直到最後都在身邊支持您的昭惠夫人，還有您的親人。請您溫暖地守護他們。

還有很多想和安倍先生說的話，反正不久的將來我也會去您那裡，期待屆時我們能比以往任何時候都更愉快地交談、互開玩笑。老實說，我原本希望請安倍先生來唸我的悼詞。太遺憾了。

野田佳彥前首相（立憲民主黨）追悼演說

二〇二二年十月二十五日
第二百一十回國會眾議院本會議

本院議員安倍晉三前首相，於今年七月八日在奈良縣為參議員候選人助選途中，在街頭演講時從背後遭到槍擊。儘管緊急送醫後經全力搶救，日本各地國人亦殷切祈求，最終仍沒能挽回您的生命，您就這樣離我們而去。

享年六十七歲。實在是來得太突然的悲劇。

身為一名政治家所追求的理想，想要傳達給下一代的思想，以及期盼退休後與昭惠夫人共度的安穩晚年，這一切，都在那瞬間被剝奪了。

政治家手裡的麥克風，不僅僅是傳聲的工具，還攸關人們的生活和生命。正當安倍先生手握麥克風，向國民訴求日本的未來時，卻遭人從背後冷酷襲擊，這是何等的遺憾！在此，我要再次嚴厲譴責凶手令人髮指的暴行。

雖然我與安倍先生生前政治立場不同，但我是您的前任、是將首相的棒子傳遞給您的那個人。

我國的憲政史上，曾有一百零一代、共六十四位首相被任命。我親身經歷了前輩們所背負的「重擔」和「孤獨」，對您的不幸離世，致上最深切的哀悼。

懷著這樣的心意，在此，我得到大家的同意，謹代表所有國會議員，向安倍晉三先生致上悼詞。

安倍晉三先生，您於昭和二十九年（一九五四年）九月，作為後來歷任外務大臣等職務的安倍晉太郎先生與洋子女士的次子，生於東京都。

您出身政治世家，祖父曾任眾議院議員、外祖父和外叔公皆曾擔任首相。在政治氛圍如此濃厚的家庭中成長，您無疑從小就培養了為公共服務獻身的決心與精神。

您於成蹊大學法學部政治學科畢業後，先進入神戶製鋼所任職，然後在令尊就任外務大臣後出任其祕書，自此確立從政的志向。後來，令尊晉太郎先生突然病逝，平成五年（一九九三年），您在當時的山口一區出馬參選眾議院議員，首次競選就以優異的成績順利當選。正式以三十八歲的青年政治家之姿步入政壇。

我也是和您同一屆當選的議員。我清楚記得，第一天來國會報到，在議事堂的正門前，一大群人圍繞著您。當時看到您沐浴在鎂光燈中接受採訪，那光芒對我來說是如此耀眼。

那之後您迅速在政壇上崛起的經歷，眾所周知。

您在內閣官房副長官任內，為解決北韓綁架日本人問題付出了巨大的努力；歷任自民黨幹事長和內閣官房長官等要職後，平成十八年（二〇〇六年）九月，您就任第九十代首相。是首位於二戰後出生的首相。當時年僅五十二歲，也是日本史上最年輕的首相。

首次執政、承載著國人期待揚帆起航的安倍政府，卻在隔年九月，因您過度繁忙而舊疾惡化，在任僅一年多便被迫辭職。對於政治生涯一帆風順的您來說，這是一次重大的挫折。當時，您可能每天都在擔心「是否再也無法在政壇上站起來」。

然而，您並未被逆境擊垮，也沒有放棄。在心愛的昭惠夫人的支持下，您努力恢復健康，並在忠誠的友人及家鄉選區的溫暖支持下，每天寫下對自身的反省，決心捲土重來。透過從挫折中學習和在低谷中奮起的毅力，您不僅作為人，也作為政治家獲得到了巨大成長。

過去，您喜愛使用「再挑戰」一詞，提倡即便失敗也能一再挑戰的社會。我認為，您就是親身踐行了「再挑戰」的精神，展現出身為政治家的真本事，也是談論「不要放棄」、「不怕失敗」最具說服力的政治人物。您肯定還有許多想對年輕人傳達的想法，但那樣的機會被永遠剝奪了。令人深感遺憾。

經過五年的沉潛，您於平成二十四年（二〇一二年）再次選上自民黨總裁，和當時身為首相的我在國會上對峙。我印象最深刻的是同年十一月十四日的黨首辯論。

我以減少議員席位和削減議員開支為條件，明確提出解散眾議院的時間。您當時顯得有些驚訝，隨後就鬥志昂揚地與我辯論。那些時刻我將永遠記住。因為那是執政黨與在野第一大黨的黨首之間，賭上一切、火花四濺的較量。

安倍先生，您始終是我論戰中的勁敵。不，應該說，於我而言，是猶如冤家般的政敵。後來攻守易位，您作為第九十六代首相重返執政後，您和我的主戰場，就是國會議場和預算委員會的第一委員室。

一旦有可乘之機，就會毫不留情地被攻擊。彼此言語交鋒的時刻是如此激烈。那是一對一「對決」的場域。現在回想起那一幕幕激烈交鋒的場景，徒留無盡的懷念。至感遺憾，我該不斷挑戰的對手，已經不會再出現在這個議場上了。

安倍先生，您在議場上是個「驍勇善戰的政治家」，但卸去了鎧甲、不在國會「作戰」的時刻，又是個善於換位思考、體貼他人的人。

我永遠不會忘記平成二十四年十二月二十六日那天的事。我在眾議院選舉中落敗，淪為敗軍之將，來到了皇居，以前首相的身分出席您的親任式。[1]

在準備時間，只有我們兩人在休息室中等待。換作是同黨同志間的交接，想必是談笑風生；但當房間裡只有勝敗雙方，就剩下漫長而尷尬的沉默。這時，主動打破沉默的是安倍先生。您走到我身邊，以充滿活力的聲音對我說：「您辛苦了。」

「野田先生給人相當沉穩的感覺。」

「在『扭曲國會』[2]的逆勢下，您能走過來很不容易啊！」

「我努力了五年才重回這個位子。相信您也做得到。」

一句接一句溫暖的鼓勵話語，試圖安慰因大選失利而倍受煎熬的我。

突然之間，那個房間就像是撫癒受傷之人的諮商室一樣。

我感到很遺憾，那時的我並無多餘心力坦然接受您的善意。可現在的我似乎懂了。我終於知道安倍先生當時的親切和體貼究竟源自何處。

您在結束第一次執政，失意地從住院中的慶應醫院，身心俱疲地趕去參加福田康夫首相的親任式。僅在任一年就被迫辭職，對一位自尊心強烈的政治家來說，無疑是極大的屈辱。當時，想必您也曾在休息室內獨自承受著絕望的痛苦。

我深信，您那堅定的再挑戰精神中蘊含的溫柔與善良，都是在經歷了無法想像的悲痛與絕望後所形成的。

安倍先生，有一件事，我必須要向您道歉。

那是在平成二十四年底選戰中，我在大阪寢屋川進行助選活動時的失言。

「當首相的人必須要有膽識，半路肚子痛可不行。」

當時，我任由張揚的情緒驅使，當著眾人的面前脫口說出那樣的話，嘲笑他人的身體狀況和病痛，這是不可原諒的。如今回想起來也深感羞愧，那是我所犯下的嚴重錯誤。

然而我始終未能向您當面致歉，時至今日，成為我內心永遠的遺憾。此刻，我要再一次

1 譯注：天皇任命新首相的儀式。

2 譯注：又稱較勁國會，指執政黨在眾議院過半數，在野黨卻在參議院過半數，形成國會眾參對峙的局面。

向天上的您表達我最深切、最誠摯的歉意。

從我的手中接過棒子的您，擔任了七年八個多月的首相。

我非常清楚您的工作有多麼繁忙。分秒必爭，每天與時間賽跑，頻繁出訪海外與時差帶來的疲勞，以及每天不斷做出重大決策的壓力。面對如利刃般毫不留情的批評，您在任期間，幾乎沒有一刻能真正放鬆下來。

加上第一次執政，您的在任天數為三千一百八十八日。您一共訪問了一百九十六個國家和地區，進行過一千一百八十七場首腦會談。對於承受著國家最高領導人所背負的巨大壓力和孤獨，比任何人花上更長時間扛起日本最艱巨任務的您，我只想表達由衷的敬意。

您身為首腦外交的核心人物，值得一提的是，您和兩位截然不同類型的美國總統建立了密切的關係。您成功說服了知識分子型的歐巴馬總統前往廣島，促使他與原爆倖存者對話；另一方面，又與個性強烈的川普總統成為至交，還建立了彼此以名字[3]相稱的情誼。

倘若您並未堅守日美同盟為日本外交基軸的信念，不可能建立那樣的信賴關係。還不僅如此。我認為，您天生就具有足以拉近人與人之間距離的能力。

安倍先生，您接任我成為首相之後，我們在首相公邸僅有一次深入的祕密會談。那是在平成二十九年（二〇一七年）一月二十日，國會召開例行會議進行政府四演說[4]的那天晚上。

前一年，天皇陛下就其作為國家象徵的職責，表達了自身意願。因此，您當時應是想了解在野黨與執政黨之間在此事上的立場差異。

那天晚上只有我們兩人，為如何安排天皇陛下的生前退位，深談了一個多小時。儘管雙方立場迥異，但一番推心置腹後，討論逐漸變得認真而熱烈。

最終，我們達成了一項共識：「不能讓皇室問題成為政治鬥爭的材料。為避免輿論對立，國會應該先形成共識。」在這種全國輿論可能出現對立的重大議題上，不該由政府單獨決定，而是透過國會各黨參與協商的形式推進。這也是制定《皇室典範》特例法的一個重大轉折。

我眼前這位政治家安倍晉三，儘管抱持堅定的原則，卻心繫大局，懂得在必要時妥協並推進局勢。我感受到您作為現實主義者的冷靜與柔韌。

當時我就想，與您這樣一位肩負國家命運的領導人深入交流，必能坦誠以對共商國是。超越立場的分歧，總能找到共識。

此後，我內心深處一直默默期待這樣的機會。

被稱為憲政之神的尾崎咢堂，在同期當選的長年盟友犬養木堂於五一五事件中遇刺身亡後，失意之餘，似是為自我激勵而受啟發，留下了這樣一句名言：

「人生的主舞臺永遠在未來」

3 譯注：日本人之間只有非常親密的朋友才能不以姓氏相稱。
4 譯注：每年一月在國會召開，涵括首相施政方針演講的四場演講。

安倍先生。

您的政治人生主舞臺，本應有更多精采的演出。

我多麼希望能與您在議場再次展開激烈交鋒，體驗言語和靈魂的碰撞。

總不能永遠是您贏吧？安倍先生。

您的缺席，讓我感到難以傾訴的寂寞。

感到這份寂寞的，肯定不只我一人。即便政治立場或想法不同，在這個時代的日本人心中，您留下的巨大空缺永遠無法填補。

此外，我還想對您說。

您長年盡己所能領導這個國家，而今，您也將永遠在歷史的法庭上接受評判。

安倍晉三究竟是什麼樣的人？您為這個國家留下了什麼？這樣的「追問」將持續迴響在日本全國。

真正的「答案」恐怕只能在漫長的歲月中，留給遙遠未來的歷史來判定。

即便如此，我還是會持續追問關於您的一切。

追溯您身為一國首相留下來的遺產，您散發出的耀眼光芒及其投影，我將與聚集在議場上的同僚們攜手，運用我們的語言持續追問。

我們不得不持續追問。

因為，要戰勝奪走您生命的瘋狂暴力，唯一的力量，就是語言。

我們絕不能讓民主屈服於暴力或恐怖主義之下。

正因為念及您的遺憾，我們才更要仰仗言論的力量，讓可能不盡完美的民主，即使往前幾步也好，也要不斷打造得更臻完善。

最後，我要向全體議員發出呼籲。

政治家手裡的麥克風，攸關眾人的生活和生命。

我們不能受暴力脅迫，要持續無所畏懼地站上街頭。

捍衛言論自由，因為它是民主的根基。

以真摯的語言，進行建設性的討論，推動民主更健全茁壯發展。

這份承諾，才是對手裡握著麥克風、遭突如其來的子彈奪去生命的故人，我們國會議員所能獻上最真摯的緬懷。

我是如此深信。

為了這個國家，一路上背負著「重擔」與「孤獨」，於通往人生主舞臺的途中不幸離世的安倍晉三前首相。

對這樣一位奮鬥不懈、心存良善的政治家的靈魂，我致上這份決心替代哀悼的話語。

安倍先生，請您安息。

作者　安倍晉三

一九五四年出生於東京都。成蹊大學法學部政治學系畢業後，進入神戶製鋼所工作。後來擔任父親安倍晉太郎外相的祕書，並於一九九三年首次當選眾議院議員。二〇〇三年擔任自民黨幹事長，二〇〇五年擔任內閣官房長官（小泉內閣）。二〇〇六年，就任第九十代內閣總理大臣（首相），二〇〇七年九月，因健康因素辭職。二〇一二年十二月重返執政，就任第九十六代內閣總理大臣，並在隨後的多次全國選舉中獲勝，此後建立了一個穩定的長期政權。

第二次上臺後，開始訴求結束通貨緊縮、推行「安倍經濟學」經濟政策。二〇一四年七月修改憲法解釋，二〇一五年九月頒布《安全保障關聯法案》，使有限行使集體自衛權成為可能。在對外關係方面，主張「俯瞰地球儀外交」和「自由開放的印度洋—太平洋」，並透過強化日美同盟、日美澳印四方安全對話框架等，奠定日本的對外合作基礎。

二〇二〇年九月再因健康問題辭去職務，含第一次執政在內，共在位達三千一百八十八天，創下日本憲政史上最高紀錄。二〇二二年七月八日，在奈良市為參議院選舉助選進行街頭演講時遇槍擊身亡，享年六十七歲。

訪談提問人　橋本五郎

一九四六年出生於秋田縣。讀賣新聞特別編輯委員。慶應義塾大學法學部政治學系畢業。曾任讀賣新聞社論委員、政治部長、副編輯局長。二〇〇六年起擔任現職，曾榮獲二〇一四年日本記者俱樂部賞。

訪談提問人、企劃人　尾山宏

一九六六年出生於東京都。讀賣新聞社論副委員長。早稻田大學法學部畢業。一九九二年進入讀賣新聞。曾任副政治部長、社論委員、編輯委員。二〇二二年起任現職。自二〇〇二年八月安倍晉三擔任內閣官房副長官以來，一直參與採訪安倍的報導。

監修　北村滋

一九五六年出生於東京都。讀賣國際經濟懇話會理事長。日本電視臺控股公司、日本電視放送網監事。東京大學法學部畢業。一九八〇年四月進入警察廳。二〇〇六年九月擔任首相祕書官，二〇一二年十二月擔任內閣情報官，二〇一九年九月擔任國家安全保障局長／內閣特別顧問（皆為安倍內閣）。二〇二〇年十二月獲得美國政府頒發的國防部傑出服務獎章。

八旗國際 24

安倍晉三回憶錄

安倍晋三回顧録

作　　者　安倍晉三
企劃訪問　橋本五郎、尾山宏
監　　修　北村滋
譯　　者　矢板明夫
責任編輯　邱建智
協力編輯　周奕君
校　　對　魏秋綢
排　　版　張彩梅

副總編輯　邱建智
行銷總監　蔡慧華
出　　版　八旗文化／左岸文化事業有限公司
發　　行　遠足文化事業股份有限公司（讀書共和國出版集團）
地　　址　新北市新店區民權路108-3號8樓
電　　話　02-22181417
傳　　真　02-22188057
客服專線　0800-221029
信　　箱　gusa0601@gmail.com
Facebook　facebook.com/gusapublishing
Blog　gusapublishing.blogspot.com
法律顧問　華洋法律事務所／蘇文生律師

封面設計　蕭旭芳
印　　刷　前進彩藝有限公司
定　　價　680元
初版一刷　2024年9月
初版二刷　2024年10月
ISBN　978-626-7509-02-9（紙本）、978-626-7509-00-5（PDF）、978-626-7509-01-2（EPUB）

國家圖書館出版品預行編目（CIP）資料

安倍晉三回憶錄／安倍晉三著；橋本五郎, 尾山宏訪問；矢板明夫譯. -- 初版. -- 新北市：八旗文化, 左岸文化事業有限公司出版：遠足文化事業股份有限公司發行, 2024.09
面；　公分. --（八旗國際；24）
譯自：安倍晋三回顧録
ISBN 978-626-7509-02-9（平裝）

1. CST: 安倍晉三　2. CST: 政治　3. CST: 回憶錄　4. CST: 日本

783.18　　113010176